戦国北条氏五代の盛衰

下山治久［著］

東京堂出版

虎朱印《とらしゅいん》

戦国大名北条氏の家印。縦九・〇センチメートル、横七・五センチメートルの大型の朱印で、永正十五年（一五一八）に伊勢宗瑞が嫡男氏綱に家督を譲与する際に制定したという。印文は「禄寿応穏《ろくじゅおういん》」と陽刻し、その上部には虎の臥伏した像が乗っている。北条氏五代に渡って使用された家印で郷村支配や家臣、寺社の規定などに捺印された。全国の大名の発給した朱印状では最初のものとして名高い。

目次

第一章　伊勢宗瑞（北条早雲）の出現

第四章　上杉謙信・武田信玄と戦う、北条氏政

第一章　伊勢宗瑞（北条早雲）の出現

伊勢宗瑞《いせそうずい》

康正二年（一四五六）～永正十六年（一五一九）。北条氏の始祖で第一代当主。備中国荏原荘（岡山県井原市）高越山城主の伊勢盛定の子の盛時がのちの伊勢宗瑞。父盛定が京都の室町幕府に出仕していたため、盛時も将軍足利義視に仕えて京都に移住し役人を務めた。盛時の姉が駿河国守護の今川義忠の正室として駿河に下ったため、文明八年（一四七六）の義忠の戦死の後には姉とその子今川氏親を助けて今川家内で活躍した。幕府内では申次衆として将軍足利義尚の側近に加えられた。今川氏親の家督相続の内紛を調停した功により今川家の重臣にとり立てられた。駿河国石脇城（静岡県焼津市）の城主となった。京都の幕府には奉公衆に加えられて密接な関係を保っていた。明応二年（一四九三）に起きた細川政元の明応の政変に関って新将軍の足利義澄に仕えた。伊豆国堀越御所（静岡県伊豆の国市）の内紛で義澄の実母円満院を殺害して堀越公方に就任した足利茶々丸を討つ命令を義澄から受けた。伊勢盛時は出家して早雲庵宗瑞と号して円満院の供養をすませると、今川家臣団をひきいて明応二年九月に伊豆国へ侵攻した。関東では扇谷上杉定正と山内上杉顕定が対立して抗争しており、伊豆守護が山内上杉氏であったことから宗瑞は扇谷上杉氏の支援を受けて伊豆侵攻を続けていった。宗瑞は伊豆侵攻と同時に相模国へも侵攻し、扇谷上杉方の小田原城の大森氏や三浦郡の三浦氏の支援を受けて山内上杉方と戦っていった。その間の同三年には今川勢をひきいて遠江国へも侵攻し、今川氏親の領国拡大に活躍した。足利茶々丸を同七年に討ち滅すと相模国への侵攻を進め、ついには扇谷上杉氏とも敵対して大森氏や三浦氏をも討ち滅すことに成功した。永正六年（一五〇九）には武蔵国南部の江戸城周辺にまで侵攻したが敗走するにいたった。宗瑞は伊豆・相模両国を平定すると小田原城周辺で検地を行うなど、戦国大名としての郷村支配の基礎造りを行い、伊豆の韮山城を本拠として戦国大名北条氏の発展の基を成すに至った。同十五年には家印の虎朱印を制定し領国支配体制を固め翌十六年に家督を嫡男氏綱に譲与し翌年に死去した。

第一節　京都から今川家家臣へ

伊勢宗瑞は何処の生まれか

伊勢宗瑞の出自と生まれ故郷については、江戸時代以来、歴史学者のもとで様々に言われてきた。それが二〇年ほど前から、宗瑞は備中国荏原《えばら》庄（岡山県井原市）の高越山《たかこしやま》城の城主である伊勢盛定の次男盛時が、のちに入道して宗瑞と名乗ったと判明した。通説で流布している「宗瑞は伊勢国の素浪人である」との説は、今では完全に否定されている。

では、備中国の伊勢氏とはどの様な氏族であったのかというと、室町幕府を創設した足利尊氏の側近家臣の伊勢貞継・盛経兄弟の家系に入るのである。盛経の五代目の子孫が盛定で、その次男が盛時、つまり宗瑞になる。伊勢貞継は伊勢家の本家として京都に居て、幕府の政所《まんどころ》執事《しつじ》という重職を代々務めていた。その本家の貞継から四代目の貞国の娘が、備中国荏原庄で荘園領主を務める支族の伊勢盛定の許に嫁ぎ、盛時を生んだのである。

京都の幕府の要職にある伊勢家の一族で、荘園領主である氏族に生まれた伊勢盛時（宗瑞）は、立派な由緒ある武家の出であったと判明した。その証明として、盛時の姉の北川殿は、幕府将軍職の足利家の一族で、駿河国（静岡県）守護職を務める今川義忠の正室として嫁いでいる事からも、北川殿はかなりの家格の娘であったとわかるのである。

伊勢宗瑞の生まれ故郷の荏原庄は、岡山県と広島県の県境に近い中国山脈の南麓にあたり、小高い山に築かれた高越山城には、現在では山頂の本丸跡に城址の石碑が建てられている。高越山城の近くの荏原庄内の長谷郷《はせごう》（井原市西井原町）には、宗瑞の父盛定が創建し、宗瑞が修行したと伝える曹洞宗の古刹の法泉寺が健在で、その屋根瓦には伊勢家（のちの北条家）の家紋の三ツ鱗が見られる。法泉寺には文明三年（一四七一）六月の伊勢盛時の禁制が残っている。

康正二年（一四五六）生まれの盛時の元服にともなう「花押はじめ」の文書と思われる。この時には盛時は一六歳であった。

伊勢宗瑞の父盛定は、早くから京都の本家の政所執事を務める伊勢貞国の許に出仕して活躍していた。利発な人であったから幕府内部の事情に精通し、貞国の信頼も厚く、その娘を正室に迎えることになった。宗瑞自身も、のちには京都の幕政に参画するが、その活躍の基礎は、父親の盛定が築いた人脈であったと思われる。

室町幕府の申次衆

伊勢盛定は伊勢家庶流の人としては、幕府内部で活躍した人物であったが、文正元年（一四六六）九月の政変で、本家の伊勢貞親（貞国の嫡男）が将軍足利義政に足利義視《よしみ》（義政の弟）の殺害を進言した責任を糾弾され、貞親と盛定は京都を追われて伊勢国（三重県）関氏の許に逃れていた。つまり、共に一時期は浪人していた。この事が、のちに誤伝されて「伊勢宗瑞は伊勢国の素浪人の出である」と伝えられた根拠であろう。翌年の応仁の乱の勃発で両人は、将軍足利義政に呼び戻されて京都に帰国した。この頃に宗瑞の姉の北川殿が駿河の今川義忠の許に嫁ぎ、文明三年（一四七一）には嫡男の龍王丸《たつおうまる》（のちの氏親）が生まれた。この年が伊勢宗瑞の元服した年で、とすれば北川殿は宗瑞の姉に当たるとわかる。夫の今川義忠は文明八年二月に遠江国塩買坂《しおかいざか》で四一歳で討ち死にしてしまう。後には五歳の龍王丸が残されてしまった。この事が後に宗瑞が今川家に仕官する原因となるが、この頃には、未だ宗瑞は高越山城か京都に居たらしい。

関東では相模国・武蔵国での実力者の扇谷《おうぎがやつ》上杉氏と関東管領の山内《やまのうち》上杉氏が反目し、古河《こが》公方の足利政氏は扇谷上杉定正に味方して、山内上杉顕定と抗争していた。長享の乱の勃発である。その直前の文明十五年十月に伊勢宗瑞は将軍足利義尚《よしひさ》の申次衆《もうしつぎしゅう》として「慈照院殿年中行事」に登場してくる。申次衆とは幕府に訪れた外来客を将軍に取り次ぐ係役人で、役務上のため、京都の情勢や諸国の状況に精通する立場にあった。将軍の側近家臣である。父盛定の推挙と思われ、二八歳の宗瑞は間違いなく京都に在宅していた。同十九年にも義尚の申次衆として見える。

この年の十一月に、駿河の北川殿の嫡男龍王丸がすでに一七歳になっていたので、家督を継ぐことになった。今川義忠が死去して一一年間は今川家の当主は空白で、義忠の従兄弟の今川小鹿《おしか》範満が代行していた。しかし、小鹿範満は龍王丸が成人に達しても当主代行を続けており、龍王丸を支持する家臣と小鹿範満を支持する家臣の間で、家督相続をめぐる内訌が起こった。伊勢宗瑞は勿論のこと甥の龍王丸を支持したから、将軍足利義尚の許可を得て内訌の調停に駿河に向かった。長享元年（一四八七）に龍王丸が家督を相続している事から、範満は暗殺されたのかもわからない。この後の史料には範満は一切、登場してこない。

この調停には宗瑞には秘密の事項も課せられていた。この頃には京都では足利義澄（政知の嫡男）を将軍に擁立する秘密計画が進められていた。伊豆の堀越《ほりこし》（静岡県伊豆の国市）に派遣されていた足利政知《まさとも》と今川龍王丸を連合させて義澄への運動を有利にさせるのが目的であった。

今川家に仕える

長享二年（一四八八）九月には、伊勢宗瑞が熊野那智山に駿河長田庄（静岡市）新田分を同社に打ち渡している。この行為は今川家の重臣が行うものであるため、この時には宗瑞は今川氏の守護代を務めていたとみられる。宗瑞は今川龍王丸の家督相続と同時に今川氏の家臣になったとわかる。三三歳であった。その後も宗瑞は京都の幕府申次衆を務めているが、明応元年（一四九二）を最後に申次衆の記録からは消えている。駿河に移ったものと思われ、その時から駿

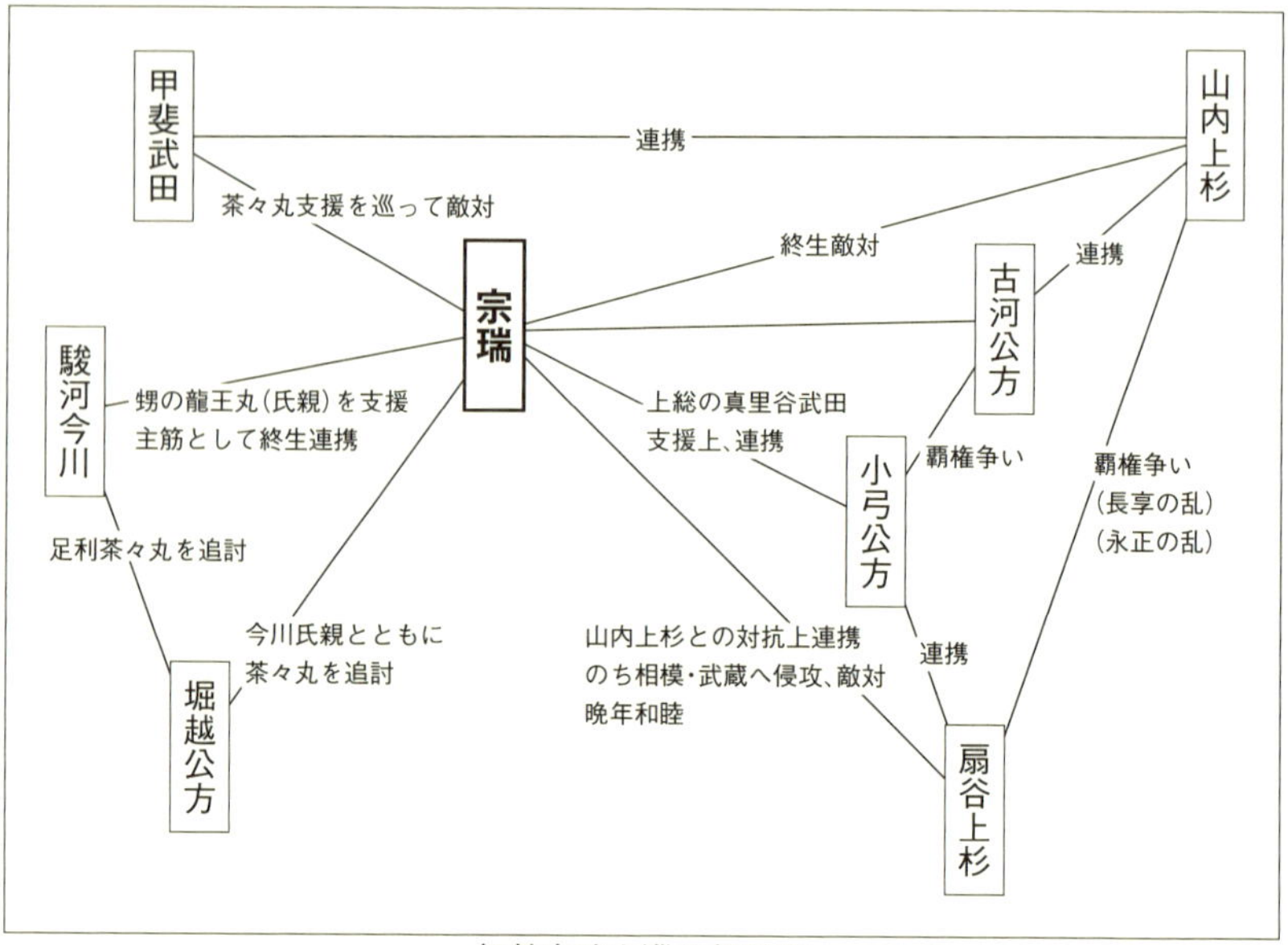

伊勢宗瑞を巡る相関図

河の石脇城（静岡県焼津市）に居城したらしい。通説では宗瑞の居城は駿河国駿東郡の興国寺城（静岡県沼津市）と言われているが、軍記物の説で信頼性に薄い。確実な史料（神奈川県立歴史博物館蔵鈴木文書）では石脇城に居たとあり、伊豆侵攻の行われた明応二年（一四九三）秋までの五年間は、石脇城に居城したものと推測される。『日本城郭大系・静岡県』の石脇城の項目では、城は未完成であり、宗瑞が去ったあと、ごく短期間で廃城になったらしいと記されている。石脇城は今川龍王丸の居城の駿府《すんぷ》館《やかた》（静岡市葵区）とも距離的に近い。

延徳三年（一四九一）正月に京都では、将軍足利義材《よしき》を後見する父義視が死去した。二月に細川政元は堀越《ほりこし》公方足利政知の嫡男義澄を将軍職に擁立する計画を練り始めた。これを知った義澄の弟茶々丸《ちゃちゃまる》は反目し、伊豆守護の山内《やまのうち》上杉顕定と結んだため、義澄に味方する伊勢宗瑞と茶々丸は敵対関係となった。同年四月に京都で足利政知の嫡男義澄を将軍に擁立する秘密計画の中心人物の足利政知が死去し、秘密計画は一時期は頓挫するにいたった。伊豆では同年七月に堀越公方に就任したい足利茶々丸（義澄の異母弟）が養母の円満院と潤童子《じゅんどうじ》（義澄の同母弟）を堀越御所内で殺害して茶々丸が堀越公方に就任した。

その前年には足利義材が将軍となり翌三年八月には近江の佐々木氏を攻めに出陣した。その軍勢には宗瑞の弟の弥次郎盛重も従軍していた。盛重はのちに兄宗瑞と共に伊豆・相模平定戦で活躍する事となる。

足利義材の京都留守中の明応二年四月に、細川政元のクーデターが行われ、将軍義材を廃して義澄を将軍に据えることに成功した。このクーデター計画には宗瑞も参加していた。同年七月には義澄の母円満院の三回忌法会が行われた。その直後に宗瑞は新将軍の足利義澄の命令で、実母殺しで仇敵の足利茶々丸成敗のために伊豆へ侵攻し、茶々丸支持派と敵対している潤童子支持派の家臣達の協力を得て、堀越御所に攻め込んだ。茶々丸支持派は、伊豆守護の山内上杉顕定の協力を得ていたから、根強く抵抗した。宗瑞方には、今川氏親や山内上杉顕定と抗争している扇谷上杉定正が味方していた。

第二節　伊豆への侵攻

伊豆の騒乱

明応二年（一四九三）九月に駿河から伊豆国西海岸の北部に侵攻した伊勢宗瑞は、堀越御所（伊豆の国市四日町）に進撃した。足利茶々丸派と山内上杉顕定の軍勢が防戦したが、足利潤童子《じゅんどうじ》支持派と反山内上杉氏の国衆《くにしゅう》が宗瑞に味方した。宗瑞自身の軍勢は、今川氏親の軍勢と遠江・三河への侵攻時に宗瑞に仕えた多米《ため》・幸田・大道寺・山角《やまかど》等の国衆と、備中からの古参家臣の笠原・清水等の軍勢が中核であった。その他には、宗瑞の伊豆侵攻を守護の山内上杉氏から

明応年間の伊勢宗瑞の伊豆侵攻図

の独立の機会ととらえた伊豆在来の国衆や土豪である江梨の鈴木氏、田子の山本氏、妻良《めら》の村田氏、雲見の高橋氏、大見《おおみ》の大見三人衆（佐藤藤左衛門尉・梅原六郎右衛門尉・佐藤七郎左衛門尉）等が宗瑞の軍勢に参陣した。潤童子支持派の中にも宗瑞の軍勢に参加する者が多く、その代表格は土肥《とい》の国衆の富永彦四郎であろう。

富永彦四郎は、伊勢宗瑞の伊豆侵攻の前年の明応元年四月に、幕府奉行人奉書でもって京都の醍醐寺地蔵院の寺領の年貢を納入させるように命令されており、幕府《ばくふ》奉公衆《ほうこうしゅう》の一員であった。宗瑞も幕府奉公衆の一員であったから、富永氏とは同格の地位であった。富永氏は後の永禄二年（一五五九）『小田原衆所領役帳』〈江戸衆〉に富永康景が西土肥（静岡県伊豆市）で一〇〇〇貫文という高額の知行を所有しており、武蔵国の江戸城（東京都千代田区）の城代を遠山氏と共に務めていた。彦四郎の跡は政辰―康景―政家―直則と続いて江戸時代に至り、直則は徳川家康に仕えて旗本になった。富永氏は熱心な日蓮宗の信徒で、土肥の光源寺や土肥平野の清雲寺を創建し、清雲寺には富永政辰夫妻の墓所が残っている。富永政辰の関係史料は『大田区史・資料編寺社2』清雲寺の項目に詳しい。

富永氏は本貫地の土肥郷の八木沢に丸山城を築いて居城とし、水軍のための船溜も用意されていた。城は国道を挟んで本城と海に突き出た出丸の部分に分かれており、昭和六〇年に発掘調査が行われた（『図説　駿河・伊豆の城』）。出土品では金銀の鉱滓が多量に出土して精錬所址もあって、富永氏が土肥金山を管理運営していたと推定される。後北条氏の古文書にはしばしば金判や切金の言葉が見られ、竹流金《ちくりゆうきん》や小判を使用していた事は証明されている。土肥金山等が金の供給源であったと思われる。

この様に伊勢宗瑞の伊豆侵攻作戦には、宗瑞を助ける要因は多くあったけれども、それを阻止する敵対勢力も少なくはなかった。特に伊豆守護の山内上杉顕定に加担した伊豆の国衆が、その主力であった。彼等は堀越公方の足利茶々丸を支援する者であったから、宗瑞の堀越御所襲撃には、根強く抵抗した。茶々丸は彼等の保護を受けつつ伊豆半島を南下して抵抗を続けた。そのため、宗瑞の伊豆攻略戦は明応七年（一四九八）八月までの五年間を有したのである。『北条五代記』等の軍記物では一ヶ月で宗瑞は伊豆を平定したと記すが、事実は五年を必要としたのである。敵対した伊豆の国衆では柿木《かきき》城の狩野道一、土肥の土肥次郎、伊東の伊東祐遠、深根城の関戸吉信が知られている。

柿木城（＝狩野城・伊豆市青羽根）の狩野道一は、一番に抵抗した大勢力の国衆であった。狩野道一は鎌倉時代の御家人の末裔になる伊豆の名族で、宗瑞の侵攻当時は山内上杉氏の重臣であった。年未詳の八月十日の力石右知奉書（三島神社文書）では、山内上杉顕定の奉行人の力石右知《りきいしすけとも》が三島大社領の狩野庄三福郷については、狩野道一に任せていると述べており、道一は狩野庄の代官を務めていた。宗瑞の侵攻には柿木城に籠もって抵抗した。柿木城は天城峠の北方、狩野川と柿木川の合流地点、比高八〇メートルの城山の山頂に築かれており、堅固な山城であった。道一は五年近く長期の籠城戦を展開したのち、宗瑞に攻略されて自刃した。しかし、狩野一族は全滅を免れ、のちに後北条氏の重臣に狩《か》野介《のうのすけ》・狩野大膳亮泰光等が活躍している。柿木城の落城前に、狩野一族で宗瑞に降伏した者がいたらしいとわかる。文明十五年（一四八三）三月に狩野大膳亮為茂が伊豆仁科庄の三島社に神馬を寄進しており、その子孫が狩野泰光に当たると思われるからである。

伊東（静岡県伊東市）の伊東祐遠も鎌倉御家人の末裔になる。伊東庄の荘園領主で、室町時代には山内上杉氏に従属する国衆として活躍した。文明八年（一四七六）には宗瑞の姉北川殿の嫡男今川氏親が小鹿範満と家督を争った時には、伊東祐遠は範満に味方して宗瑞と戦っている。しかし、宗瑞の伊豆侵攻には宗瑞に従って狩野道一の柿木城攻めに参加しており、明応四年（一四九五）二月に伊東伊賀入道祐遠は、狩野道一攻めの戦功を認められて宗瑞から伊東七郷の内の本郷村（静岡県伊東市岡）を知行として宛行われた（東京大学史料編纂所蔵伊東文書）。当文書が関東地方における伊勢宗瑞の文書の初見であり、合計五〇〇〇通を数える後北条氏文書の初見となっている。

この様に伊勢宗瑞の伊豆侵攻は、宗瑞・今川氏親・潤童子支持派の連合軍と茶々丸支持派・山内上杉顕定方の国衆との激烈な抗争を生み、伊豆は騒乱状態となったのである。

柏久保城と深根城の戦い

伊勢宗瑞の伊豆平定戦で、最も史料の良く残っているのは柏久保《かしわくぼ》城（静岡県伊豆市）と大見三人衆関係の文書である。「大見三人衆由来書」には七通の宗瑞関係文書が、『獄南史』には一通の宗瑞関係文書が納められている。合計八通の文書を分析すると、宗瑞の伊豆平定戦の経過がわかるので、紹介したい。

大見三人衆は、伊豆大見郷（静岡県伊豆市）の城城《じょうじょう》（伊豆市城）に本拠をすえた佐藤藤左衛門尉・梅原六郎右衛門尉・佐藤七郎左衛門尉の三人を寄親とする土豪集団である。大見郷は室町時代には、山内上杉氏の支配に属しており、大見三人衆は山内上杉顕定に属する国衆であった。伊勢宗瑞が伊豆に侵攻した明応二年秋の直後に宗瑞に属したものと思われる。宗瑞は城城とは別に大見川と支流の冷川との合流地点の城山に大見城（伊豆市柳瀬）を築城させて柿木城の狩野道一攻めの拠点とした。柿木城から冷川峠《つべたがわとうげ》を越えて東海岸の伊東庄（静岡県伊東市）に向かう要路を遮断するためであろう。明応二年の段階では、伊東庄の伊東祐遠は、狩野道一と連携して宗瑞に抵抗していたのである。とすれば、大見三人衆は宗瑞の伊豆侵攻を機会に、山内上杉氏から離反して独立する気運であったと考えられる。

明応五年（一四九六）末には宗瑞が雲見（静岡県松崎町）の高橋将監に、柿木城での戦功に対して感状を与えており、狩野道一との戦いは終焉に近づいていたとわかる。この頃には足利茶々丸は、伊豆を脱出して山内上杉領の相模国西部から甲斐国（山梨県）に逃げており、宗瑞の勢力は天城峠を越えて中伊豆方面に向かっていたとわかる。

明応六年四月末に、伊勢宗瑞は大見三人衆に柏久保城（伊豆市柏久保）の籠城戦で、狩野勢と戦った功績を認めて陣夫役を免除し、柏久保城の年三回の普請役は務める事と命じた。さらに、伊豆の中～奥郡を平定し終われば、恩賞として知行地を新たに与えると約束している。史料に柏久保城の見える初見である。柏久保城は狩野川にそそぐ大見川の分岐点に位置し、比高八〇メートルの愛宕山の山頂に城址が残っている。北側の大野川に面した急斜面は「新九郎谷」と呼ばれており、伊勢新九郎宗瑞の居城した城と判明する。柏久保城は狩野庄から伊豆北部を抜けて熱海を経由し、相模国に入る通行路を押さえる地点に位置している。大見城と柏久保城の配置は、柿木城の狩野道一を包囲する位置関係になっていた。宗瑞の伊豆平定には狩野氏の抵抗をいかに排除するかが、第一の課題であった。しかも、当文書には伊豆の中～奥郡を平定し終われば、と書かれており、ようやく宗瑞の支配圏は天城峠を越えた辺に到ったとわかる。ちなみに大見三人衆は、のちの永禄二年（一五五九）の『小田原衆所領役帳』〈伊豆衆〉に大見郷で一〇〇貫文、他に相模国堤（神奈川県茅ヶ崎市）で三〇貫文の知行主として見えている。

天城峠の南の奥伊豆の東海岸には、河津庄・稲津郷・蒲谷郷、西海岸には仁科庄という山内上杉氏の重要拠点があったから、宗瑞の伊豆平定戦は、まだまだ続くと覚悟せねばならなかった。奥伊豆の稲梓《いなずさ》（静岡県下田市）には深根城があって、城主の関戸吉信が伊勢宗瑞に敵対して籠もっていた。深根城は稲生沢川に面した段丘上に築かれ、殿屋敷・大旗小路・木戸段等の地名が残っている。関戸吉信は山内上杉顕定の被官で、主君の命令で足利茶々丸を支えていた。深根城に宗瑞が攻撃をかけたのは明応七年八月の頃で、この頃に足利茶々丸は深根城で切腹していた。深根城が攻略されたのは十一月のことで、関戸勢は七〇〇人で二〇〇〇人の伊勢勢と激戦を展開した。宗瑞は同城を攻略すると、城兵を皆殺しにして晒したと軍記物は伝えている。ただし、関戸氏の一族で宗瑞に降伏して家臣になった者もいたらしく、天文十二年（一五四三）十月の北条氏検地書出（『皇国地誌』）には検地奉行として関戸《せきと》宗悦《そうえつ》が見えており、吉信の一族と思われる。

足利茶々丸は深根城で切腹し、伊勢宗瑞の伊豆平定戦も終盤を迎えた。足利茶々丸の切腹した明応七年八月には、二十五日に東海沖を震源地とする大地震が激発し、伊豆から東海沿岸、紀伊半島の東海岸にいたる漁村は大津波の来襲で、潰滅的な打撃を受けていた。伊豆の西海岸は、その直撃を受けて全滅に近い惨状を呈していたのである。のちの西海岸の神社の再建棟札《むなふだ》には、この時の津波が山間部にも達して神社が流失したと記している。大地震と大津波によって、伊豆国の住民は新しい主君に希望を託して、郷村の復興にむかったと思われるから、足利茶々丸も宗瑞への抵抗は最早これまでと悟ったのかも知れない。茶々丸の墓と伝える宝篋《ほうきょう》印塔《いんとう》が深根城の西方の恋ヶ窪に残っている。関戸吉信の墓は下田街道に面した河津町梨本にある。吉信の妻の尉奈の前は菩提寺の箕作（下田市）龍巣院で自害した。現在でも「上女さん」と呼ばれて供養が行われている（『図説　駿河・伊豆の城』）。深根城の攻略で、伊勢宗瑞の伊豆平定は完了した。

なお、伊勢宗瑞は伊豆入国と共に、堀越御所の近くに韮山城《にらやまじょう》（伊豆の国市韮山町）を築城して本拠としたと伝える。

しかし、伊豆平定戦の期間の宗瑞文書には、韮山城のことは見られず、柏久保城に在城したのは確かであるが、韮山城在城を確認する事はできない。宗瑞関係文書に韮山城の見られるのは、永正十六年（一五一九）八月に宗瑞を「韮山殿」と見えるのが初見である。それは宗瑞の死去寸前であった。

相模・武蔵国への侵攻

伊勢宗瑞は明応二年（一四九三）九月に伊豆国に侵攻したが、ほぼ同時に相模国へも侵攻していた。その頃の関東では、関東管領《かんれい》の山内上杉顕定と相模国守護の扇谷上杉定正が抗争していた。長享の乱といわれた大乱である。文明十八年（一四八六）七月に定正が家老の太田道灌を謀殺し、離反した家臣が顕定に支援を求めたことから、大乱は勃発した。翌長享元年に古河公方や長尾景春と同盟した定正は、顕定に対して挙兵した。延徳二年（一四九〇）十二月に和睦するまで大乱は続けられた。これは第一次長享の乱といわれている。この間には京都の将軍の足利義尚が古河公方の足利政氏を支援し、関東管領の山内上杉顕定と敵対する関係となった。義尚の申次衆であった伊勢宗瑞も、扇谷上杉定正に味方する事になった。定正は守護国の相模国での山内上杉顕定の軍事行動を排除する意味から、同盟した伊勢宗瑞を相模国に引きずり込んだともいえる。しかも将軍の許可の許にである。通説では宗瑞の相模国侵攻は、下克上の意識をもって宗瑞が相模国に乱入したといわれているが、実は将軍の命令であったから、史実は随分と違うものであったとわかる。

明応三年（一四九四）七月に、前年の伊勢宗瑞の伊豆侵攻が原因して再び両上杉氏が抗争を開始し、第二次長享の乱が起こった。八月に相模の入り口になる小田原城主の大森氏頼が死去し藤頼が跡を継いだ。大森氏は扇谷上杉方の国衆であったから宗瑞とも友好的であった。そのため、宗瑞の相模侵攻は速やかに行われた。八月末には武蔵国江戸城下の貝塚（東京都千代田区）に宗瑞勢が侵攻して迷惑と増上寺の僧侶が嘆いている（八代文書）。九月二十三日には宗瑞勢は相模国の三浦新井要害（神奈川県三浦市）を攻め、三浦時高を滅亡させた。同十九日には同調して扇谷上杉定正が同国の玉縄要害（神奈川県鎌倉市）を攻めた。藤沢道場（神奈川県藤沢市）と当麻《たいま》道場（神奈川県相模原市南区）が戦火で焼失した。二十八日に宗瑞は武蔵国久米川（東京都東村山市）に着陣し定正に対面した。ついで宗瑞は山内上杉顕定と塚田陣（埼玉県寄居町）で戦った（『石川忠総留書』）。

明応三年十月二日には扇谷上杉定正と山内上杉顕定が高見にいたり、荒川を挟んで対陣した。翌日に定正が荒川を渡ろうとして落馬し、死去したため扇谷上杉氏と伊勢宗瑞は敗走した。定正の跡は嫡男朝良が継いだ。宗瑞は伊豆に退却している。

明応四年十一月中旬には、再度、伊勢宗瑞が六〇〇〇人で山内上杉顕定の支配する武蔵国荏原郡馬込（東京都大田区）に侵攻し、山内上杉勢と戦って今度も敗走した。

明応五年（一四九六）七月二十四日、山内上杉顕定が相模国西郡に大規模な攻勢を行い、顕定の重臣の長尾右衛門尉が西郡に攻撃拠点の陣城《じんじろ》を構築した。対して扇谷上杉方の長尾景春・伊勢弥次郎盛重（伊勢宗瑞の弟）が陣城を攻めて合戦となり、長尾右衛門尉が大勝利した。そのために扇谷上杉方の拠点である小田原城の大森式部少輔（定頼か）をはじめ加勢の扇谷上杉朝良・三浦道寸・太田六郎右衛門尉・上田名字中・伊勢盛重が敗走して西郡の様相は一変したという。宗瑞の相模国侵攻は、一時頓挫したとわかる。

伊勢宗瑞の弟の伊勢盛重は、この時に討ち死にしたというが、のちに伊豆で宗瑞と共に活躍している。明応六年十二月の宗瑞書状には大道寺発専《ほっせん》と共に活躍しており、敗走して伊豆で宗瑞と合流したとわかる。のちに伊豆平定戦で怪我をして寺に入り、宗瑞の軍勢から脱落した。大永二年（一五二二）七月十八日に五九歳で死去している（駿河大宅高橋家過去帳一切）。

伊豆国支配と伊豆諸島の抗争

明応七年（一四九八）八月に足利茶々丸が自刃し、直後に深根城が陥落すると伊勢宗瑞の伊豆平定作戦は完了した。宗瑞は平定なった伊豆国の郷村支配に専念する事となる。明応九年から十年かけては、宗瑞関係の文書と神社棟札が伊豆方面に六通確認されている。宗瑞文書は寺社に関するもので、特に明応十年三月末に熱海（静岡県熱海市）の伊豆山神社に出された伊勢宗瑞判物写（集古文書）は、小田原城奪取の年代に係わる文書として注目されている。伊豆山神社の社領であった相模国上千葉（小田原市千代）を収公して、替え地として伊豆国先端の田牛《とうじ》村（静岡県下田市）をあてがった内容である。これからみると、すでに小田原城の周辺は宗瑞に支配されていたと解釈される。さらに伊豆国は半島先端まで宗瑞の支配するところとなっていたといえる。

また、神社棟札では明応九年十一月に、大川（静岡県東伊豆町）の三島大明神を再建し、その時の地頭は大塚某と見え、宗瑞の家臣の大塚近江守と思われる。明応七年八月の大津波のために倒壊した社殿の再建である。明応十年正月には冷川《つべたがわ》村（静岡県伊東市・中伊豆町）来宮《きのみや》神社の棟札写には、宗瑞の入部により代官の北条井野辺が再建したとある。郷村の復興に宗瑞の家臣が活躍したとわかる。さらに注目したいのは、明応九年十一月の大川（東伊豆町）の三島大明神の再建棟札に、再建費用の勧進には相模国柳島（神奈川県茅ヶ崎市）を本拠とする廻船問屋の藤間《とうま》宗源入道《そうげんにゅうどう》も参加している事である。伊豆での騒乱が終息して、太平洋海運が安定した証となろう。藤間氏は相模国金目川の水運を押さえた廻船問屋として活躍している。のち玉縄城（鎌倉市）の家臣になった。

しかし、伊勢宗瑞が伊豆を平定した明応七年には、扇谷上杉朝良と山内上杉顕定との抗争が、相模国・武蔵国で戦いを再開していた。伊豆地方では、伊豆諸島の領有をめぐって扇谷上杉方の宗瑞と、山内上杉方の三浦道寸《どうすん》との間で新たな抗争が起こっていた。宗瑞は八月に伊豆半島南端の長戸呂（静岡県下田市石廊崎）の御簾真教《みすみさねのり》を八丈島（東京都八丈町）の代官として派遣した。対して扇谷上杉朝良は家臣の奥山宗麟に命じて神奈川郷（横浜市西区）の奥山忠督を八丈島代官として派遣したため、御簾真教と奥山忠督が対立することとなった（『八丈実記』）。この争いは永正四年（一五〇七）に奥山忠督が下田で御簾真教に降伏するまで続いた。

第三節　相模での激闘

うち続く山内上杉氏との抗争

明応八年（一四九九）十月には扇谷上杉朝良と山内上杉顕定が一旦は和睦した。しかし、伊勢宗瑞と山内上杉顕定との間に和睦はなく、抗争は続いていた。翌九年六月に相模国に再び大地震が襲った。その頃に、山内上杉方の小田原城（小田原市）の城主の大森藤頼が宗瑞に攻められ、大森氏の岩原・河村・内山の各城も陥落したと岩原城（南足柄市）の「古城略記」は記している。陥落の理由は地震の影響かもわからない。この時に大森氏は小田原城から逃亡して、小田原城が宗瑞の持城になった可能性もある。しかし、藤頼が死去したのは、静岡県小山町の乗光寺の過去帳では文亀三年（一五〇三）十一月二日としており、「古城略記」の記事も再度検討する必要があろう。宗瑞による小田原城奪取の年代は、未だに確定されていない（『小田原市史・通史編』ほか）。前述の明応十年三月末に熱海の伊豆山神社に出された伊勢宗瑞判物写の内容から、これ以前には宗瑞による小田原城奪取が行われていた事は確実であろう。

文亀元年五月に、またもや伊勢宗瑞をめぐって新しい動きが起こった。遠江国守護の斯波義寛《しばよしひろ》が伊豆の国衆の土肥次郎に、義寛に協力して駿河に侵攻したのは喜ばしいと伝え、山内上杉顕定にも報告すると述べた。今川氏親に遠江を攻められている義寛への援軍である。山内上杉顕定が斯波義寛と同盟して今川氏親・伊勢宗瑞を挟撃する計画であった。土肥次郎は伊豆国土肥郷（静岡県伊豆市）の国衆で山内上杉氏に属したから、宗瑞が伊豆平定を遂げても、反対勢力は反抗し続けていたと知れる。これに対して宗瑞は、同年閏六月に信濃の諏訪頼満に協力を依頼し、頼満と抗争している小笠原定基が斯波義寛を支援するのを阻止させようとした。山内上杉顕定は守護国の伊豆国を宗瑞から奪還する計画に斯波義寛を引きずりこんだものとわかる。そのため、同年八月に伊勢宗瑞は今川氏親の大将として遠江国に侵攻し、斯波義寛を撃破して追い詰めた。斯波義寛と山内上杉顕定との協同作戦が不調であった証拠である。

文亀元年（一五〇一）九月には、伊勢宗瑞は甲斐国に侵攻し、籠坂峠を越えて吉田城山（山梨県富士吉田市）と小倉山に着陣して築城した。相手は武田信縄で、十月には宗瑞が武田勢に撃退されて敗走した。この戦いは小田原城を追われた大森藤頼が、武田信縄に救援を依頼したためといわれている。九月二十日に甲斐国都留郡《つるぐん》で合戦があり、宗瑞の家臣の神田祐泉が宗瑞から感状を与えられている。

同年十一月には、伊勢宗瑞は再び斯波義寛を攻めるため遠江国に侵攻し、村櫛《むらぐし》城（静岡県浜松市西区）の堀江数年を攻略した。ここに今川氏親が斯波義寛を駆逐し、遠江国をほぼ制圧した。この頃の京都では、幕府管領の細川政元が、東国政策を変えて今川氏親・伊勢宗瑞支援から、斯波義寛・上杉房能・上杉顕定支援に路線を変更した。この政策転換により宗瑞は京都政権派と関東の山内上杉顕定派とに挟撃される危機に陥った。翌二年八月には将軍足利義澄が管領の細川政元の幕政運営に不満を持ち、洛北の岩倉の金龍寺に出奔する事件を誘発した。京都政権派の支持を失った今川氏親・伊勢宗瑞は永正初年（一五〇四）頃までに細川政元・足利義澄から離反し、足利義材に味方する反対勢力となった。宗瑞の宿敵は、あくまでも山内上杉顕定であった。その顕定は文亀元年十一月末には、扇谷上杉朝良との抗争を再開させており、顕定が朝良の武蔵国河越城（埼玉県川越市）を攻めていた。

永正元年（一五〇四）に入ると、伊勢宗瑞は武蔵の国衆との戦いに専念する事となる。同年正月には山内上杉顕定は、武蔵国多摩郡の国衆で椚田《くぬぎだ》城（東京都八王子市）の長井広直から宗瑞の武蔵国侵攻は必至との報告を受けた。顕定は神保孫太郎に小幡景高と共に急ぎ着陣する様に命じた。広直は山内上杉方の国衆であったが、のちに扇谷上杉方に離反している。

同年三月末には山内上杉顕定は、武蔵国多摩郡の国衆の勝沼城（東京都青梅市）の三田氏宗から伊勢宗瑞が三田氏の勝沼領に侵攻してきたとの報告で、長尾顕忠（総社長尾忠景の子息）を武蔵国入間郡の高倉（埼玉県鶴ヶ島市）に援軍として送った。しかし、宗瑞方の扇谷上杉朝良が上戸《うわど》陣（埼玉県川越市）から出軍してきたため退却してしまった。椚田城は重要な城であるから、宗瑞が侵攻してきたら氏宗も同城に入って防御せよと命じた。武蔵国南部の有力国衆の長井広直と三田氏宗が、宗瑞の武蔵国侵攻に正面から立ちはだかっていたのである。共に山内上杉方であった。

同年七月末には、山内上杉顕定の要請で、越後守護である顕定の弟上杉房能が関東に越山し上野国に侵攻した。八月二十一日には顕定が上戸陣から仙波陣（埼玉県川越市）に移り、翌日には扇谷上杉朝良の河越城を攻めにかかった。九月六日には江戸城にまで進撃した。危機を感じた朝良は駿河の今川氏親と伊豆の伊勢宗瑞に加勢を要請した。その要請に答えた宗瑞は九月六日に相模国に侵攻して江ノ島（藤沢市）に禁制を掲げて着陣した。今川氏親は十一日には駿河を発って関東に向かい、十三日には重臣の朝比奈泰熈・福島《くしま》助春も参陣した。宗瑞は武蔵国稲毛（川崎市多摩区）の升形山に十五日に着陣、二十日には今川氏親も到着した。宗瑞にとっては二度目の武蔵国出陣であり、氏親にとっては初めての武蔵国出陣であった。九月二十五日には顕定が大森定頼に、扇谷上杉朝良・今川氏親・伊勢宗瑞と対陣している事と、すでに古河公方の足利政氏も味方として出馬しており、甲斐国の武田信虎にも加勢を依頼したと述べていた。この時の両軍の編成は、扇谷上杉朝良には今川氏親・伊勢宗瑞・今川家重臣、敵方の山内上杉顕定には足利政氏・上杉房能が従軍していた。

両軍は九月二十七日に多摩川の立川原（東京都立川市）で激突し、合戦となった。結果は扇谷上杉軍の勝利であった。軍記物の記述では、合戦は九月二十七日の正午から始まり数時間におよんだ。山内上杉方は長尾六郎や上州一揆の長野房兼等の二〇〇〇人程が討ち死にし、夜中には敗走したと記す。同日には毛呂土佐入道幻世が、合戦での戦死者を悼み銅鉦鼓を奉納している。この銅鉦鼓の銘文により、立川原の合戦が軍記物の記載での二十五日などの日付の相違が正されて、二十七日に行われたと確定し、貴重な史料となっている。敗れた山内上杉顕定は、本拠の武蔵国鉢形城（埼玉県寄居町）に逃げ込んだ。勝利した伊勢宗瑞・今川氏親は、帰国の途につき、十月十七日には熱海で湯治したのち、二十五日には伊豆国三島大社で連歌師宗長と戦勝の連歌会を開催し、氏親は韮山城で休息してから、駿河に帰国していった（『宗長手記』ほか）。氏親が武蔵国に出陣したのは、伊勢宗瑞への支援もあるが、氏親と遠江国の斯波義寛との抗争で山内上杉顕定が義寛と同盟した事への報復処置であると判明している。

山内上杉顕定の反撃

永正元年（一五〇四）九月に立川原の合戦で扇谷上杉朝良に敗北した山内上杉顕定は、鉢形城で軍備を建て直すと、直ちに扇谷上杉氏への反撃を開始した。

伊豆に帰国した伊勢宗瑞は、山内上杉顕定と同盟している甲斐国の武田信虎との抗争にも関与して、同年十一月には駿河平に軍勢を出陣させたが、武田勢に撃退されている。

十二月に入ると武蔵国では、扇谷上杉朝良が山内上杉方の上戸陣（埼玉県川越市）を攻めた。上戸陣には越後守護の上杉房能の家臣の江口・楡井・発知等が在陣していた。房能は山内上杉顕定の弟である。彼等は房能から相模国への侵攻を命じられていた。また、十一月末には越後守護代の長尾能景が、山内上杉顕定の要請で関東に越山した。能景は武蔵国に侵攻すると扇谷上杉方に寝返った多摩郡椚田要害（東京都八王子市初沢町）の長井広直を攻略し、翌年には滅亡に追い込んだ。十日には房能が発知《おち》六郎右衛門尉に、十二月一日の椚田要害攻めでの戦功を認めて感状を与えた。長井広直の去った椚田要害には大石道俊《おおいしどうしゅん》が入った。能景は続いて相模国に侵攻し、二十六日に実田《さなだ》要害（＝真田要害・神奈川県平塚市）を攻略した。城主の上田正忠が討ち死というが、史料では生き残っている。

実田要害は平塚市と秦野市の市境、大根川の真田橋の南に隣接する真田一丁目の天徳寺の境内に当たる。城址はかつては長方形の土塁と堀が巡っていた。近年の発掘調査で、寺の北側で空堀と土橋・虎口《こぐち》（城の出入口）の跡が出土している。上田正忠は扇谷上杉朝良の重臣で、相模国守護代を務めた。上田正忠は実田要害が陥落すると逃亡し、扇谷上杉方の伊勢宗瑞に仕えた。のちの永正七年（一五一〇）七月に神奈川（横浜市神奈川区）の権現山城に居住して宗瑞方として活躍している。子孫は武蔵国松山城（埼玉県吉見町）城主として続いた。上田氏については、第四節の権現山城の戦いの項で詳述したい。

永正二年（一五〇五）三月七日に、山内上杉顕定が扇谷上杉朝良に最後の鉄槌を下した。この日、顕定は朝良の本拠の武蔵国河越城（埼玉県川越市）を攻めて朝良を降伏させ、朝良は隠遁して顕定の本拠の江戸城に移されて、剃髪して建芳と号し、朝興に家督を譲渡したが、朝興は若く名代であった。この様にして扇谷上杉氏は勢力を無くし、山内上杉顕定が決定的な勝利を獲得したのである。長享の乱が一九年ぶりに終息した。乱の終息により、伊勢宗瑞の両上杉氏の抗争への介入の要因も消滅した。扇谷上杉朝良（建芳）は隠遁したとはいえ、扇谷上杉家の当主代行として永正十四年まで相模国守護として文書に登場している。けっして滅亡したわけではなかったのである（『扇谷上杉氏と太田道灌』）。永正十五年四月に朝良（建芳）が死去すると、宗瑞の対戦相手として扇谷上杉朝興が出てくることになる。

宗瑞の遠江・三河への進撃

永正二年三月に長享の乱が終息し、伊勢宗瑞と山内上杉顕定との抗争も終息した。ようやく、関東の騒乱も終わりとなり、人々に平和が訪れた。翌三年正月には宗瑞の重臣の遠山直景が、相模国西郡の松田郷（神奈川県松田町）延命寺に寺領として田六反、畠一町四反を寄進した（延命寺文書）。この文書には、田畠の貫高計算の計算方法が述べられており、まことに貴重なものである。田は一反を五〇〇文、畠は一反を一七五文の計算で算出すると記されている。この後の伊勢氏（のちの後北条氏）の田畠の貫高表記には、この基準が元となって計算されている。後北条氏の貫高制の基本は、伊勢宗瑞の時に決められていたと判明する。ただし、畠の一反は、のちに一六五文と改定された。また、この文書の発給状況をみると、この時には延命寺領では、すでに検地が行われていたとわかる。また、永禄二年（一五五九）の『小田原衆所領役帳』〈小田原衆〉の南条綱良の記載には、西郡宮地（湯河原町）の知行分は永正三年の検地結果によるとあり、これを含めて宗瑞が小田原城の周辺の郷村を支配し検地していた証明になった。宗瑞の支配圏が伊豆国から相模国西郡に版図を広げ、韮山城を本城として小田原城が最初の支城に編入されたといえよう。小田原城は宗瑞の嫡男氏綱の時から後北条氏の本城となり、伊豆支配の支城が韮山城となる。延命寺は遠山氏の菩提寺となり、代々の帰依を受けて繁栄した。

しかし、この相模国の平和は永くは続かなかった。永正三年（一五〇六）四月に古河公方の足利政氏と嫡男高基とが反目して抗争を始めた。永正の乱の勃発である。この時には山内上杉顕定と扇谷上杉建芳（朝良）が政氏を支援して調停に乗り出し、高基との和睦を勧め、高基が謝罪し同六年六月には抗争は一時期は鎮静した。その間に扇谷上杉方の三浦道寸が房総に渡海して高基方の国衆を攻めていたが、高基が道寸を説得して相模国に帰国させている。その後、古河公方の内紛が再発するのは永正七年六月の事である。

永正の乱が勃発した永正三年には、伊勢宗瑞の遠江・三河両国への侵攻が行われた。今川氏親の命令による軍事行動であった。遠江守護の斯波義寛は関東管領の山内上杉顕定と同盟して今川氏親・伊勢宗瑞の挾撃を画策していた。京都の管領細川政元も斯波義寛を支援し、足利義材に味方する今川氏親・伊勢宗瑞とは訣別するという政策転換を計っており、それへの対応であった。

永正三年三月に伊勢宗瑞は、信濃守護の小笠原定基に新年の挨拶状を送り、家臣の伊奈盛泰から副状させた。遠江への侵攻の協力依頼と思われる。定基は斯波義寛からも協力依頼を受けていたから、それへの打開策であろう。九月下旬には関春光の仲介で定基との交渉が軌道に乗り出している。八月五日には宗瑞が三河作手《つくて》の奥平貞昌から八朔《はっさく》の祝儀を受けており、すでに今川勢は遠江から三河に侵攻していた。九月下旬には三河国衆の田原宗光の協力で三河侵攻戦は進展していた。十一月に入ると今川勢は三河の今橋城（愛知県豊橋市）の牧野古伯《こはく》を攻略した。閏十一月には宗瑞が巨海《おおみ》越中守に三河侵攻に協力してくれた感謝状を出している。

この頃には伊勢宗瑞は一時期、本拠の伊豆に帰国していたと推定される。と言うのは、永正三年七月十八日に宗瑞の正室の南陽院殿が死去していたからである。南陽院殿は、幕府奉公衆で将軍の側近家臣である小笠原政清の娘であった。のちには側室に善修院殿を迎えているが、善修院殿は伊豆の国衆の狩野氏の娘である。南陽院殿との間には嫡男の氏綱が生まれていた。

永正五年（一五〇八）八月には、再び三河に侵攻した伊勢宗瑞は、松平長親と戦ったが十月十九日には敗退して伊豆に撤退した。この時の加勢への宗瑞の感謝状が伊達忠宗と巨海越中守に出されている。

再び相模・武蔵への侵攻

永正六年（一五〇九）六月下旬に、山内上杉顕定の仲介で古河公方足利政氏と嫡男高基が和睦し、その抗争である第一次永正の乱が鎮静した。この直後に、伊勢宗瑞が初めて扇谷上杉建芳（朝良）に背いて相模国に再び侵攻した。七月に入ると顕定は実弟の上杉房能の仇敵である長尾為景を征伐のために越後に向かった。その隙をついて宗瑞は為景・長尾景春・高梨政盛等と同盟して両上杉氏への攻撃を開始した。八月に宗瑞が最初に相手としたのは岡崎城（神奈川県平塚市・伊勢原市）の三浦道寸であった。扇谷上杉氏に属した道寸は相模国中郡・東郡・三浦郡を支配領域としていた。八月二十日には建芳の家臣と思われる三不軒某が武蔵国河越城下の北院（仏蔵院）院主の慶海に、上杉建芳の上野国への出馬が終了したらば、すぐに相模国に乱入した宗瑞討伐に当たるので、まずは下総の葛西《かさい》城（東京都葛飾区）方面に出馬すると報告した。

葛西城は葛飾区青戸の中川の西岸の河岸段丘上に築城された平城である。遺構は住宅地として開発されてしまったが、環状十七号線が計画された昭和四十七年から東京都教育委員会による発掘調査が行われた。城址からは堀跡や中世の木製の生活用具や武器類が多く出土し、当時の城兵の生活を偲ぶ貴重な遺跡であった。葛西城については第三章第三節の「江戸城代の遠山氏」の項で詳述したい。

八月二十四日には扇谷上杉方の自枚軒某《じまいけんなにがし》が、一木貝塚《ひとつぎ》（東京都千代田区）の増上寺にたどり着いたが、敵の伊勢宗瑞の軍勢が江戸城周辺に行動しており、合戦状況で危険であると述べている。宗瑞が扇谷上杉建芳の本拠の江戸城近くに侵攻していた。しかし、十月上旬には連歌師宗長が江戸城で建芳と連歌会を開催しているから、それ以前には宗瑞の軍勢は、江戸城周辺から退去していたとわかる。

同年十二月十日に扇谷上杉建芳（朝良）が、三浦道寸の家臣の武《たけ》源五郎に相模国鴨沢要害（中井町）での伊勢宗瑞との合戦での戦功を認め、感状を与えた。鴨沢要害は別名を中村要害とも称し、中村川の上流の北岸の押切山に位置する。

この様に宗瑞と扇谷上杉氏との合戦は、相模・武蔵両国で展開していた。しかし、翌七年正月晦日の山内上杉顕定が長尾景春に送った書状には（榊原家文書）、久下信濃守が伊勢神宮に参詣するので東海道を通行するため、その安全を伊勢宗瑞にたのむ事を指示している。明からにこの時には山内上杉顕定と伊勢宗瑞とは、同盟していた。宗瑞にとっては宿敵である山内上杉顕定との同盟が、なぜなされたのかは全くの謎である。

永正七年（一五一〇）五月に伊勢宗瑞が、山内上杉可諄《かじゅん》（顕定）の領国の武蔵国に侵攻して大石道俊の籠もる多摩郡椚田要害（東京都八王子市）を攻め、六月十二日には攻略した。道俊は城を落ちて由井城に逃げ込んだ。由井城は椚田《くぬぎだ》要害の北西に位置し、この後は由井城が大石氏の本拠となる。翌十三日には山内上杉方が椚田要害を奪還したが、宗瑞方の石井帯刀左衛門尉が戦功を立てた。その後に長尾景春が山内上杉可諄（顕定）を離反して宗瑞方に味方した。景春の反撃拠点は相模国北端の津久井料（神奈川県相模原市緑区）に移り、ここを拠点として石井帯刀左衛門尉や吉里《よしさと》一類等が籠もって山内上杉可諄に抵抗を続けた。

山内上杉可諄（顕定）は越後守護代の長尾為景が守護の上杉房能（可諄の弟）を討ったため、永正七年六月に報復のため越後に侵攻した。しかし、二十日に越後長森原（新潟県南魚沼市）の合戦で為景に敗れて討ち死にしてしまった。跡は養子の顕実（足利政氏の三男）が継ぎ、関東管領に就任した。可諄の討ち死には古河公方足利政氏にとっては大打撃であった。このため、この頃に関東では、足利高基が古河城から関宿城に移り、父政氏との抗争が始まり、永正の乱の再発となった。伊勢宗瑞は、この機会を逃さず扇谷上杉建芳（朝良）への抗争を再開し、相模・武蔵で両上杉氏との戦いに入っていった。

第四節　武蔵南部への進撃

権現山城の戦い

永正七年（一五一〇）六月末に、両上杉氏との全面戦争に突入した伊勢宗瑞は、まず扇谷上杉建芳（朝良）の重臣で相模守護代の上田政盛を建芳から離反させることに成功した。政盛は，かつて相模国実田要害（神奈川県平塚市）を本拠とした上田正忠の一族で、正忠は実田要害を山内上杉勢に攻略された時に逃れていた。後に武蔵国久良岐郡の神奈川郷（横浜市神奈川区）の幸ヶ谷に権現山城を築いて政盛と共に本拠としていた。

神奈川郷の南側には、当時は東京湾の西岸の湾入が深く入り込み、現在の横浜駅の一帯は海の中であった。権現山城の南山麓には神奈川湊があって諸国の廻船が寄港して交易港として繁栄していた。神奈川湊は本来は山内上杉氏の家宰である長尾忠景の所領であった。その代官の奥山忠督は山内上杉領の伊豆諸島の代官も務めていて神奈川湊に館があった。永正初年から伊豆諸島の領有をめぐって宗瑞と三浦道寸との抗争が続いていた。永正七年四月には奥山忠督は宗瑞方に属していたと思われる。神奈川湊の支配権を握った宗瑞は、権現山城の上田政盛を扇谷上杉建芳から離反させると、扇谷上杉方への反旗をひるがえさせ挙兵させた。守護代の謀叛に仰天した上杉建芳は、永正七年七月十一日に成田・渋江・藤田・大石・矢野等の味方国衆を参陣させ二万人で権現山城を攻め、十九日には陥落させた。

この合戦には上田政盛と共に城に籠もった侍の一人に間宮信盛がおり、城から敵陣に突撃を敢行して「神奈川の住人、間宮の某」と敵方に呼ばわった勇者として『金川砂子』に登場している。間宮氏は近江佐々木氏の一族で、伊豆の間宮庄（静岡県函南町）に土着したため、間宮氏を名乗った。その人が間宮信冬で、その跡は某－信盛－信元－康俊－康信

―直元と続き、江戸時代に到った。のちに間宮氏は宗瑞に仕えて繁栄し、武蔵国杉田郷（横浜市磯子区）に知行を拝領した。康俊は玉縄城の北条氏勝の重臣となり、最後は天正十八年（一五九〇）に伊豆の山中城（静岡県三島市）で一族と共に討ち死にした。康俊の弟綱信の家系からは徳川幕府の旗本に登用された学者の士信《ことのぶ》がおり、幕末に編纂された『新編武蔵風土記稿』の編纂事業に参加している。士信は自身が後北条氏の旧臣の出であることから、戦国時代の後北条氏と間宮氏の事を詳しく調査して『小田原編年録』という歴史書を残してくれた。康俊の四男元重の子孫には江戸時代後期に旗本の間宮林蔵が出ており、樺太《からふと》の探検で間宮海峡を発見した人として著名である。

権現山城は、京浜急行本線の神奈川駅に隣接した幸ヶ谷公園に城址が残っている。本線の対岸になる本覚寺境内の通称青木城も、元は権現山城の別郭であったという。幸ヶ谷公園の東に隣接する宗興寺の境内は間宮信盛の砦の址と伝えている。幸ヶ谷公園の城址は、幕末の神奈川台場の建設で、城山の土を削って海の埋め立てに使用したことから城の遺構はほとんど残っておらず、現在は桜の名所として知られている。

ここで権現山城の城主の上田氏も紹介しておこう。第三節の山内上杉顕定の反撃の項で述べた実田要害の城主は上田正忠で、城が山内上杉顕定に攻略された時に討ち死にせず逃れていったと記述した。正忠は永正十七年まで生存が確認されている。たぶん、一族の上田政盛と共に権現山城を築城して生きていたのであろう。日蓮宗の行伝寺（埼玉県川越市）過去帳には正忠は宗詮と号して永正十七年五月に死去したとある。また、名古屋市東区の日蓮宗本住寺の日現自筆裏書には、この軸物は、かつて神奈川城（権現山城）で正忠から拝領したと記されており、正忠が権現山城に在城していた事は確実となった。政盛は正忠の子ではないといわれているが、ごく近い一族には違いなかろう。政盛は城を扇谷上杉建芳に攻略されると伊勢宗瑞の許に逃れ、家臣として仕えた。政盛の跡は案独斎《あんどくさい》蓮好―朝直（宗調）―長則―憲定と続いた。永禄二年（一五五九）の『小田原衆所領役帳』〈他国衆〉に案独斎宗調が見え、相模国粟船（鎌倉市大船）

で二六〇貫文の他、合計四七一貫文の知行高である。子孫は松山城（埼玉県吉見町）の城主を務めており、上田氏関係文書は、現在では四七通が確認されている。

権現山城を攻略した扇谷上杉可諄は勢いに乗り、本格的に伊勢宗瑞への反撃を開始していった。

三浦道寸を攻め滅ぼす

三浦道寸は相模国三浦郡を領国とした鎌倉時代以来の国衆の三浦氏の末裔で、実名を義同《よしあつ》と称した。父は扇谷上杉定正の兄高救《たかひら》で、道寸も定正の家臣であった。長享の乱から一時期は山内上杉顕定に属し、その後に再び定正に属した。三浦半島先端の三崎城（神奈川県三浦市）を本拠とし、定正の子朝良や伊勢宗瑞と結んで山内上杉顕定と戦った。永正二年（一五〇五）三月に両上杉氏が和睦すると、相模国中郡の支配を任されて岡崎城（平塚市・伊勢原市）に居城した。同六年八月には、宗瑞が扇谷上杉朝良との抗争に入ると、相模国侵攻を目指す宗瑞は三浦道寸と絶縁し、敵対関係になった。

永正七年五月に三浦道寸の八丈島（東京都八丈町）代官の北村秀助が、伊勢宗瑞の代官の奥山忠督と戦って敗北した。同年十月十九日の道寸の書状では、岩城氏の家臣岡本妙誉（竹隠軒）に、勢いに乗った扇谷上杉建芳（朝良）が宗瑞方の小田原城に攻め込み、城下を荒し回ったと報告した。この書状から道寸は扇谷上杉氏に加担しており、宗瑞が再興した高麗寺要害や住吉要害は建芳か道寸に攻略され、宗瑞は小田原城に退去していたと想像できる。八丈島の支配権を失った道寸が、反撃したとも考えられる。

同年十二月九日に伊勢宗瑞と扇谷上杉建芳・三浦道寸が相模国鴨沢要害（＝中村要害・中井町鴨沢）で戦い、扇谷上杉方が勝利した。鴨沢要害は相模国西郡の内であるから、宗瑞が獲得した西郡の一部も扇谷上杉方に奪還された事になる。宗瑞による相模国侵攻は、ここに一時期、頓挫したといえよう。同月二十三日には古河公方足利政氏が道寸の子義意《よしおき》に、九日の鴨沢要害での戦いで武和泉守が討ち死にした功績を讃え感状を与えている。扇谷上杉建芳・三浦道寸と足利政氏が連合して宗瑞への反撃を開始していたとわかる。しかし、宗瑞の西郡支配は喪失したわけでは、決してなかった。宗瑞は翌八年八月には西郡箱根山中の底倉村《そこくら》（箱根町）の万雑公事《まんぞうくじ》を免除しており、それと知れる。

永正八年（一五一一）十一月には、今川氏親の家臣の福島範為《くしまのりため》が京都の相阿なる人に、関東では武蔵国河越城（埼玉県川越市）の扇谷上杉建芳と伊勢宗瑞が和睦し、戦闘が終息して安心し、宗瑞は氏親の駿河国駿府館（静岡県静岡市葵区）に滞在していると報告した。これ以前には宗瑞と扇谷上杉氏との和睦が成立していた。

永正九年（一五一二）正月には、相模国鎌倉周辺で伊勢宗瑞と三浦道寸との戦闘が再開された。この合戦で藤沢の遊行寺が戦火で焼失した。五月末には宗瑞の八丈島の代官藤兵衛が入島し、三浦勢との合戦に備えて武具を整えている（『八丈実記』）。

この様な時の同年六月に、山内上杉憲房（顕定の養子）と顕実（足利政氏の子、顕定の養子）が顕定亡き後の家督をめぐって内訌が起こった。これに同調して古河公方の足利政氏と高基との抗争も再開し、永正の乱が再燃した。憲房と扇谷上杉建芳との抗争も起こった。この大騒動を見逃す伊勢宗瑞ではない。早速、相模国侵攻の軍を起こし、両上杉氏への反撃を開始した。

その反撃の開始は相模国中郡への侵攻であった。永正九年八月七日に岡崎城の三浦道寸を攻め、十二日に攻略し、道寸は鎌倉方面に逃亡し住吉城（神奈川県逗子市）に入った。この合戦では八月十二日に宗瑞家臣の伊東某が忠節をつくし、宗瑞から感状を得ている。追跡した宗瑞は十三日に鎌倉に到達し、宗瑞の相模国中郡の領有は決定的となる。早速、十二月四日に宗瑞は、越後弾正忠に中郡三田郷《さんだ》（神奈川県厚木市）を宛行っている。

岡崎城は平塚市岡崎と伊勢原市岡崎の市境の地に当たり、伊勢原市に入る無量寺の地域が城址の主郭になる。平安時代の末に三浦氏の一族の岡崎義実が築城したと伝え、その後は修築を加えて、大層な堅固の大城郭となった。湿地帯の丘陵に当たるため、宗瑞の伊東氏への感状では「岡崎台の合戦」と呼称している。道寸が退去した後の岡崎城は廃城となったらしく、岡崎の地は永禄二年（一五五九）の『小田原衆所領役帳』〈諸足軽衆〉の足軽大将の率いる足軽の給田分として三三五貫文の給地として配分された。後北条氏の文書にも、その後は全く岡崎城は登場してこない。

伊勢宗瑞は三浦道寸を住吉城に追うと、永正九年（一五一二）八月十九日には相模国東郡の当麻郷《たいま》（相模原市南区）に制札を掲げ、三浦勢の津久井方面との通行を遮断した。また、十月には宗瑞は鎌倉の防衛と三浦半島の三浦勢への押さえとして、大船の北方の玉縄城（鎌倉市植木）を再興して次男の伊勢氏時を城主として配置した。玉縄城は東郡の支配の拠点として重要な支城となる。同年十二月には宗瑞は武蔵国久良岐郡の本牧郷（横浜市中区）に侵攻し、当地の領主の平子《たいらこ》房長《ふさなが》に制札を出した。平子氏は三浦氏の一族で山内上杉氏に従属していた。この様にして宗瑞は三浦半島に三浦道寸を追い込めていった。

翌十年七月には伊勢宗瑞は、住吉要害（逗子市小坪）を攻略して三浦道香（道寸の弟）を自殺させた。翌十一年三月から五月にかけて中郡に扇谷上杉建芳や家宰の太田永厳が出馬して、道寸を救援する努力を示したが不成功に終わった。ここに三浦道寸は孤立する状況となった。道寸は三浦半島先端の三崎新井城に籠城して、宗瑞との最後の決戦に備える事となる。その決戦は、二年後の永正十三年七月に行われた。十一日に宗瑞は三崎新井城を包囲して援軍を遮断してから総攻撃をかけた。道寸・義意父子は家臣から房総の武田氏を頼って城を脱出してはとの進言を拒否すると、最後の突撃をかけて宗瑞方に乱入すると、全滅して三浦氏は滅亡した。

三崎新井城は、三浦市三崎町小網代の油壺湾と小網代湾に挟まれた岬先端に所在する。現在は京急油壺マリンパークと東京大学臨海実験所の敷地になっており、その北端の二の丸址の崖上に三浦道寸の墓碑が建っている。空堀と土塁が比較的良く残っている。特に東京大学臨海実験所の敷地内の土塁は見事である。後北条氏の時代には北条氏規が城主を務めた三崎城（三浦市城山町）が、現在の三浦市役所の敷地にあったため新井城と混同される事があり注意を要する。新井城と三崎城とは全く別の城郭である。

鎌倉の掌握と房総への渡海

永正十三年（一五一六）七月に三浦道寸を滅ぼした伊勢宗瑞は、ここに伊豆・相模両国を支配する戦国大名になった。伊豆侵攻から二四年が経っていた。三浦道寸を三浦半島に押し込めた永正九年八月から鎌倉に進出した宗瑞は、三浦氏を追い詰めながら、鎌倉の在地支配を進めていった。その間の同十年三月には、今川氏親の遠江国の斯波義寛《しばよしひろ》攻めに参加して同国に侵攻し、朝比奈泰以《やすもち》と共に活躍した。鎌倉での行動としては、永正十一年八月に円応寺（鎌倉市山内）所蔵の木造奪衣婆坐像銘に、宗瑞が鎌倉の奈古屋（鎌倉市名越）で宝球を掘り、韮山城に玉を納め、神社本殿に弁財天を建てたと見える。十二月末には鎌倉大町の本覚寺に制札を掲げ、陣僧・飛脚役と諸公事を免許した。翌十二年二月には伊勢氏綱が、鎌倉三ヶ寺（建長寺・円覚寺・東慶寺）の行堂《あんどう》の諸公事を免除した。これらの施策を見ると、宗瑞の鎌倉支配はかなり進捗していたと言えるであろう。

しかし、相模国を領有した伊勢宗瑞は、未だに今川氏親から完全には独立していなかったらしい。永正十年の『為広駿州下向日記』では、京都の冷泉為広《れいぜいためひろ》が駿河に下向し、今川一門として小鹿・瀬名・関口・新野の各氏と共に、宗瑞の三男葛山《かつらやま》氏広を挙げており、宗瑞も今川一門の扱いであったとわかる。永正十二年五月には、宗瑞が駿河国沼津（静岡県沼津市）の妙海寺に諸公事を免除しており、今川氏親の領国の駿河国に判物を出せた事は、未だに宗瑞は今川氏の守護代と認められていた可能性が高いのである。永正十三年七月に三浦道寸を滅ぼした後の二十一日に、伊豆国の三島大社に相模国平定の祝儀として宗瑞が指刀を奉納し、翌十四年九月に伊豆・相模両国平定の祝儀として、三島大社に宗瑞が十二単衣を奉納した。この事は、駿河と伊豆の国境の三島大社は今川領と伊勢領の境に当たる神社であったと考えると、宗瑞としても今川氏の家臣としての意識が働いていたのではなかろうか。

鎌倉を制圧した伊勢宗瑞は、相模国領有を機会に、嫡男の伊勢氏綱に将来は家督を譲る事を世間に公表した事も見逃せない。宗瑞関係の文書では、氏綱の初見は永正九年八月の感状で宗瑞との連署、次は同年十二月の宗瑞との連署、三通目は鎌倉宛の同十二年二月の氏綱判物で宗瑞が袖位置に署名、最後は同十四年九月の三島大社の宗瑞との連署となる。また、永正十二年には氏綱に嫡男伊豆千代丸（のちの北条氏康）が生まれている。六〇歳で宗瑞に初孫が生まれたことになる。そろそろ今川氏から独立してもおかしくない状況になっていたのである。

永正十三年八月に房総方面で、新たな抗争が勃発した。下総国の真名《まんな》城（千葉県茂原市）の佐々木三上但馬守が小弓《おゆみ》城（千葉市中央区）の原氏を攻めたのが発端となった。その頃の上総国では真理谷《まりがやつ》武田信清が下総国の千葉氏と抗争を展開しており、伊勢宗瑞は武田信清に味方していた。同年十一月に宗瑞は上総に侵攻して藻原（千葉県茂原市）に侵攻した。信清への支援のためである。同年十二月には古河公方の足利政氏が移座していた下野小山城（栃木県小山市）を出奔して武蔵国の岩付城（埼玉県さいたま市岩槻区）に移り、抗争相手の嫡男高基が古河公方に就任した。政氏は隠居して隠遁した。伊勢宗瑞は高基方に付いており、この頃には宗瑞は相模国に帰国していた。というのは、この十一月に宗瑞が京都の以《い》天宗清《てんそうせい》を招いて箱根湯本（箱根町）に早雲寺を創建しているからである。

永正十四年（一五一七）十月十三日に再び伊勢宗瑞が上総国二宮庄に侵攻し、藻原近くの真名城の佐々木三上但馬守を攻めている真理谷武田信清に加勢し、同城を攻略し、宗瑞が二宮庄を領有した。十五日には政氏の子義明が高柳御所

（埼玉県久喜市）から武田信清の支援を受けて千葉の小弓城（千葉市中央区）の原胤隆を攻めて下総国小金《こがね》城（千葉県松戸市）に逃亡させた。翌十五年七月に足利義明は小弓城近くに小弓御所を創建して御座所とし、以後は小弓公方と呼ばれ、古河公方と抗争しはじめた。

永正十五年四月二十一日に伊勢宗瑞の宿敵である扇谷上杉建芳（朝良）が武蔵国河越城で死去し、跡は子朝興《ともおき》が継いだ。建芳は足利政氏・足利義明を支援していたから、建芳の死去で政氏は隠居し、ここに永正の乱は終息した。しかし、足利義明の小弓公方の創設で、古河公方の足利高基と義明が抗争を開始した。宗瑞は義明を支援する真理谷武田信清に加担した関係で義明の陣営に属する事となり、同じく義明を支援する扇谷上杉朝興とも和睦するという目まぐるしい展開となった。この政治的な展開が宗瑞を隠居に踏み切らせ、嫡男氏綱の家督相続となったらしい。

伊勢氏綱の家督相続

最近の伊勢宗瑞の研究では、何時、宗瑞が嫡男氏綱に家督を譲渡したかが論議されている。それは、伊勢家の家印である「虎朱印《とらしゆいん》」の執行者が宗瑞か氏綱かの問題でもあったのである。通説では永正十五年（一五一八）十月八日の虎朱印状（大川文書）の初見から氏綱が第二代当主として発給したのではないかとの説が強かった。しかし、最近の黒田基樹氏の『伊勢宗瑞』（戎光祥出版）では、永正十六年七月に隠居して家督を氏綱に譲渡し、「虎朱印」の執行者は宗瑞であるとしている。宗瑞は永正十六年八月に死去しているので、永正十五年四月以降の文書を参考に、氏綱への家督相続の問題を確認しておこう。

永正十五年二月に、前述した如く伊勢宗瑞が相模国当麻《たいま》宿に制札を掲げた。この文書が宗瑞の出馬を告げる最終文書となった。その月八日には宗瑞は伊豆千代丸（のちの氏康）に遺言状を書いて渡した。ただし、当文書は再考を要するとの指摘もある。

同年十月八日に伊勢家朱印状が伊豆の木負《きしょう》（静岡県沼津市）に発給された。虎朱印状の初見である。通説では虎朱印の制定者は伊勢氏綱との説が多い。翌十六年正月二十日には、伊豆大見三人衆に、虎朱印状で前々の如く直轄領の年貢の納入を命じた。その九日後の二十九日には伊勢宗瑞が判物で、同じ大見三人衆に直轄領の代官に、年貢の収納を命じた。虎朱印と宗瑞判物の同内容の二通の発給で、虎朱印の制定執行者は宗瑞の可能性が非常に高い事が判明した。

永正十六年（一五一九）三月二十五日に三島（三島市）の神社と相模国早川庄（小田原市）箱根三社権現に、宗瑞が書写した法華経を寄進し、四月二十八日には宗瑞が四男菊寿丸（のちの北条幻庵《げんあん》・宗哲《そうてつ》）に所領を譲渡した。六月二十日には伊豆雲見（静岡県松崎町）の高橋氏に夫人の出産は、韮山城か小田原城かを決めることと申し渡した。宗瑞が韮山城に在城したと判明する。

同年七月二日には、宗瑞が三浦三崎で船遊びをして病となった（異本塔寺八幡宮長帳）。この事に関しては、七月二十八日の大蔵院宗好が房総の真理谷武田信清に、伊勢氏綱が房総に渡海したと述べていることから、氏綱が三崎（三浦市）から水軍の軍船で東京湾を渡海するのを見送った宗瑞が三崎に居残り、病に冒されたものと推測できる。その月には氏綱が上総国藻原（千葉県茂原市）の妙光寺に制札を掲げて、伊勢軍勢の境内での乱暴を禁止させている事から、氏綱の渡海を証明している。同年八月八日には今川氏親が、駿河国沼津（静岡県沼津市）の妙海寺に、諸公事を免除し、かつての韮山殿（伊勢宗瑞）の判物に任せて北川殿（氏親の母、宗瑞の姉妹）が末代まで免許した事を認めた。この文書から、今川氏親は宗瑞をあくまでも今川氏の家臣と認識しており、駿河国沼津は今川領として北川殿に支配を委ねたとわかる。宗瑞は韮山城に本拠を据えており、韮山殿と呼ばれたこともわかり、この時には宗瑞の余命はいくばくも無いと察した内容である（妙海寺文書）。それから七日後の八月十五日に宗瑞は韮山城で死去した。六四歳の波瀾に富んだ生涯であった。遺体は伊豆の修禅寺（伊豆市）で荼毘に伏されて、箱根の早雲寺に葬られた。諡は早雲寺殿天岳宗瑞大禅定門とされた。

第二章　北条氏綱と武蔵国平定

北条《ほうじょう》 氏綱《うじつな》

長享元年（一四八七）～天文十年（一五四一）。伊勢宗瑞の嫡男で第二代北条氏当主。文書での初見は永正九年（一五一二）八月で父の伊勢宗瑞と連署で見えている。同十六年七月に宗瑞から家督を譲与され伊豆・相模両国の郷村支配を進めていった。小田原城に本拠を移して以後、同城が北条氏の本城となる。同十六年七月には上総国に侵攻し、小弓御所（千葉市中央区）足利義明を支援したのが氏綱の軍事行動の最初である。家督相続の時に宗瑞から虎朱印を制定され伊豆・相模の郷村の租税や家臣の知行、寺社領の規定文書に使用して領国支配を強固に進めていった。北条氏が戦国大名として関東地方に勢力を伸展させたのは氏綱の郷村支配の基礎固めの上に成り立っており、氏綱の功績は大きい。永正十七年には鎌倉の寺社領、相模西郡の検地を行い、宗瑞の時代にやり残した箱根神社や寒川神社の再建工事を完成させてもいる。大永三年（一五二三）には扇谷・山内両上杉氏との対抗上、伊勢姓から北条姓へ改姓した。他国から関東に侵攻した氏綱は鎌倉幕府の執権職（副将軍職）の北条氏を名乗り、関東統治の正統性を表明したのである。この頃には武蔵国南部の三田・大石・内藤氏といった山内上杉氏の国衆を服属させ両上杉氏への抗争を展開した。同四年正月には扇谷上杉氏の分国である武蔵国江戸城（東京都千代田区）の太田氏を攻略し武蔵中原への侵攻拠点とした。岩付城（埼玉県さいたま市岩槻区）や河越城（埼玉県川越市）で上杉勢との戦闘を続けた。氏綱の時代は宗瑞と京都の人脈が公卿を通して小田原城にも及び、氏綱の後室が前関白の近衛尚通の娘であったため、氏綱の家臣の京都奉公衆の人々が京都文化を小田原にもたらした。小田原文化といわれる工芸品や武具、詩歌や絵画の隆盛は氏綱の時代に確立したといわれている。小田原は全国の戦国大名の城下町でも第一の発展をとげるにいたった。しかし、氏綱は両上杉氏と同盟する房総の里見氏や甲斐の武田氏とも抗争したため領国支配は多難な状況となっていった。その多難な中で氏綱は鎌倉の再建工事を心がけ天文元年（一五三二）から鶴岡八幡宮の再建を行なった。関東統治を推進する者として同社の再建は必要なことであり、北条氏の権勢を示すための行事でもあった。氏綱はその完成をみた天文十年七月に死去した。

第一節　両上杉氏との激闘

江戸城の奪取

伊勢宗瑞の死去した直前に家督を継いで、第二代当主についた伊勢氏綱は、父と同様に山内・扇谷両上杉氏との抗争に専念することになった。それは伊豆・相模両国を基盤として武蔵国への進撃を意味していた。氏綱の本拠は、家督直後から相模国の小田原城に移されていたものと思われる。その頃には小田原城を中心として伊豆国の韮山城、相模国の玉縄城・三崎城が支城として配置されていた。三浦氏を滅ぼして相模国を平定した伊勢宗瑞の次の目標は武蔵国への進撃であったが、死去したため果たせなかった。氏綱はその遺志を継いで武蔵国へ目を向けていたのである。その進撃のきっかけは小弓公方足利義明との同盟であった。

永正十六年（一五一九）十一月に足利義明が古河公方の足利高基が小弓御所（千葉市中央区）に侵攻してくるとの形勢で、伊勢氏綱に救援の加勢を依頼してきた。相模国から房総方面への進撃には、どうしても江戸城（東京都千代田区）周辺の領有が必要となる。江戸城は扇谷上杉氏の本拠であり、武蔵国進撃の要であった。江戸には関東平野の河川が流入しており、経済・軍事面での拠点であった。この時は氏綱と扇谷上杉氏とは同盟関係であったから江戸城近くの通行は可能であった。しかし、それは扇谷上杉氏との友好が保たれている間のことで、断交すれば房総方面への通行は東京湾を船で渡る他は無くなる。

江戸城攻略の機会は四年後の大永四年（一五二四）正月にやってきた。伊勢氏綱が関東管領山内上杉憲房と和睦し、扇谷上杉朝興と断交した。正月十二日に氏綱は多摩川を越えて武蔵国荏原郡に侵攻し、品川の妙国寺・本光寺に制札を

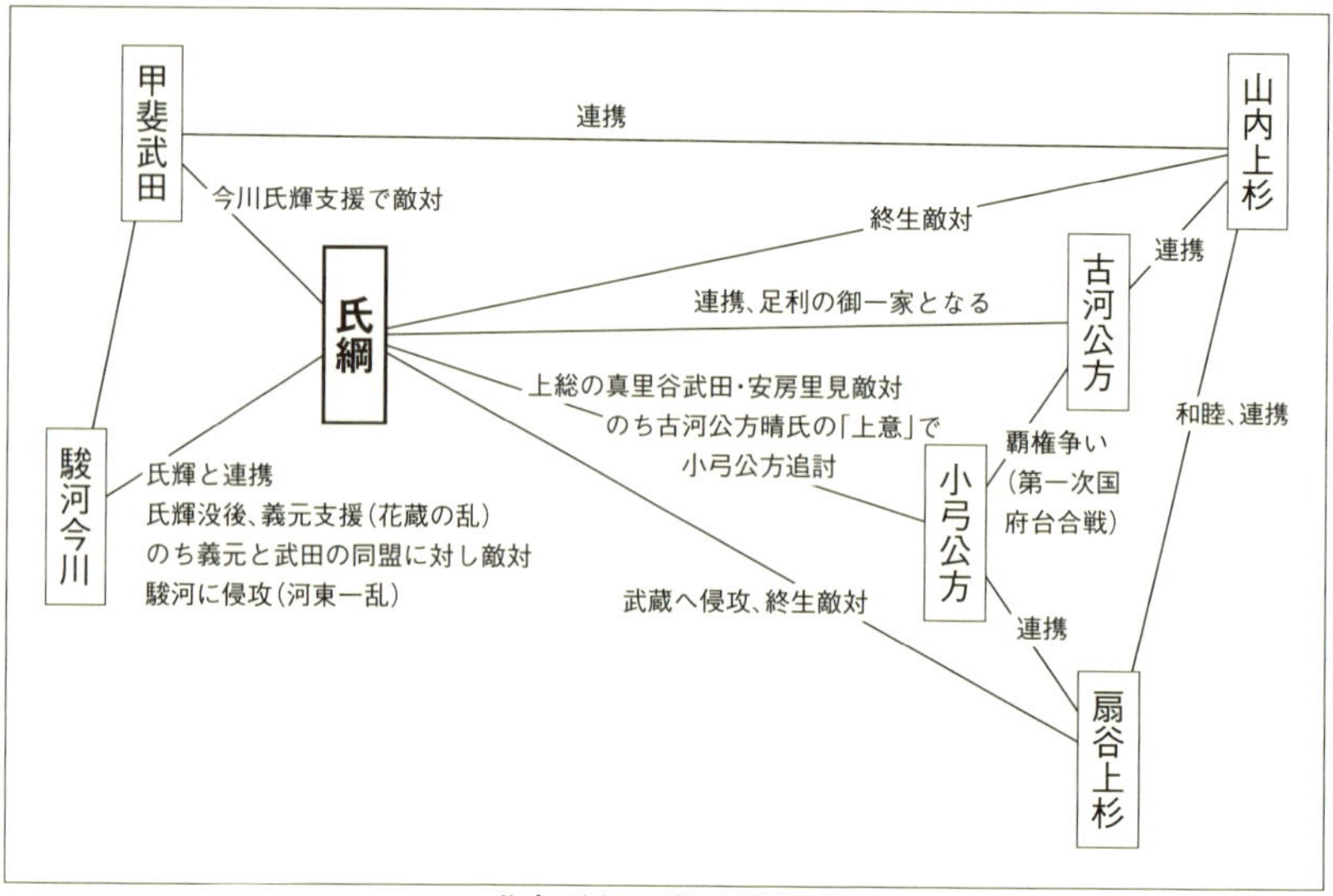

北条氏綱を巡る相関図

掲げた。十三日には江戸城の太田資高が氏綱に内応し、即日、江戸城を攻略した。上杉朝興は十四日に板橋で伊勢勢と戦ったが板橋兄弟が討ち死にし朝興は河越城（埼玉県川越市）に退去した。太田資高の正室は氏綱の娘の浄心院であった。この事は、かなり早くから氏綱が江戸城の領有を策して娘を同城に送り込んでいたとわかる。江戸城内には上杉朝興に敵対する家臣達が資高を中心として形成されていたものと思われる。氏綱は本城に富永政辰、二の丸に遠山直景、香月亭に太田資高を配して守備させた。十六日には上杉勢と伊勢勢が品川の高輪原で戦い伊勢勢が勝利した。

　江戸城の領有で、伊勢氏綱の武蔵国への侵攻は飛躍的に伸びていった。大永四年（一五二四）二月二日に氏綱が太田資頼の手引で岩付城（さいたま市岩槻区）を攻略し、太田永厳・源六父子や城主の渋江右衛門大夫が討ち死にした。太田資頼が城主になった。

　上杉朝興は江戸城の奪還を狙って反撃に転じ、同盟中の甲斐国の武田信虎に援軍を依頼した。二月七日に武田信虎は一万八〇〇〇の軍勢を引率して猿橋（山梨県大月市）に出陣し、十一日には相模国奥三保《おくさんぼう》（相模原市緑区）に進撃した。

三月二十日には伊勢氏綱は、扇谷上杉方の蕨《わらび》城（埼玉県戸田市）の渋川氏を攻略し、城を破却して江戸城に引き上げた。

このような伊勢氏綱の武蔵国進撃をみて、四月には山内上杉方の武蔵国毛呂郷（埼玉県毛呂山町）の毛呂顕繁が氏綱に降伏し従属した。四月十日に氏綱が相模国当麻宿（相模原市南区）に制札を掲げ、武蔵国石戸（埼玉県北本市）と毛呂への往復の者に虎朱印状を持たない者に伝馬《てんま》を使用させてはならないとし、違反の者は小田原城か玉縄城に拘引せよと告げた。伝馬とは宿場から宿場に馬に荷物を積載して転送する交通制度のことである。当麻宿は相模川の渡河地点で、小田原城から武蔵国方面に出撃する軍勢の集合地点でもあった。

大永四年（一五二四）六月十八日に山内上杉憲房の藤田陣にいた扇谷上杉朝興が、河越城を再興し、七月二十日には岩付城の太田資頼が伊勢氏綱を離反して、一斉に氏綱に反撃をしかけてきた。甲斐国の武田信虎も出馬して岩付城を奪還した。上杉朝興は江戸城の周辺に進撃し、品川の妙国寺・本光寺に制札を掲げた。この制札の花押は仇敵である伊勢氏綱の花押に類似しており、敵の花押を盗むことは、敵の印判や将旗を奪うことと同じ意味をもつ行為として、氏綱の撃滅を願う上杉朝興の気持ちを表していた。八月下旬には氏綱が武蔵国足立郡三室郷（さいたま市緑区）の氷川女体社に制札を掲げ、同郡に進撃した。十月十日には山内上杉憲房・扇谷上杉朝興が上野国から侵攻して毛呂城を攻略、武田信虎も津久井方面に侵攻した。十六日には氏綱が江戸城から救援に向かったが、和睦を仲介する者が出て勝沼（東京都青梅市）に在陣した。上杉朝興・武田信虎と氏綱との間に和睦が成立し両軍共に退却した。江戸城は伊勢氏綱の領有として小田原城の重要な支城となり、武蔵国統治の本拠となった。十月九日には氏綱が太田資高に三田（港区）地頭方を菩提寺の本住坊に寄進し、十一月二十八日には氏綱が江戸城下の下平川（千代田区）の代官職に伊東祐員を任命した。

江戸城周辺の支配が浸透していることがわかる。

伊勢氏から北条氏への改姓

伊勢氏綱は父宗瑞の死去から武蔵国への進撃を開始する大永四年（一五二四）の間の四年間に、宗瑞の伊豆・相模平定戦で達成できなかった諸政策を、引き継いで完成させていった。その大きな事業の一つに寺社の再建工事があった。戦乱にあって寺社建築は、相当の被害を受けていた。その再建には、新領主となった伊勢氏が積極的に行うことは、在地の人々を統治するのに必要なことであった。大永二年九月には相模国一宮の寒川神社、翌年六月には箱根権現社を再建し、同六年には伊豆国一宮の三島大社を再建した。これらの神社の棟札に、氏綱は「相模国主」と記しており、まさに国司としてこれらの大社を再建すると人々に知らせたのである。大永三年六月の箱根権現の棟札には「伊勢平氏綱」と署名し、京都の公家の近衛尚通の日記『後法成寺関白記』大永三年九月十三日の記事には「北条から千疋の銭を」謝礼として受け取ったと見えている。この謝礼は氏綱が酒天童子絵詞を頼んで書いてもらった謝礼であるから、この「北条」は氏綱のことを指している。伊勢氏綱は大永三年六月から九月の間に北条氏へと改姓したとわかる。北条氏は鎌倉幕府の執権職（副将軍）を務めた北条氏を継承したといわれている。それでなくても、敵対する上杉氏からは「他国の凶徒」とか「他国の逆徒」とか呼ばれていた氏綱には、鎌倉幕府の執権職の北条姓への改姓は、伊豆・相模・武蔵各国の統治には大きな意味をもっていたものと思われる。ただし、氏綱文書での「北条氏綱」の署名の初見は、同四年十一月末の長尾為景宛の氏綱書状（上杉文書）からである。それ以前の氏綱文書に「伊勢氏綱」の署名は一通も見当たらない。

うち続く上杉朝興との戦い

北条氏綱が大永五年（一五二五）二月六日に、離反した岩付城の太田資頼を渋江三郎と共に攻めて攻略し、三〇〇〇人が討ち死にした。氏綱は領有した岩付城に城主として渋江三郎を入れ、敗れた太田資頼は石戸城（埼玉県北本市）に退去した。菖蒲城《しょうぶ》（埼玉県菖蒲町）を再興して金田佐々木氏が入り、氏綱に従属した。氏綱は九日には江戸城に帰還した。二月二十六日には房総の真理谷武田信清（恕鑑）が越後国守護の上杉定実の家臣の長尾為景に山内上杉憲房、扇谷上杉朝興からの依頼で北条氏綱との断絶を決意したと伝えた。この頃、北条氏綱は扇谷上杉方の大石石見守が籠もる下総国葛西城（東京都葛飾区）を攻めていた。三月二十三日には上杉朝興が長尾為景に、氏綱を「他国の凶徒」と呼んで協力して排除したいと伝えた。その為景には同時期に北条氏綱からも六通もの書状が届けられており、友好を求めて氏綱からは名画を贈呈している。つまり、為景には敵味方双方から支援を求められていたのである。二十五日には山内上杉憲房が死去し、養子の憲寛が跡を継ぎ関東管領となる。また、この前年は山内上杉氏の家宰である惣社長尾顕方が、お家騒動のもつれから山内上杉氏を離反して氏綱に従属していた。

大永五年（一五二五）八月二十二日に武蔵国入間郡白子原（埼玉県飯能市）で北条勢と扇谷上杉朝興が激突し、氏綱代官の伊勢九郎ほか八〇〇人程が討ち死にして北条勢が敗走している。伊勢九郎は、元は福島《くしま》氏を名乗り今川氏親の重臣であったが、武田信虎との甲斐国飯田河原の合戦で敗北したため、伊勢氏綱に仕えて伊勢氏一門となったという。その子の北条綱成《つなしげ》は、氏綱の娘の大頂院殿を正室とし、玉縄城主として活躍することになる。玉縄城と玉縄北条氏については、のちに第二章第二節の「玉縄城主の北条為昌の動向」で詳述するので、参照されたい。甲斐国の武田信虎は、早くから扇谷上杉朝興と同盟関係にあり、北条氏綱とは敵対していたから、氏綱としては上杉朝興の勢力を削ぐには、武田信虎と朝興を離反させる必要があった。そのため、大永五年には氏綱と信虎は和睦し、氏綱が銭一〇〇〇貫文を信虎に進上した。このことから、この和睦は氏綱から信虎に申し入れたものであるらしいと判明する。

大永六年五月末には上杉朝興が長堀三河守に氏綱に攻略されていた武蔵国蕨城（埼玉県戸田市）攻めの功績を認めて感状を与えた。これに対して北条氏綱は救援として入間郡高倉（埼玉県入間市）に出馬したが、同城は六月七日に扇谷上杉方が奪還に成功している。この入間郡の戦いには、房総の国衆が上杉朝興に味方して、江戸周辺に侵攻してきた。五月二十六日には真理谷武田信清（恕鑑）・里見義豊の代官の正木通綱が品川（品川区）妙国寺、江戸城下の豊島郡橋場（台東区）総泉寺に禁制を掲げて軍勢の乱暴を禁止させており、房総勢が江戸周辺に侵攻していたと知れる。上杉朝興に敵対した氏綱を武蔵国から排除すべく小弓公方の足利義明・真理谷武田恕鑑・里見義豊が連合して江戸城奪回の行動を起こしたのである。足利義明の命令で里見義豊は鎌倉までも侵攻していた。

この危険な状況下で、北条氏綱は武田信虎との和睦に破れ、再び抗争状況に入った。上杉朝興が武田信虎に氏綱との断交を念願した結果と思われる。大永六年（一五二六）七月晦日に甲斐国籠坂の山麓の梨木平（静岡県小山町須走）で氏綱と武田信虎が合戦におよび北条勢は敗走した。その後も山中湖の周辺では北条勢と武田勢との合戦は、しばしばくり返された。

大永六年九月九日には山内上杉憲寛が武蔵国入間川に着陣し、上杉朝興と共に北条領に侵攻して武蔵国南部の小沢城（川崎市多摩区）を攻略した。十一月には上杉憲寛と上杉朝興は相模国東郡の玉縄城に来襲し、のちには小田原城を攻める姿勢を示したがかなわず、鵠沼《くげぬま》（藤沢市）に退去した。呼応して十二月十五日には里見義豊が東京湾を渡海して再び鎌倉に乱入し、鶴岡八幡宮が焼失した。軍記物によれば防戦した北条氏綱の大将は垪和《はが》氏堯・清水綱吉・内藤大和守であったという。

この両上杉氏の相模国侵攻の最中の同年六月二十三日に、駿河国の今川氏親が五六歳で死去し、嫡男の氏輝が家督を継ぎ、駿河国守護職に就任した。今川氏輝は翌七年六月には武田信虎と同盟した。武田信虎は京都の将軍の足利義晴から上洛して支援を求められていたが、北条氏綱との抗争が足枷になって動けなかったためという。同月十九日には義晴は関東管領の山内上杉憲寛にも武田信虎を支援するよう求めている。

また、大永七年（一五二七）七月十七日には、北条氏綱の正室の養珠院殿が死去した。彼女については最近まで、まったく出自が不明であった。それが平成二十五年刊行の『伊勢宗瑞』（黒田基樹氏著・戎光祥出版）に所収の史料に、養珠院殿は横江北条氏の娘と記されて出自が判明した。伊豆国の国衆で堀越公方足利政知の家臣であった横江北条氏の出であった。氏綱は養珠院殿の菩提を弔うために箱根湯本の早雲寺に、以天宗清を開山として香火所の養珠院を創建した。後室には京都の公家で関白の近衛尚通の娘を迎えた。

大永七年十二月十六日には惣社城《そうじゃ》（埼玉県総社市）の長尾顕景が、三年前に北条氏綱に通じたことから山内上杉憲寛の命令を受けた厩橋城《うまやばし》（群馬県前橋市）長尾氏に惣社城を攻められて、困り果て越後国の長尾為景に援軍を要請した。惣社城については北条氏綱も気にしていた。しかし、為景は援軍を送らず、ついに長尾顕景は上杉憲寛に降伏して没落し、惣社城は山内上杉方の城となった。

享禄年間（一五二八〜三二）に入っても、北条氏綱と扇谷上杉朝興との武蔵国争奪戦は続いた。それへの対応として享禄初年から、氏綱による相模国と武蔵国南部の支配体制が固まっていった。その第一は玉縄城の城領支配の確立があげられる。玉縄城は相模国の東端の武蔵国との国境に近い三浦半島の付け根に位置していた。伊勢宗瑞の時に三浦道寸を三浦半島に押し込める作戦から、もと山内上杉氏の古城であったのを再興して整備した城であった。北条氏綱の時代には、宗瑞の次男の北条氏時が初代城主を務めた。しかし、氏時の関係文書は極端に少なく、わずか二通が確認されるのみで、ほとんど不明な人物である。享禄二年八月十九日には玉縄城下の二伝寺に宛てて諸公事を免除していることから玉縄城の城主と判明した次第である。同四年八月十八日に死去した。第二代城主は北条為昌、ついで福島九郎《くしま》の嫡男と推定される北条綱成で、以後は氏繁－氏舜《うじとし》－氏勝と続き「玉縄北条氏」と呼んでいる。玉縄城の設置で相模川以東から鎌倉地域の支配圏が確立し、氏綱の領国支配は一段と強化された。

さらに大永四年（一五二四）正月の江戸城攻略の以前には、武蔵国南部の都筑郡・橘樹郡（川崎市・横浜市）の多摩川以西を支配領域とする小机城（横浜市港北区）が氏綱の支城となり、重臣の笠原信為が城代として入部した。鶴見川流域の郷村を支配した。享禄二年（一五二九）十二月十三日に笠原信為は小机城下の雲松院に伊勢宗瑞の菩提料として五貫文を寄進し、代官として沼上藤右衛門尉を任命した。小机城領支配が開始された証拠となる。同年末には氏綱の嫡男の伊豆千代丸（のちの北条氏康）が元服し、氏綱は翌三年頃には左京大夫・従五位下に任官し、今川氏からも独立して戦国大名として成長していった。この享禄二年前後が、まさに戦国大名北条氏の確立期であった。この様に領国支配を固めた北条氏綱は、ますます扇谷上杉氏と山内上杉氏への攻勢を強めていった。

享禄二年十二月に扇谷上杉朝興が北条方を攻めて武蔵国吾名蜆《ごなしじみ》城（埼玉県越生町）で合戦となり、氏綱の代官として遠山直景が出陣したが敗北した。翌三年正月六日に上杉朝興が武蔵国南部の小沢城（川崎市多摩区）と瀬田谷城（東京都世田谷区）を攻めて攻略し、八日には江戸城の根小屋を攻めて焼き払い、その日に河越城に引き上げていった。前日の七日には、この武蔵国南部への上杉朝興の侵攻に呼応して甲斐国の武田信虎の国衆の小山田信有が、都留郡内の国衆を率いて猿橋（山梨県大月市）に着陣して津久井方面の北条方を脅かした。四月二十三日には北条氏綱が甲斐国に侵攻し、八坪坂で小山田信有と合戦し、氏綱が勝利した。一時期は上杉朝興に味方していた津久井城（相模原市緑区）の内藤朝行が再び氏綱に従属してきた。六月十二日には北条氏康が初陣して武蔵国南部の小沢原で扇谷上杉方と合戦となり、上杉朝興は難波田《なんばた》善銀・上田蔵人等を府中（東京都府中市）に進撃させ、そのまま対陣させたが、十二月には氏康が小沢原で攻めかかり上杉方を撃破した。この享禄三年には上杉朝興が山内上杉憲房の後室を拉致し、武田信虎の側室に送るという奇妙な事件が起こっている。

北条氏綱と京都の公家文化

この様に戦国大名に成長した北条氏綱は、執拗に抵抗する扇谷上杉朝興との戦いに忙殺されていた。しかし、この享禄年間には京都の公家達との交流が、かなり頻繁に展開されており、氏綱時代の大きな特長となっている。そのことを史料をもとに述べておこう。

北条氏綱の京都公家社会との交流は、大永七年（一五二七）七月に氏綱の正室養珠院殿が死去したため、翌享禄元年に、公家社会の最上級で関白・太政大臣の近衛尚通の娘（近衛胤家の姉）勝光院殿を後室に迎えてから、特に盛んになっていった。また、氏綱の弟の北条宗哲も京都の前管領であった細川道永（高国）と親しく、大永七年十月には三好元長に京都を制圧されて近江国に逃れていた将軍足利義晴への支援を道永から宗哲を通して氏綱に依頼されていた。特に氏綱の側近家臣には、父宗瑞の頃から幕府に仕えていた武士を中心とした「京都御奉公衆」と称する武士団が存在していた。伊勢貞辰・伊勢貞就・大和晴統・千秋《せんしゅう》高季・小笠原元続・田村長伝等が知られている。彼等は小田原城と京都の公家社会との連絡役として往復し、氏綱と京都との関係を深めていった。細川道永の支援依頼の書状に副状を認めたのは、小笠原元続であった事をみると、彼らと氏綱と京都政権との関わりを理解することができよう。

関白の地位にあった近衛尚通は、北条氏綱に敵対していた扇谷上杉朝興とも交流し、享禄二年六月には『伊勢物語』を朝興に贈呈している。とすれば、氏綱は近衛尚通からも扇谷上杉方の情報を得ていた可能性は高いのである。八月には尚通は氏綱への挨拶状を春松院に渡して届けさせ、翌三年二月には尚通が氏綱に春日野一〇〇疋、春松院に五〇疋を贈呈しており、春松院は北条家の家臣で使者を務めた者とわかる。この他、京都の医者の外郎《ういろう》氏の家臣の宇野定治や、商人で甲冑師でもある左近士氏も小田原城と京都を往復した者として知られている。

近衛尚通は北条氏綱の地位向上にもおおいに寄与していた。享禄二年から三年頃に氏綱は左京大夫・従五位下に叙任され、幕府における守護大名の地位に昇格した。この任官には朝廷と幕府の承認を必要としたから、尚通の推挙であったと推測される。

北条氏綱は細川道永と近しく交わった連歌師宗長とも親しく、宗長が出入りしていた公家の三条西実隆とも交わっていた。宗長は駿河の今川氏親の許に居たから、しばしば小田原城に来訪して氏綱や家臣とも連歌会を開催している。宗長と北条家家臣との交流については連歌の入門書で宗長の著作になる『幼童抄』が著名である。この入門書は、享禄二年から四年にかけて宗長が小田原城から鎌倉に三回も来訪した時期に書かれたものである。この本の用紙は一二丁を数えるが、全て北条家関係の北条氏綱・遠山綱景・桑原盛正・大道寺盛昌、ほかに公家で小田原城にいた錦小路《にしきのこうじ》盛直の宗長宛の書状の紙背文書で作成されている。錦小路盛直は公家の典薬寮で、薬を調合する医師であった。表紙には氏綱の重臣である石巻家貞が宗長に依頼して書いてもらったと記されている。大道寺盛昌の紙背文書の表には玉縄城の北条氏時が鎌倉の寺に再建の費用として銭一〇〇〇疋（一〇貫文）を寄進したと、関係史料の少ない氏時の記事が見えて注目されている。さらにこの本には宗長との連歌会に臨んだ人の名簿も混入しており、小田原城で開催された歌会らしく、北条氏綱・北条宗哲・箱根別当心明院・北条氏康等の名前も見られた。

三条西実隆と北条氏綱との関係もかなり親密なものであった。実隆の日記の『実隆公記』にはしばしば氏綱が登場している。享禄四年（一五三一）三月末には、氏綱の依頼で宗長が実隆に『源氏物語』桐壺巻の書写を依頼した。使者として外郎《ういろう》の被官宇野定治が来た。この日には氏綱は近衛尚通に白紬などを贈呈した。書写の仲介への依頼謝礼であろう。閏五月二十一日には、三条西実隆の許に外郎の青侍が来て、氏綱後室の北藤（勝光院殿・近衛尚通の娘）よりの依頼で酒伝童子絵の奥書を頼み、依頼謝礼として実隆に薬を多く献上した。二十八日には奥書は完成し、六月二十二日には依頼の酒伝童子絵の奥書が実隆から宇野定治に渡された。翌天文元年（一五三二）四月には氏綱が尚通と家族に黄金等を贈呈し、六月二十三日には実隆が氏綱に尺八を贈呈し返礼している。

北条氏綱と和歌の世界では、今川家に寄食していた公家で和歌指南家の冷泉為和との師弟関係も知られている。為和の日記の『為和集』にはしばしば小田原城で家臣等と歌会を開催した事が見えている。天文元年四月十三日には為和が駿河の葛山氏広（伊勢宗瑞の次男、氏綱の弟）と歌会を開催し、十四日には駿河から上洛する伊勢貞就《さだなり》・大和晴統《はるとう》等との別れを惜しんだ。彼らは氏綱の京都御奉公衆である。翌二年三月末には小田原城内の氏綱の亭内で為和との歌会を開催し、氏綱後室も出席した。天文三年十二月四日から十八日には小田原城下の伊勢貞辰邸で、十二日には氏綱亭、十八日には城下の北条宗哲邸で為和が歌会を開催している。かなり小田原城では連歌や和歌が盛んであったわかる。そのため他の歌人とも交流が生まれ、十一月十八日には連歌師の猪苗代兼載が小田原城下の妙光院で『和歌比況集』を書写した。四月二十三日には常光院流の歌人の高井堯慶が錦小路直盛の一族の頼直に伴われて三条西実隆に面会した。

この様に幕府も北条氏綱を東国の戦国大名として位置づけ、公家社会との関係も親密になると、京都政権の種々の行事にも誘われることが多くなった。例えば天文元年五月には氏綱が京都の東寺宝菩提院に対し、弘法大師七百年忌には、分国中の門徒に募縁奉加させると約束した。同年八月には氏綱は京都の妙法院に祈祷の巻数の礼状を出して、拝堂の再建の奉加に応じると約束した。

朝廷の天皇も北条氏綱を頼る様になり、特に経済面での支援要求をするようになってきた。天文二年（一五三三）十月二十九日に公家の参議の勧修寺《かじゅうじ》尹豊《ただとよ》が後奈良天皇から命じられて伊豆に下向した。その目的は朝廷の御領である伊豆国仁科郷の年貢が長期間納入されていないことに関して、氏綱に納入を督促させる交渉のためであった。御領所の回復が目的であった。七月二十七日には小田原城に下着した勧修寺尹豊に面会した氏綱は、当面のこととして銭五万疋(五〇〇貫文)を朝廷に送ると約束した。翌三年四月末には仁科郷から朝廷に銭一万疋が約束通りに届けられた(『御湯殿上日記』)。

一時期は途絶えていた冷泉為和との歌会が、天文五年に入ると再開した。今度は駿河の今川氏輝が加わることとなった。二月五日には小田原城で氏綱・氏輝と為和が歌会を開催、氏輝は一か月ほど小田原城に滞在した。十三日には小田原城内で北条為昌の主催で歌会を開催、十四日は氏康亭で開催した。

第二節　房総の天文の内乱に介入

房総をめぐる騒乱

享禄年間(一五二八～三二)を過ぎても、北条氏綱と扇谷上杉朝興・山内上杉憲政との抗争は続いた。この両上杉氏には甲斐国の武田信虎と安房国の里見義豊が味方していたから、氏綱は周囲を強敵に包囲されることになった。古河公方の足利政氏が享禄四年七月に死去し、嫡男の高基が古河公方に就任した。同年九月には山内上杉憲寛に代わって憲政が当主になった。

房総方面では戦国的な「天文の内乱」と呼ばれる内乱事件が勃発しており、北条氏綱もその事件に巻き込まれていった。天文二年(一五三三)から三年にかけて里見氏では内乱が起こり、嫡流の義豊と庶流の義堯《よしたか》が対立した。義豊が叔父実堯と正木通綱を謀殺したことに端を発した内乱であった。それに介入した真理谷武田恕鑑（信清）は嫡男信応《のぶまさ》と共に義豊に属し、庶流長男の信隆は義堯に味方したため、真理谷武田氏も内乱状態となった。同三年七月に恕鑑が死去すると、信応と信隆とが抗争を開始した。北条氏綱は義堯を支援したので、武田信隆に味方していた。義豊に殺害された実堯の残党達は上総国百首城《ひゃくしゅ》（千葉県富津市）に籠城し、里見義堯も同城にいて北条氏綱の支援を受けていた。氏綱に敵対する扇谷上杉朝興は義堯と抗争した義豊に味方したから、武蔵国江戸城の方面に侵攻して北条領を攪乱する行動に出た。

天文二年八月十六日には朝興が江戸城周辺に侵攻し、翌十七日に芝原宿で北条氏綱と合戦に及んだ。十九日には氏綱が重田秀行に同合戦での戦功を認め、感状を与えた。北条氏綱は八月二十一日には東京湾を渡海して里見義豊と合戦した。義豊は敗走して上総国真理谷城の武田恕鑑の許に逃げ込んだ。二十三日には玉縄城の北条為昌が水軍大将の山本家次に、二十一日の安房国妙本寺砦（千葉県鋸南町）での合戦での先駆けの功績を讃え、北条氏綱から感状を出させると約束した。この八月には扇谷上杉朝興と難波田正直（善銀）が品川に駐屯して妙国寺に禁制を掲げ、軍勢の乱暴を禁止させた。同月に扇谷上杉朝興は里見義豊を支援しつつ、甲斐国の武田信虎に後詰を要請して、西から北条領を脅かす作戦に出た。氏綱を東西から挟撃する作戦であった。この年には武田信虎の嫡男晴信の正室に上杉朝興の娘が嫁いでおり、姻戚関係になっていた。

要請を受けた武田信虎は、直ちに軍勢を率いて相模国方面に向かい、津久井料の奥三保（相模原市緑区）に侵攻した。九月六日には里見義豊が義堯を支援する北条氏綱へ攻撃を仕掛けて東京湾を渡海し、相模国三浦郡の津久井（横須賀市）に侵攻して北条勢と対陣し、翌日には撤退していった。この直後の頃の事と思われるが、里見義堯を支援していた北条氏綱が、敵対していた義豊を支援する事になり、逆転劇となっていた。理由はわからない。九月二十四日に里見義堯が北条方の上総国百首城に籠もる里見義豊を攻めて敗走させ、二十六日には義豊方の安房国滝田城（千葉県南房総市）に一色九郎を攻めて攻略し、義豊は真理谷武田氏の許に逃亡して没落した。

里見義豊の没落後も、それを支援していた扇谷上杉朝興の北条領への侵攻は続いていた。天文二年（一五三三）十一月十二日には武蔵国河越城（埼玉県川越市）にいた朝興は十三日にかけて北条領の相模国南部に侵攻し、大磯（大磯町）・平塚（平塚市）・一宮（寒川町）を放火し、中郡を荒らしまわっていった。これに呼応して甲斐国の武田信虎が、再び相模国北部の津久井料に乱入して荒らしていった。

天文三年閏正月十日に小弓公方の足利義明が真理谷武田全鑑（恕鑑の嫡男）に北条氏の重臣の遠山綱景の進退については申し上げることがあると述べている。義明が北条氏綱と訣別しはじめていた。四月六日には没落していた里見義豊が氏綱の支援を受けた里見義堯に安房国犬掛（千葉県富山町）で討たれ滅亡し、義堯が里見氏の家督を継いだ。五月十日には足利義明が真理谷武田全鑑に上総国での忠節により一荘を知行として与えた。

天文三年五月二十日には、真理谷武田信応《のぶまさ》と庶子信隆の間で家督をめぐって内訌が再発した。小弓公方の足利義明が武田信応、北条氏綱が武田信隆を支援したから義明と氏綱は完全に訣別するにいたった。足利義明は峯上城（千葉県富津市）の信隆を攻め、内乱は同六年五月まで続き、結果的には義明が味方した信応が勝利した。天文三年七月に真理谷武田恕鑑が死去して信応が家督を継いだ。十一月二十日には椎津城（千葉県市原市）で武田信応と武田信隆の間で合戦があり、信応方の義明も出馬して信隆を敗り、信隆方は百数十人を討ち取られたと北条氏綱に報告された。小弓公方の足利義明に敗れた武田信隆は赦免されて北条氏綱に引き取られ北条氏方の国衆として従属した。同四年六月には、この頃に北条氏綱の主導で行われていた鎌倉の鶴岡八幡宮の造営費用として銭五〇〇貫文を寄進している。永禄二年（一五五九）の『小田原衆所領役帳』〈江戸衆〉に武田殿と見え、武蔵国久良岐郡六浦《むつうら》（横浜市金沢区）で知行一一七貫文を与えられている。

玉縄城主の北条為昌の動向

前述したが、天文二年（一五三三）八月二十三日に水軍で東京湾を渡海し安房国に侵攻した北条勢の大将は、玉縄城の城主の北条為昌であった。すでに第二章第一節の「うち続く扇谷上杉朝興との戦い」で多少は触れたが、北条為昌についてては述べていないので、ここで詳しく紹介しておこう。

北条為昌は北条氏綱の三男で、永正十七年（一五二〇）に生まれた。北条氏康の実弟である。伊勢宗瑞の孫にあたる。関係文書は九通が確認されている。氏康のすぐ下には弟がいたが夭折したため、氏綱の次男となった。氏綱には残った嫡男が三人しかおらず、享禄四年（一五三一）に初代玉縄城主の北条氏時が死去すると為昌は幼くして、第二代玉縄城主に就任した。わずかに一一歳であり、元服前の少年であった。通称は彦九郎、官途や受領は知られていない。為昌の実名は天文二年八月二十三日の山本家次宛文書写に「為昌在判物」とあって実名が初見する。一四歳ですでに元服式を済ませていたとわかる。北条一門では実名には「氏」の字を通字として与えるのを原則としたが、為昌には見られない。為昌の「為」の字の出所は不明である。しかし、享禄年間には、駿河国の今川氏輝の許に寄食していた公家の冷泉為和が、しばしば小田原城に来訪して和歌の歌会を開催していることが『為和集』に散見している。小田原城中にあった為昌の屋敷でも歌会を開催しており、その時には歌会は為昌が主催している。わずか一〇歳前後の為昌が冷泉為和の指導する歌会を主催することは、通常では希有の事と思われる。このことから為和が和歌に秀でた為昌に「為」の一字を与えたと推定される。為昌の元服式の加冠親は、鎌倉代官の大道寺盛昌が務めており、盛昌の昌を与えて為昌と名乗らせたのではあるまいか。ちなみに、大道寺盛昌の盛の字は、主君であった伊勢宗瑞の実名の盛時の一字拝領であるから、盛の字を為昌に与えるわけにはいかなかったのであろう。

北条為昌が文書に初見するのは、享禄四年八月十八日に初代玉縄城主の北条氏時が死去した一年後の天文元年七月二十三日に鎌倉の光明寺宛の朱印状で、「新」と読める小型朱印が捺印されている。為昌の署名は見られない。この文書が為昌のものと確認されたのは『鎌倉市史』の研究成果であった。この事は北条為昌は北条氏時が死去すると同時に玉縄城の城主に一二歳で就任した事を意味していた。玉縄城の支配地域は、相模国東郡・三浦郡と武蔵国久良岐郡の全域であり、鎌倉もその範囲に含まれていた。

この為昌の朱印状は、為昌文書の九通のうち二通しか確認されていないが、その後に多出する支城主が朱印状を自己の支配領域に発給する形式の始まりといえる文書であり、その意味でも貴重な存在であろう。

この天文元年七月二十三日の文書を最初として、同八年九月まで九通の為昌文書が確認されるが、その文書を参考に、為昌の玉縄城領支配のあらましを述べておこう。天文二年八月には房総の天文の内乱に関して、三浦郡の水軍大将の山本家次に、東京湾の対岸の妙本寺砦（千葉県鋸南町）に渡海して活躍した功績を認めた為昌が、北条氏綱に感状発給を依頼する約束を伝えた。為昌も房総方面に渡海した公算が大きい。玉縄城の支配領域に三浦郡が入っていたから、対岸へ渡海する北条水軍の管理が、玉縄城主に任された結果と理解される。同五年九月には鎌倉の鶴岡八幡宮に、毎月の祈祷の護摩料所として三浦郡の大多和村（横須賀市）を寄進した。玉縄城の安全祈願と武運長久の祈祷であろう。翌六年六月には武蔵国久良岐郡の神奈川（横浜市神奈川区）の知行主の矢野右馬助に同地を本貫地として宛行った。翌七月には神奈川について玉縄城領か小机城領（横浜市港北区）かの領有問題を指示しており、矢野氏は玉縄城の為昌の家臣と規定し、神奈川も玉縄城領と決めている。天文八年（一五三九）九月には伊豆国熱海（静岡県熱海市）の保善院に寺領を寄進し、不足分については為昌に申告して解決するとした。為昌の知行が熱海周辺に飛び地として存在したらしい。

この他、年代未詳の為昌文書が三通あるが、鎌倉と神奈川の矢野氏に関するものである。以上の如く北条為昌の文書は享禄五年七月から天文八年九月までの八年間のものに終始している。また、北条為昌の出陣については資料が少なく、判然とはしないが、天文四年八月二十二日の武田信虎との甲斐国山中（山梨県山中湖村）での合戦に北条氏康・北条宗哲と共に出陣したことは資料があって確実である。

北条為昌は天文十一年五月三日に、若干二三歳で死去した。玉縄城主は氏綱の娘婿の北条綱成が継いで第三代城主となった。

ここで、北条為昌に関して、つい最近になって判明したことを是非述べる必要がある。それは、鎌倉の岩瀬に所在する大長寺に所蔵されている天文十八年九月の「朝倉氏夫人像」の胎内銘の内容解釈についての問題である。この寿像の胎内には玉縄城主の件に関する貴重な墨書銘が見られるが、この夫人像は、伊豆国の出身の朝倉氏の娘で、養勝院殿と称した。彼女は北条九郎の正室で子供には北条綱成・北条綱房、息女に松田盛秀の室がいたと記されている。この銘文の解釈が、北条九郎を北条彦九郎、つまり北条為昌と解釈し、養勝院殿を為昌の正室とされてきたことに問題が生じてきたのである。この銘文には、養勝院殿は年をとって余命いくばくもないので、この生前の寿像を設えて大長寺に奉納したとも記されていた。この文に疑問が生じた。北条九郎が北条為昌であるならば、その夫人は為昌より年下であろうから、この像が作られた天文十八年は、為昌の死去した七年後であり、夫が天文十一年に二三歳で死去した時に夫人は二〇歳前後であろう。とすれば像を設えた天文十八年には二七歳前後であり、とても年をとって余命いくばくもない状態ではおかしな話となる。つまり、北条九郎は北条為昌とは別人となり、養勝院殿は為昌の室ではないとの結論となる。最近の学説では、北条九郎は、もと今川氏親の家臣で、武田信虎との合戦に敗れた福島《くしま》氏の遺児で、北条氏綱に仕えた福島九郎ではないかとの説が出ている。福島九郎については第二章第一節の「うち続く上杉朝興との戦い」で述べたので参照していただきたいが、福島九郎は大永五年（一五二五）八月二十二日に武蔵国入間郡白子原（埼玉県飯能市）で討ち死にしており、その室は二十七年後の天文十八年には、相当の高齢になっており、余命いくばくもないと述べても話は合うのである。北条九郎が為昌ではないというのは間違いなく、北条綱成と綱房は北条九郎の息子で、娘は松田盛秀の室である。母親は養勝院殿であった。ただし、北条九郎が福島九郎との説も、確定したものではなく、今後の研究成果に待ちたい問題であろう。

激烈になる両上杉氏との抗争

享禄四年（一五三一）九月二十四日に旧の岩付城主であり、渋江三郎に攻略されて武蔵国石戸城（埼玉県北本市）に退去していた太田資頼が北条方の武蔵国岩付城を奪還して、城主の渋江三郎が討ち死にした。岩付城の失陥で北条氏綱の勢力は武蔵国南部の入間川の線まで後退することになった。天文二年（一五三三）十一月十二日から十三日にかけて房総の天文の内乱で里見義豊を支援する河越城（埼玉県川越市）の扇谷上杉朝興が、敵対する里見義堯を支援する北条氏綱の相模国に侵攻して中郡南部の大磯・平塚・一宮の一帯に放火して荒し回り、これに呼応した甲斐国の武田信虎が相模国北部の津久井方面に侵攻してきた。十三日には北条氏綱が牛込勝行に、扇谷上杉朝興の夜襲に対して戦功をあげて敵三人を討ち取った忠節を褒めている。

天文三年七月中旬には、扇谷上杉朝興と同盟する武田信虎に対し駿河国の今川氏輝が引率する駿河・遠江勢と北条氏綱の伊豆勢が連合して甲斐国に侵攻し、信虎と一戦して帰った。この年十一月には上杉朝興の娘が信虎の嫡男晴信（のちの武田信玄）の正室として嫁いでいる。上杉朝興と武田信虎の結束はいよいよ固くなっていった。

天文四年に入ると上杉朝興・武田信虎と北条氏綱との戦いは、今川氏輝をも巻き込んでいよいよ激烈に展開することとなった。同年七月五日に武田信虎が出馬して駿河国北部に侵攻した。反撃のために今川氏輝が二十七日に出馬し、八月十九日には甲斐国万沢口で武田勢と激突した。今川氏輝は北条氏綱父子に支援を求め、翌二十日には氏綱は北条氏康・北条宗哲・北条為昌の軍勢一万人を率いて甲斐国籠坂口に侵攻した。二十二日に山中（山梨県山中湖村）で小山田勢・勝沼勢中心の武田勢と激突し、北条勢が大勝利した。

この甲斐国への出陣の隙を突いて、扇谷上杉朝興が再び相模国中郡に侵攻して郷村を荒し回った。そのため、北条氏綱は急ぎ甲斐国から小田原城に帰国している。九月五日には北条家臣の太田又三郎が、今川氏輝から山中合戦の忠節を認められて感状を授与されている。九月二十三日には鎌倉の鶴岡八幡宮で北条氏綱が、扇谷上杉朝興の相模国からの退散を祈祷させ、鎌倉の建長寺・円覚寺の僧侶が鶴岡八幡宮で二十七日まで大般若経を真読している。鶴岡八幡宮では初めての事であったという。

それでも扇谷上杉朝興の相模国への侵攻は、執拗に繰り返された。九月下旬には朝興は、またもや相模国中郡に攻め込んできて、大磯・平塚・一宮・小和田・茅ヶ崎・鵠沼と相模湾岸の郷村を広範囲に放火して荒し回り、十月六日には鎌倉に乱入したのち、河越城に帰国していった。九日には氏綱の要請で同盟している房総の里見義堯が、正木実次・正木時忠を率いて鎌倉に着陣した。反撃に転じた北条氏綱は十月十三日に房総の里見勢と伊豆・相模・武蔵国の総勢を率いて、扇谷上杉氏の本拠の河越城に向けて出馬した。十四日には鎌倉鶴岡八幡宮では出陣する北条為昌のために戦勝祈願が行われた。翌十五日には北条勢は武蔵国南部の入間川河畔で、扇谷上杉勢と激突して勝利した。その後はさすがに扇谷上杉朝興の相模国への奪還作戦は鳴りをひそめていった。天文六年四月二十七日に扇谷上杉朝興は河越城で五〇歳で死去し、跡は嫡男の朝定が継いで北条氏綱との抗争を継続していった。

宿敵の扇谷上杉朝興との激闘が終息したのも束の間、氏綱には予期しない駿河国の今川義元との抗争が待っていた。

その発端は天文五年五月の駿河国の花蔵《はなくら》の乱であった。

第三節　河東一乱と国府台の合戦

花蔵の乱と河東一乱

天文五年（一五三六）に入ると、今度は駿河国で大乱が勃発し、北条氏綱も介入する事となった。小田原城に来ていた駿河の今川氏輝が、帰国した直後の同年三月十七日に駿府城内で突然に二四歳で死去した。しかも弟の彦五郎も同日に死去したのである。じつに不可解な事件であった。家督は氏輝に嫡男がいなかったため、仏門にあった二人の弟の玄《げん》広恵《こうえ》探《たん》と梅岳承芳《ばいがくしょうほう》（のちの今川義元）のどちらかが継承することになった。ここに、ご多分に漏れず家督相続をめぐる内紛が勃発した。北条氏綱の相模国でも鎌倉の建長寺・円覚寺で祈祷が行われているほど、周辺にも影響を与える駿河を二分する内乱に発展した。

内乱は玄広恵探が華蔵山遍照光寺（静岡県藤枝市花倉）の僧侶であったことから、花蔵の乱と呼ばれ、四月二十七日に勃発した。今川家中は梅岳承芳を擁立する者と、玄広恵探を擁立する者とに分かれて抗争に突入した。玄広恵探側には外祖父の福島氏が味方して梅岳承芳の駿府館を五月二十五日に襲撃し、各地で挙兵して大騒動に発展した。その頃には北条氏は鎌倉鶴岡八幡宮の造営工事の最中で、駿河からの材木供給が滞って難儀していると『快元僧都記』に記している。

駿府館の戦いでは梅岳承芳側の岡部親綱や三浦元辰等が奮戦し、玄広恵探側の福島氏を撃退した。北条氏綱は梅岳承芳側に味方しており、玄広恵探が逃げ込んだ駿河西部の山西地方を襲撃して六月十日に玄広恵探と福島一族を討ち滅ぼした。梅岳承芳（今川義元）は勝利して、今川家の当主に就任した。

この様にして花蔵の乱は北条氏綱の支援もあって終息し、今川義元が勝利したが、その義元が大恩ある北条氏綱を裏切る行為に出たのが「河東一乱」勃発の発端であった。

天文六年（一五三七）二月十日、今川義元が武田信虎の娘を正室に迎え、武田信虎と抗争中の北条氏綱と断交するにいたった。義元の父氏親の頃から、今川家と武田家は断交して抗争に明け暮れていたが、ここにいたって今川義元が政策転換をしたのである。この武田信虎との同盟で、北条氏綱は扇谷上杉朝興・今川義元・武田信虎という強敵に周囲を包囲される危機に陥ったのである。怒った北条氏綱は二月二十六日には駿河国駿東郡の興津に侵攻した。それに対して、武田信虎は富士山麓の須走口（静岡県小山町）に出馬してきた。ここに第一次河東一乱《かとういちらん》が始まった。河東とは富士川以東の駿河国富士郡・駿東郡の事で、その地域を中心に十数年にわたる戦乱が続くことになる。

同年二月二十一日から二十三日にかけて進撃した北条氏綱の禁制が沼津の妙覚寺と大平（静岡県沼津市）、富士郡の大石寺（静岡県富士宮市）に出されており、北条勢は富士郡に到達している。三月四日には富士川河口部の吉原（静岡県富士市）に着陣した。三月七日には氏綱は鎌倉鶴岡八幡宮に戦勝祈願の祈祷を依頼した。北条勢は三月初旬と四月には富士大宮城（富士宮市）の富士信忠と戦っている。この頃の四月二十七日に、武蔵国河越城では、氏綱の宿敵の扇谷上杉朝興が死去して朝定が家督を継いだ。

同年四月二十日に今川方の富士下方衆が吉原（静岡県富士市）で北条勢と戦った。これ以前に北条氏綱は、三月二十五日に同盟していた遠江国の国衆の堀越氏延に書状を出して、三河国の国衆たちを味方に誘うように依頼した。三月二十九日には三河国作手の奥平貞勝に、遠江国が北条領になれば同国で知行として五〇〇貫文を与えると約束し、井伊氏と共に北条氏綱に従属するように勧誘した。対して四月二十八日には今川義元が天野小四郎父子に、二十六日の見附端《みつけはな》城（静岡県磐田市）での堀越氏攻めの戦功に感状を与えている。

天文六年五月一日には北条氏綱の重臣の大道寺盛昌が出馬し、駿河国吉原に着陣した。玉縄城の北条為昌は、鎌倉鶴岡八幡宮の造営工事の責任者として駿河には出陣できなかったので、造営総奉行の大道寺盛昌が代理として玉縄衆を率いて参陣したのであろう。六月十三日には再度、北条氏綱が駿河に出馬し、十四日には今川勢と合戦して数百人を討ち取り勝利した。扇谷上杉朝定も今川義元への加勢を送ったようであるが、たいした戦力にはならなかったと思われる。武田信虎は今川義元への支援として、甲斐国都留郡の小山田信有が北条領の相模国北部の奥三保《おくさんぼう》（相模原市緑区）青根郷に乱入して婦女子を一〇〇人程も拉致して帰国した。

この河東一乱の最中に、武蔵国河越城の扇谷上杉朝定に大きな変化が生じた。天文六年（一五三七）七月に駿河から帰国した北条氏綱は休む間もなく武蔵国河越城攻めに出陣し、七月十五日の夜半に河越城を陥落させ、太田駿河守・太田太夫等の勇将七〇人を討ち取って、扇谷上杉朝定を敗走させた。二十日には氏綱は松山城（埼玉県吉見町）をも攻略して難波田善銀が戦死した。北条為昌が河越城代、北条綱成が玉縄城代となった。

河東一乱の方は、その後はたいした動きはみられない。天文七年五月と十月には北条方の須走氏と垪和《はが》氏が甲斐国の吉田に乱入したと『妙法寺記』に見られるが、武田勢も元気なく、ために武田信虎と北条氏綱の間に和議が成立して、双方共に帰国して第一次河東一乱は終息した。

第一次国府台の合戦

天文六年（一五三七）末頃には駿河における第一次河東一乱が終息し、翌七年に北条氏綱と武田信虎は和睦した。しかし、その頃から房総方面では新たな抗争が起こっていた。天文二年（一五三三）から同六年にかけて房総を巻き込んだ里見氏と真理谷武田氏の内乱は、小弓公方の足利義明には大きな打撃を与えていた。古河公方の足利晴氏との抗争も続いており、義明は同七年六月には古河公方を支える関宿城（千葉県野田市）の簗田氏を攻撃する行動に出た。その後の十月初旬頃には市川（千葉県市川市）の国府台《こうのだい》城に進駐していた。同城は北条氏綱の領国の武蔵国南東部から房総に入る口を守る戦略上の要地で、東京湾と関宿城を連絡する要地でもあった（『千葉県の歴史』通史編）

話はもどるが、天文六年七月に武蔵国河越城を攻略した北条氏綱は、その直前の同年五月十八日に房総で足利義明と戦っていた。天文の内乱の最中で、真理谷武田信隆が北条氏の支援を受けて蜂起した時になる。敵対する真理谷武田信応を支援する足利義明・里見義堯が出馬してきて五月十六日に武田信隆の籠もる峯上城（千葉県富津市）を攻略した。氏綱は信隆を支援して加勢として大藤金谷斎《おおふじきんこくさい》（栄永）を派遣したが、その後は峯上城の降伏で上総国天神台城（千葉県木更津市）に籠もっていた大藤金谷斎は相模国に帰国できずにいた。その救出に鎌倉の東慶寺の尼僧を仲介として氏綱は義明と一時的に和睦し、金谷斎は帰国したのである。真理谷武田信隆の没落と氏綱への従属を契機として、

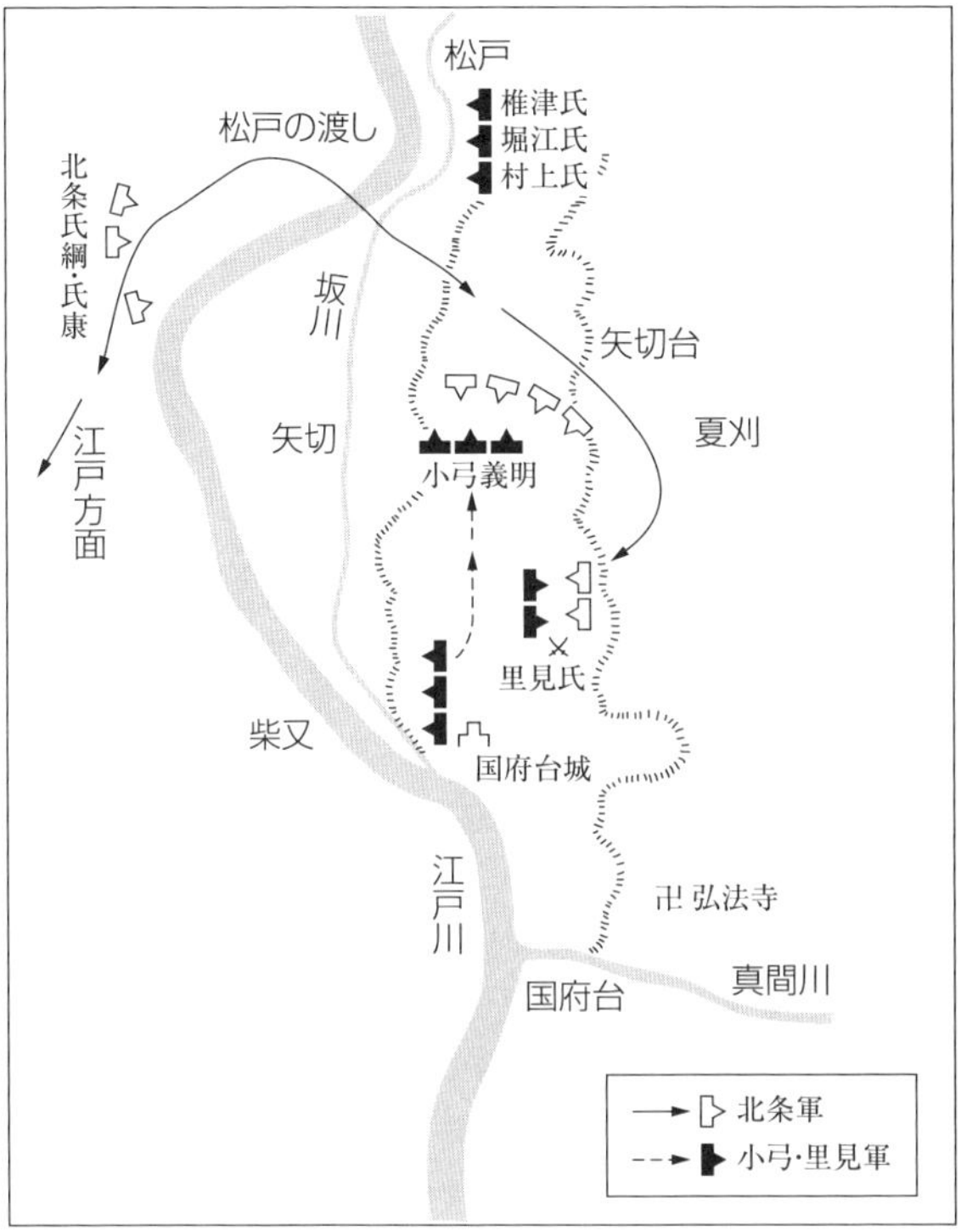

天文7年の第一次国府台の合戦関係図
『戦国合戦大事典〈二〉』より。（一部修正）

里見義堯は足利義明に従属した。勿論、この和睦は一時的なもので、実は氏綱は内密に古河公方の足利晴氏から義明を討ち滅ぼす様にとの指令を受けていたのである。

天文七年十月二日に北条氏綱・氏康父子が小田原城を出馬し、六日には江戸城を発ち、七日に市川の近くの国府台に着陣した。足利義明との決戦は国府台から少し北方の松戸（千葉県松戸市）の相模台と呼ばれる地で、最近の研究書では国府台合戦とは呼ばず、松戸相模台合戦と呼ばれている。この戦いは、足利晴氏と足利義明との決戦であり、義明方に参陣した里見義堯は、合戦ではたいした活躍もみせなかった。氏綱には代理戦争であったが、それでも足利義明を力攻めにして撃破し、勝利した。北条勢の主力は本隊が北条氏綱父子で、それに北条宗哲・遠山直景・大藤金谷斎（栄永）・大道寺盛昌・石巻家貞・清水・朝倉・桑原の諸隊が足利義明と義純・基頼父子、堀口・正木・多賀等の小弓公方本隊とが激突した。里見勢はその南に布陣していた。軍記物の記事では、北条勢は五〇〇〇騎、小弓勢は一〇〇〇騎と北条勢が優勢であったという。足利義明と義純・基頼父子はじめ重臣の逸見祥仙の他、多数が討ち死にして氏綱が勝利した。小弓公方義明は滅亡し里見義堯は安房国に敗走していった。ただ、足利義明の末子の頼淳は家臣等に守られて戦場を離脱して里見氏に保護され、のちに小弓公方復活の運動を展開している。

十月十日に北条氏綱は小田原城に帰還した。その直後に原胤清《たねきよ》が旧領を復活して小弓城（千葉市中央区）に入り、家老の高城氏を小金城《こがね》（松戸市）に配置した。この原胤清は翌八年四月二十日の遠山綱景の下総市川の弘法寺（市川市真間）への寺領寄進状に副状しており、北条氏に仕えて江戸城代の遠山綱景の家臣となったとわかる。氏綱に従属して相模国金沢にいた真理谷武田信隆は、この合戦の直後に上総国にもどり、再び武田信応と内紛を起こすこととなった。二十一日に古河公方の足利晴氏が北条家中の伊東右馬允に国府台合戦の戦功を認めて感状を与え、二十六日には渋江徳陰斎にも感状を発した。

北条氏綱は戦功と忠節を認められて、正式に関東管領に任命された。天文八年（一五三九）八月十三日には氏綱が関宿城の簗田《やなだ》高助《たかすけ》に、足利晴氏と氏綱娘の芳春院殿との婚約について起請文を交わして婚約を成立させた。ここに氏綱は古河公方の足利家の一門となったのである。いかに国府台の合戦の勝利が氏綱に有効に働いたかを知ることができよう。

鎌倉の鶴岡八幡宮の造営

伊豆・相模両国を基盤として武蔵国南部と房総の北半部をも併呑した北条氏綱は、関東の戦国大名として今川家から独立していった。中世社会において関東の武士の心の拠り所は源頼朝が創建して、厚く敬った鎌倉の鶴岡八幡宮が第一番であった。しかし、戦乱に明け暮れた氏綱の時代には、三浦道寸や里見義堯等の鎌倉乱入もあって、鎌倉の町並みは勿論、寺社もかなりの被害を受けて衰亡していた。相模国の守護に昇格した氏綱は、父親の伊勢宗瑞の遺志を継いで、鎌倉の再建に乗り出した。その始めが鶴岡八幡宮の再建工事であった。この再建工事には相模国守護職としての北条氏の威信と名誉をかけて、関東の国衆にその実力を披瀝する必要があったのである。

幸にも、この再建工事には、鶴岡八幡宮の宮寺の相承院供僧の快元が詳細な工事進捗記録を『快元僧都記』に残しており、知る事ができる。再建工事の発端は、天文元年（一五三二）十二月二十一日に北条氏綱が後室の実父の関白近衛尚通に、再建工事のために奈良の番匠と瓦師を派遣してほしいと依頼したことである。奈良の寺社に所属する優秀な技術を誇る宮大工の建築様式を導入しようとしたのである。当時の関東地方には瓦屋根の建築物は普及しておらず、『快元僧都記』には、鬼瓦を作成したが、技法が難しく苦労した記事も見られる。翌二年正月に入ると、再建工事は本格的に開始された。先ずは工事現場の職人と部材管理の監督官が決められた。鎌倉は玉縄城の支配領域であり、その中でも特別区で氏綱の直轄支配地として代官の支配下であった。そのために工事現場の諸監督官には造営総奉行に鎌倉代官の大道寺盛昌が就任し、玉縄城主の北条為昌の配下の諸侍が多く、その配下として現場監督を務めていた。職人は奈良番匠・鎌倉番匠・玉縄番匠・伊豆番匠等の地域別の番匠《ばんしょう》（大工職）衆に分けられて工事を分担した。この地域別の職人集団には、それぞれに担当監督官が付いて工事を督促した。

これらの監督官の責務は、工事現場の管理運営と火災の防止、部材や道具の供給も管理した。職人の他に多くの人足も参加したから、その管理も行っていた。特に注意を要した事に、部材の盗難が頻発し、その防止にも気を使っている。ある時には建造物の装飾に使う銀細工の飾りが、一晩ですっかり盗まれてしまい、あまりの盗賊の技の見事さに、総奉行の大道寺盛昌も驚嘆し感服したと記すほどの現場状況であった。

銀細工ほどではないにしても、貴重な欅や檜の材木の盗難も無視できなかった。実は、この貴重な材木の供給が氏綱の一番の悩みであった。その頃の関東地方の山野には、うち続く戦乱の影響から、ほとんど上等な材木は払底しており、しかたなく敵国である駿河や房総方面の大名や国衆から寄贈してもらうしか方法がなかったのである。例えば天文二年からの房総での天文の内乱が勃発すると、早速、房総方面からの材木供給が途絶していた。同五年五月の駿河の花蔵の乱でも駿河方面からの材木供給が途絶している。それほどに山間部の希薄な関東南部には、神社建築に使用できる上質の材木は乱伐により、払底していたのである。この戦乱による乱伐には、もう一つの理由が存在した。それは、不思議な現象であるが、この戦乱の一〇〇年間には関東地方は大地震や台風の襲来による大洪水が頻発して寺社や家屋・城郭の崩壊が、ことのほか多かったのである。その再建には山野の森林を乱伐する結果を生んでいた。

工事現場の監督官の武士達も苦労が多かった。かれらは知行役として普請人足を賦課されていたから、工事現場に人足を入れる必要があった。また、工事には大工道具や釘等の鉄製品を大量に使用したから、鶴岡八幡宮の境内では炭火による鉄生産が行われた。今度はその炭が払底したため、氏綱は領国中の郷村に、臨時の炭税を賦課して充当した。それらは工事現場の監督官の武士の知行地からも徴収されたのである。

さらに北条氏綱を悩ませた監督官の配置問題も生じた。この再建工事の最中にも北条氏に敵対する扇谷上杉朝興は、隙を突いては河越城から相模国南部へと侵攻し、郷村を荒し回っていった。さらに武田信虎との山中合戦や、里見義尭・真理谷武田信応との天文の内乱、ついで今川義元との河東一乱、足利義明との国府台の合戦と、氏綱をめぐる周辺との戦乱に、北条為昌や大道寺盛昌等が出陣し、工事現場を留守にする事が多くなった。そのために代理奉行を配置し、ついには造営総奉行を七人に増員して、その補佐役を二人ずつ用意する始末になった。

『快元僧都記』には、工事の記事とは別に、その時々の北条氏綱を取り巻く周囲の状況も記載されており、その記事が関東の政治史を知る貴重な史料ともなっている。小弓公方の足利義明や真理谷武田氏の内紛には、この『快元僧都記』の記事が謎をとく鍵として役立っている。特に天文二年二月九日の記事は注目すべき内容である。それは次のような内容である。

「二月九日に鎌倉鶴岡八幡宮の神主の大伴時信が北条氏綱の命令で、武蔵国から上野国の各地の国衆の許に来訪して、鶴岡八幡宮再建の建設費用の募金の可否を尋ねて廻った。その廻った先は三四人の国衆にのぼったが、青梅（東京都青梅市）の三田氏宗はじめ、小菅・平山・大石氏等の武蔵国南西部の国衆は、募金に応じてくれた。武蔵国中原から上野国にかけての秩父・藤田氏等は問題無しとの報告を二十二日に帰国して氏綱に報告した。」

この広範囲の募金の承諾の可否は、単なる募金集めではなく、実は各国衆の北条氏への味方か否かの判断に役立てる材料集めであったと判明する。

この鎌倉鶴岡八幡宮の再建工事は、天文九年十一月二十二日に再建落慶供養を行って完成した。供養の式典には北条氏綱はじめ、北条氏康・北条宗哲等の一門や京都御奉公の人達も列席して祝賀した。ただし、北条為昌の名前は見られず、もしくは病気のために出席がかなわなかったのかもわからない。為昌は二年後の同十一年五月に死去しており、関係文書は天文八年九月で見られなくなっている。

この再建工事の最中には、北条氏綱の体も病魔に侵されており、天文九年（一五四〇）十月二十六日には鎌倉の鶴岡八幡宮では氏綱の中風の病の平癒を祈願して大般若経を転読している。

天文十年二月には北条氏綱は伊豆国熱海の伊豆山権現に法度を掲げ、同年六月に最後の判物を出してのち、同年七月四日に隠居して家督を嫡男の北条氏康に譲渡すると、十七日に小田原城で死去した。五五歳であった。法名は春松院殿快翁宗活大居士。墓所は箱根の早雲寺にある。

北条氏綱の重臣たち

北条氏綱の治世は二三年間であり、その間に伊豆・相模・武蔵南部、下総・上総の一部を領する関東地方随一の戦国大名に成長した。しかも、晩年には関東管領に任官し、古河公方の御一家衆にもなったのである。その氏綱を支えた人達は伊勢宗瑞から仕えた者が多く、重臣となって氏綱をもり立てた。ここでは特に顕著な働きを見せた、石巻家貞・大道寺盛昌・遠山綱景・大藤栄永を紹介してみよう。

石巻家貞は小田原城の所在した相模国西郡の郡代を務めた。出身は三河国八名郡石巻郷（愛知県豊橋市）の国衆で、初期から伊勢宗瑞に仕えた。官途は勘解由左衛門尉、受領は下野守。大永七年（一五二七）十月に北条氏綱の使者として鎌倉の東慶寺への使者を務めたのが文書の初見。享禄二年（一五二九）春頃に連歌師宗長が熱海で湯治していた時に家貞が依頼して和歌の入門書の『幼童抄』を書いてもらった。天文三年（一五三四）二月には鎌倉鶴岡八幡宮の再建工事には造営総奉行七人の一人に選ばれて活躍する。同七年十月の下総国国府台（千葉県市川市）での小弓公方足利義明との合戦に参陣して氏綱の勝利に寄与した。天文二年三月から虎朱印状（北条家朱印状とも）の奉者、永禄四年（一五六一）の北条氏康の隠居後は氏康付の重臣として氏康朱印状の奉者を務め、弘治二年（一五五六）には小田原城の評定衆をも務めた。天文二十四年以前には下野守を称している。関係文書には相模国西郡郡代として活躍の内容も少なくない。外交的には伊勢神宮・高野山高室院・足利学校鑁阿寺等との交渉にも携わった。家貞の家臣については永禄二年（一五五九）の『小田原衆所領役帳』〈御馬廻衆〉の筆頭に石巻下野守とあり、知行役高は三二一貫文、家臣数は七三人。その中には小田原城の家財・台所奉行の大草康盛や内村甚三郎等も見えており、家貞が小田原城の管理を任されていたとわかる。晩年には実名を家種に改め、永禄九年（一五六六）三月の文書が最後になる。

大道寺盛昌は玉縄城の北条為昌の元服式で加冠親を務め、北条氏の直轄領の鎌倉代官を務めた。伊勢宗瑞から仕え盛昌の盛は宗瑞の実名盛時の一字拝領である。宗瑞の従兄弟の発専の嫡男という。出身は山城国大道寺村と伝え、官途は蔵人佐、受領は駿河守、法名は宗真。玉縄城の北条為昌を補佐して玉縄城代、天文十五年からは河越城代も兼務した。伊勢宗瑞の伊豆国平定戦に活躍した。北条氏綱の時代には初代鎌倉代官として古文書に散見する。天文二年からの鎌倉鶴岡八幡宮の再建工事には造営総奉行として工事を指揮した。河東一乱では駿河国に出陣して今川義元と戦い、甲斐国山中（山梨県山中湖村）の合戦では武田信虎と戦い活躍した。北条氏康にも仕え同十三年からは鶴岡八幡宮の奉行を務め、駿河守を称した。同十五年の武蔵国河越城の北条綱成と上杉憲政との合戦でも活躍し綱成を救援した。その後の鎌倉代官として鎌倉の復興に尽力した功績は見逃せない。天文十九年（一五五〇）閏五月を最後に文書から見えなくなった。

遠山綱景は伊勢宗瑞・北条氏綱に仕えた遠山直景の嫡男。美濃国遠山荘の国衆の出身。綱景は北条氏綱・氏康に仕え武蔵国江戸城（東京都千代田区）城代、下総国葛西城（東京都葛飾区）城主を務めた。通称は藤九郎、官途は隼人佐、受領は甲斐守、のち丹波守。綱景の綱は北条氏綱の一字拝領である。天文二年の家督相続で江戸城代に就任した。天文七年の第一次国府台の合戦に参陣して活躍した。永禄二年の『小田原衆所領役帳』〈江戸衆〉の筆頭に見え、知行役は二〇四八貫文、家臣は七一人と多くの家臣団を抱えていた。伊丹康信・上田豹徳軒・千葉憲胤・島津孫四郎・太田大膳亮・富永康景・太田康資等の侍大将が活躍した。永禄七年正月の第二次国府台の合戦で里見勢と戦い、激戦を展開し討ち死にした。

大藤栄永《おおふじえいえい》は伊勢宗瑞に仕え、北条氏綱の遊軍大将を務めた。金谷斎と称し、実名は信基。紀伊国高野山根来寺の僧侶の出身という。氏綱の時には相模国中郡の郡代。北条氏に初めて鉄砲を伝えた人と伝えている。天文六年には房総の天文の内乱に武田信隆への加勢として上総国天神台城（千葉県木更津市）に籠もって武田信応勢と戦った。天文七年の第一次国府台の合戦にも参陣して活躍した。大藤氏は代々にわたり相模国田原城（秦野市）に居城したが、北条氏の足軽大将を務めて遊軍として各地の合戦で戦功を立てた。特に天文十年の武蔵国河越城での扇谷上杉朝興との激戦での活躍は北条氏康を感激させている。同二十一年に死去した。

第三章　全国でも有数の戦国大名、北条氏康

北条《ほうじょう》 氏康《うじやす》

永正十二年（一五一五）～元亀二年（一五七一）。氏綱の嫡男で第三代北条氏当主。天文十年（一五四一）氏綱の死去で家督を相続した。文書での初見は天文六年で氏綱との連署である。同八年末には単独で判物を発給している。同七年には第一次国府台合戦で小弓公方足利義明を攻略して滅ぼし、敵対していた古河公方足利晴氏から賞されている。同十年十月には武蔵河越城（埼玉県川越市）で扇谷上杉氏を撃退した。河越城代の弟為昌が同十一年に死去したのは打撃であったが、為昌が兼務した玉縄城主には北条綱成を、河越城代に大道寺盛昌を入れて支城網を補強した。父氏綱が関東管領に任じられていたのを氏康が受けて武蔵中原から北部への山内上杉氏領へ勢力を伸展させ武蔵国を領有した。天文十三年には扇谷上杉氏領の上野国に侵攻し、九月には房総方面にも侵攻し里見氏との抗争に入った。永禄二年（一五五九）には武蔵国衆の大石綱周の養子に三男氏照を、ついで藤田康邦の養子に四男氏邦を入嫡させて領国支城支配を開始させた。小田原城を中心とした北条氏支城網の開始であった。氏照は由井城（東京都八王子市）、氏邦は花園山城（埼玉県寄居町）の城主を務めた。同年に氏康は『小田原衆所領役帳』を集大成して支城ごとの家臣団の所領高を掌握し、人足役等の賦課基準の台帳とした。同三年に山内上杉憲政が越後国の上杉謙信を頼り、謙信は憲政を支援して関東に侵攻し、翌年三月には小田原城に進撃し城下に放火してのち鎌倉に入った。氏康は本拠にまで上杉軍に蹂躙された責任をとって隠居し家督を嫡男氏政に譲与した。しかし、氏政は若輩の当主であったため氏康が後見役を務め、主に出陣中の氏政の留守を預かって「武栄」と読める印文の朱印を発給して領国支配を補佐することになった。上杉謙信の侵攻で氏康に従属していた武蔵の国衆の多くが上杉方に離叛したため、氏康の命により氏政は関東中に出陣して国衆等と戦っていった。氏康は武田信玄と同盟していたため上野方面への出撃は武田氏との共同作戦で乗り切っていった。隠居身分の氏康は元亀二年の死去まで小田原城で氏政を後見し続け、十月に死去した。

第一節　扇谷上杉氏を攻略

河越城の攻略

天文十年（一五四一）七月に北条氏綱が死去したため、嫡男氏康が家督を継いで第三代の小田原城当主に就任した。武蔵国方面では扇谷上杉朝定が果敢に攻撃を仕掛けてきており、連動して山内上杉憲政も北条氏康への反撃を強めていた。同年十月には扇谷上杉朝定が北条方の江戸城（東京都千代田区）周辺に侵攻して、品川の妙国寺と本光寺に禁制を掲げた。この軍事行動は、氏綱の死去により両上杉氏が、北条方に奪われた武蔵国河越城（埼玉県川越市）の奪還を目的にしたものであった。上杉朝定は江戸城周辺を押さえて北条勢の反撃を封じてから河越城を攻めた。十一月二日には氏康が河越城に籠もる家臣の同城の北曲輪等での戦功を認めて、大藤与次郎・篠窪出羽入道・太田弾正忠等の六人に感状を与えた。北条勢は同城を護り抜いたが、感状の多さからみて相当の激戦であったとわかる。河越城代は北条為昌であったが、病の床に着いていたらしい。同年十二月十五日には氏康は武蔵国児玉郡本庄（埼玉県本庄市）に制札を掲げ、味方軍勢の乱暴を禁止させた。河越城攻めに敗れた両上杉勢を追撃した氏康は、上野国の手前まで達していた。

天文十一年五月三日に河越城代の北条為昌（氏康の実弟）が死去したため、山内上杉憲政が、その隙を突いて再び武蔵国に侵攻してきた。六月二十六日に北条氏康は相模国当麻（相模原市南区）無量光寺に、境内に北条勢が陣取りする事を禁止させた。同寺は伊勢宗瑞の頃から武蔵国方面に進撃する北条勢の集合地であった。この時に山内上杉憲政が再び武蔵国に侵攻してきたらしい事は、六月吉日に憲政が常陸国鹿島大明神（茨城県鹿嶋市）に願文を掲げ、氏康の討滅を祈願しており、北条領へ侵攻したと知れる。

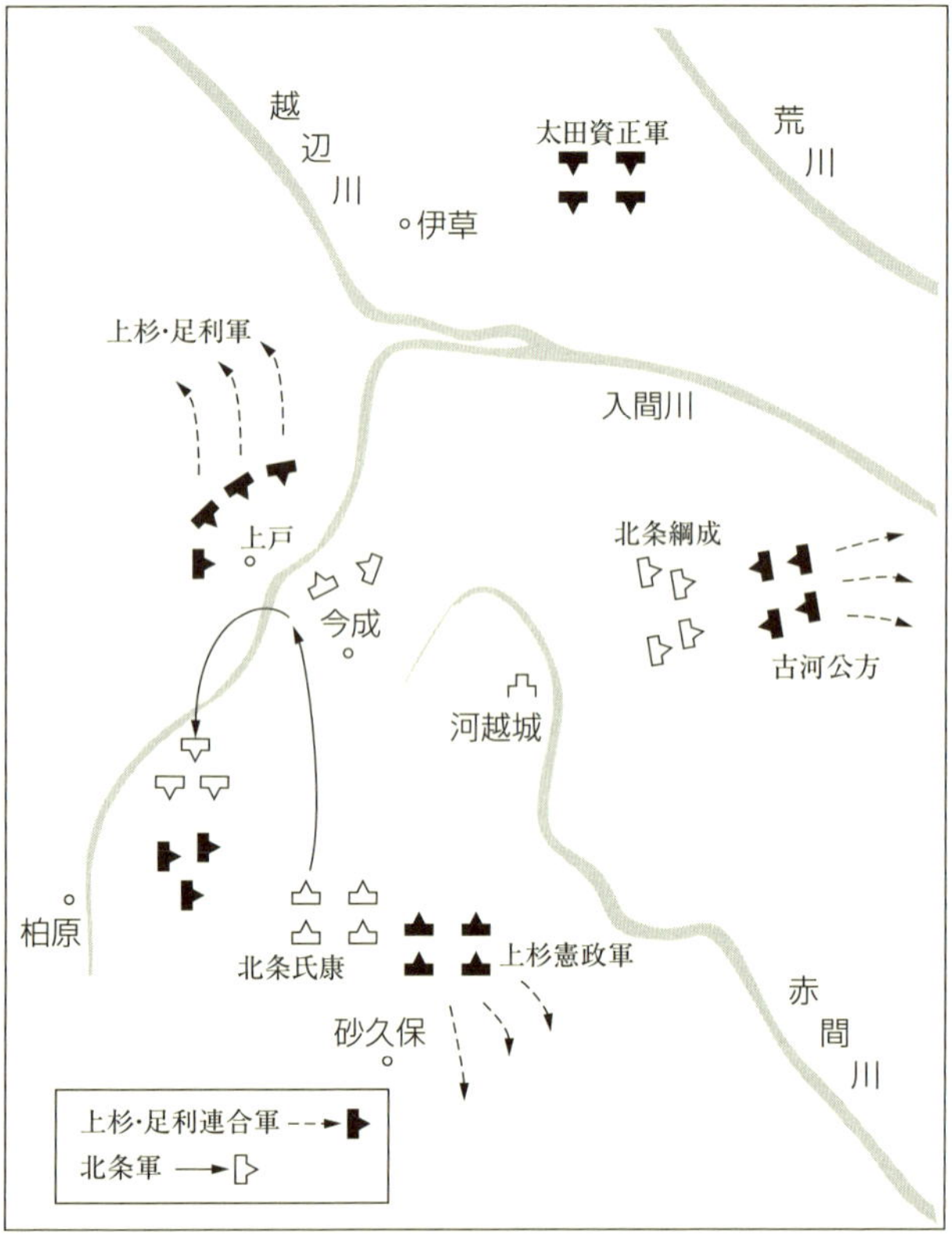

天文15年4月、河越の合戦図
『戦国の戦い』より。（一部修正）

天文十三年正月二日には甲斐国の武田信虎の家臣の駒井昌頼が、北条氏康の家臣の桑原九郎右衛門と谷村《やむら》（山梨県都留市）で面会し、武田信虎からの和睦に関する条目を手渡した。北条・武田両氏は和睦する意思であった。その成果と思われるが、この春に氏康は上野国に初めて出陣した。

四月十五日に北条氏康は、家臣の竹本・志村両氏に扇谷上杉朝定との荒川端での合戦の戦功を認めて感状を与えた。六月十一日には氏康が武蔵国戸ヶ崎（埼玉県三郷市）の匝瑳《そうさ》氏に、房総の里見義堯から山内上杉憲政への使者を捕らえた功績を褒めて太刀を与えた。氏康と里見義堯は敵対しており、義堯は上杉憲政を支援していたとわかる。同月二十五日には武蔵国忍城（埼玉県行田市）の成田長泰が上杉憲政に攻められ、氏康に助けを求めて従属した。

この天文十二年から十三年にかけては、両上杉氏の北条領侵攻は一時的に治まっていたらしく、北条氏康と家臣等は伊豆・相模国の寺社を多く再建している。同十三年六月には鎌倉鶴岡八幡宮の再建工事が完全に終了し、閏十一月二十三日には江ノ島（藤沢市）の江ノ島神社の再建も完成した。この再建完了の遷宮式には玉縄城の多くの家臣が銭や太刀等を寄進し、その寄進者名簿が残っており、玉縄城の家臣を知る貴重な史料である（岩本院文書）。

しかし、この平穏は永くは続かなかった。天文十四年（一五四五）五月二十七日に山内上杉憲政が下野国の小山《おやま》高朝に、北条方の武蔵国忍城の成田長泰攻めに、古河公方の足利晴氏も参加するから高朝も参陣してほしいと依頼した。足利晴氏がすでに北条氏康と絶縁していたとわかる。天文七年の国府台の合戦では北条氏綱に代理戦争をさせた晴氏が、今は敵対して両上杉氏の側に与していたのである。しかも、晴氏は氏綱の娘と婚約している仲であった。同年秋の頃には山内上杉憲政・扇谷上杉朝定・足利晴氏が連合して八〇〇〇騎を率いて河越城に来襲して包囲した。九月二十六日には河越城に攻め込み、城将の北条綱成・北条宗哲が防戦に努めて激戦を展開した。十月十四日には上杉連合軍は一万五〇〇〇人に増えていた。以後はにらみ合いが続いたが、翌十五年三月七日に扇谷上杉氏の重臣の武蔵国岩付城（埼玉県さいたま市岩槻区）の太田全鑑が扇谷上杉朝定を離反して氏康に従属した。岩付城では家臣が反北条方と親北条方とに分かれており、太田全鑑が親北条方を率いていた。例えば太田全鑑の重臣の上原出羽守は、城を出て氏康に仕えると、江戸城の遠山綱景の家臣に配属され、武蔵国久良岐郡市郷（横浜市青葉区）に知行を与えられて知行役を免除され優遇されている。反北条氏の全鑑の弟の太田資正は岩付城主として残り氏康と抗争し続けた。

天文十五年四月十七日に北条氏康は、河越城への出陣に際して江ノ島神社（藤沢市）に戦勝祈願のため神馬を寄進した。二十日には氏康は三〇〇〇騎の軍勢で河越城の救援に向かい、城外の砂窪で足利晴氏を撃破し、同日には難波田善銀の松山城（埼玉県吉見町）を攻略した。扇谷上杉朝定は二二歳で討ち死にして、氏康の宿敵の扇谷上杉氏は滅亡するに到った。松山城には北条一門の垪和《はが》氏を入れ、河越城には大道寺盛昌を城代として守らせている。足利晴氏は本拠の古河城に逃げ帰り、山内上杉憲政も本拠の上野国平井城（群馬県藤岡市）に退去した。

同年九月二十八日に岩付城の太田資正が松山城に夜襲をかけて奪回し、垪和氏が敗走した。そのために房総の里見義堯を佐貫城（千葉県富津市）に攻囲していた北条勢が十月二日に囲みを解いて退却したという。

上野国平井城に退去した山内上杉憲政は、元の関東管領であっただけに上野国では相当の実力を持っていた。その証として天文十六年（一五四七）八月六日には、信濃国の国衆の村上義清と同盟して武田信玄と信濃国小田井原（長野県御代田町）で合戦におよび敗走している。上野衆三〇〇〇人が討ち取られたという。

憲政は同年十二月九日には太田資正が攻略した松山城に扇谷上杉氏の旧臣の上田朝直を入れて守らせ、自身は岩付城に止まった。岩付城攻略を意図した北条氏康は十二月十三日に岩付城を攻囲し、翌十七年正月十八日に太田資正は降伏して氏康に従属した。資正は赦免されて、そのまま岩付城主となっている。二十一日には氏康は江戸城代の遠山綱景に、岩付城から出て北条氏に仕えた親北条方の太田家臣には知行安堵や宛行いを行うので、今後は北条氏に忠節を尽くすように説得せよと命じた。綱景が岩付衆の取次役を務めた。

武蔵国国衆の三田氏・大石氏の従属

北条氏康が天文十五年（一五四六）の河越城の合戦で扇谷上杉朝定・山内上杉憲政を撃破して武蔵国中原に入っていく段階で、山内上杉憲政を支えていた武蔵国多摩郡勝沼城（東京都青梅市）の国衆の三田綱秀、同郡由井城（東京都八王子市）の大石道俊《どうしゅん》が山内上杉氏を離反し、氏康に従属してきた。三田・大石両氏は山内上杉氏の重臣であったから、この両氏の離反は上杉憲政にとっては、かなりの勢力削減となった。

三田氏は平将門の末裔と称し、鎌倉幕府の御家人の流れをくむ関東の名族であった。三田綱秀の父政定の時には北条氏綱に味方して小田原城に参府していた記録がある。また大永四年（一五二四）十月には氏綱が武蔵国への侵攻過程で、三田政定の勝沼城に滞在している事も知られており、政定は北条氏に味方していたとわかる。しかし、その後は北条氏の文書には三田政定・綱秀父子は見られなくなり、北条氏の支配から独立した国衆として勝沼城を本拠として武蔵国高麗郡・入間郡東部に勢力を拡大していった。天文二年から氏綱が行った鎌倉鶴岡八幡宮の再建工事には、造営費用の募金には三田氏は参加拒否の態度を示しており、北条氏に従属していたとは言えない。三田綱秀の時の天文十五年の河越城奪還の失敗による山内上杉憲政の武蔵国退去で、綱秀は北条氏康に従属せざるをえなくなったと思われる。それでも永禄二年（一五五九）の『小田原衆所領役帳』〈他国衆〉には三田綱定が知行役高五〇八貫文と見られ、その知行地は相模国西郡酒匂郷（小田原市）で三〇七貫文を占めており、三田氏の本拠地の武蔵国入間郡東部・高麗郡の記載は希薄である。このことから三田綱秀は氏康に従属したとはいえ、いまだに独立性の強い国衆であった。

これに対して同じ多摩郡の由井城の大石氏は、北条氏康の時期には完全に従属した国衆となり、結果的に大石氏の支配地は完全に北条氏の領国に包括される事となった。大石道俊の関係文書は八通が確認されており、氏康との関係も明確であるから、紹介しておこう。大石氏は関東管領の山内上杉氏の重臣で、武蔵国守護代を務めた。大石道俊は大永五年（一五二五）十二月の浄福寺（八王子市）の棟札には「大石源左衛門入道道俊」と入道名で初見する事から、早くに入道したとわかる。実名は不明である。天文二年の鎌倉鶴岡八幡宮の再建工事には、北条氏綱の期待に反して費用の寄進を拒否しており、その頃は山内上杉氏の家臣であった。同十一年（一五四二）二月十五日には武蔵国入間郡北野（埼玉県所沢市）の北野天神社に神主職を安堵しており、氏綱の武蔵国南部への侵攻に対する大石氏領の固めを行ったものと思われる。十一月九日には北野天神社の神主は道俊から武蔵国神事職司に任命されている。このことから道俊はいまだ武蔵国守護代の職務を遂行していると知れる。翌十二年七月には白子（埼玉県飯能市）長念寺に寺領からの年貢納入の催促を許可した。天文十四年正月二十二日には道俊の嫡男綱周《つなちか》が文書に見られ、この綱周ものちに北条氏康に従属したとわかる。同十五年の河越城合戦の結果、大石道俊・綱周父子は山内上杉憲政から離反して氏康に従属した。同十七年五月八日に道俊は、多摩郡別所谷（八王子市）の地侍の小田野新右衛門尉に本領の安堵状を出しており、この頃までは半分独立した国衆として活躍していた。

天文十八年七月二十一日には北条氏康が、大石道俊に武蔵国秩父郡の平定のために同郡に侵攻していくので参陣を依頼している。このことから道俊父子は氏康の他国衆に属して、軍勢催促を受ける身になっていた。しかし、この文書の後半部分には、伊豆諸島の御蔵島に漂着した中国船の舶載品を北条氏康が没収し、それを武蔵国の大神社の修築費用として配分することになり、武蔵国の大国魂神社（東京都府中市）へも寄進するので、道俊に間違いなく修築費用に使用する様に命じてほしいと依頼した。武蔵国一宮の大国魂神社には氏康よりも、元武蔵国守護代の道俊の力を期待したと思われ、道俊と氏康との関係を如実に表していよう。同二十年九月六日には、道俊が武蔵国多摩郡小和田（東京都あきる野市）の広徳寺に寺領書立を与えて寺領を安堵したが、その道俊判物の袖の部分には、北条氏の発する虎朱印が捺印されており、注目されている。その事は、もはや大石氏領の内部でも道俊の判物は、単独では通用しなくなっており、広徳寺の依頼により道俊がこの判物を小田原城に持参して、氏康の確認を経てから虎朱印を捺印してもらい、広徳寺に届けたものと解釈できる。大石氏領はすでに北条氏に浸食されていたのである。隣接する三田氏領には、この様な現象は見られない。道俊はこの頃に隠居したか死去したらしく、文書には嫡男の綱周が登場してくる。

永禄二年（一五五九）の『小田原衆所領役帳』〈他国衆〉には「油井領」（＝由井領）と見え、大石綱周領と思われる。大石氏の本拠が由井城にあったためであろう。その油井領の記載には、武蔵国久良岐郡富部（横浜市西区戸部）で七二貫文、他に武蔵国小山田庄小野路（東京都町田市）と相模国東郡上下溝（相模原市南区）・座間（座間市）・粟飯原《あいはら》（相模原市緑区）・落合（綾瀬市）と、およそ大石氏の本貫地とは離れた地域に知行地をもっており、大石氏領は大石綱周の支配を離れて、北条氏領に編入されていたとわかる。それ以前の弘治元年（一五五五）四月に、綱周は小田原城下の早川の海蔵寺での花見の宴で和歌を詠んでおり、その時に北条氏康との談合で、自身の娘比佐の婿養子として氏康の三男藤菊丸（のちの北条氏照）を迎える取決めが行われた。大石氏の家督を継いだ大石氏照の文書が大石氏領に出現するのは永禄二年十一月のことである。

大石氏照が由井城に入った翌年の永禄三年には、越後の上杉謙信が関東に侵攻し、小田原城を攻める形勢になると、北条氏に従属していた武蔵国の国衆の多くが離反して上杉謙信に従属した。三田綱定も離反して北条氏康と抗争する事になった。そのため謙信が帰国すると、氏照は三田綱定を攻めて同四年九月に綱定を辛垣城《からかい》（東京都青梅市）に攻めて三田氏を滅ぼし、氏照は三田氏領を支配し、居城を勝沼城（青梅市）に移して領国支配を開始した。その後の氏照については後に第三章第三節で詳述したい。

第二次河東一乱

北条氏康が家督を次ぐ前日の天文十年（一五四一）七月十六日に、氏康は駿河国駿東郡御厨《みくりや》地方（静岡県御殿場市）の領主で北条氏一門の垪和又太郎に葛山氏元の件は了承したと伝え、又太郎には、子孫にいたるも引き立てると述べた。今川義元からの攻撃に対して保護するためであろう。天文七年十月頃には駿河国駿東郡・富士郡の領有をめぐる氏綱と今川義元との抗争である第一次河東一乱は一時期は鎮静していたが、氏康の家督相続と共に再燃したのである。これを第二次河東一乱と呼んでいる。葛山氏元は駿東郡葛山城（静岡県裾野市）の国衆で、氏元の養父氏広は伊勢宗瑞の三男で、葛山氏の養子になり家督を継いだ経緯がある。氏元は葛山貞氏の嫡男で氏広の養子に入り葛山氏元と名乗っていた。正室は北条氏綱の娘ちよであった。垪和又太郎と葛山氏元は北条氏康と今川義元との領国の境目にあたる駿河国駿東郡に入部して北条・今川両氏から独立した国衆として盤踞していたのである。そこで氏康は義元との抗争を懸念して、垪和又太郎と葛山氏元を北条方に引き取る工作を始めたのである。

天文十一年七月十日には、葛山氏元は駿東郡沼津（静岡県沼津市）の長光寺に、寺領の年貢は、かつて第一次河東一乱の時に小田原城の北条氏綱の命令で半分免除と決めていると通達した。これは北条氏康が駿東郡長窪城（静岡県長泉町）守備のための兵糧米確保のために、氏綱の施策通りに長窪城周辺の郷村の年貢を半分免除した結果である。葛山氏元が今川義元を離反して氏康に従っているとわかる。垪和又太郎も同年九月二十六日には、氏康から駿河国駿東郡御厨地方の知行に加えて、相模国東郡渋谷庄（大和市）福田郷の地を宛行われて反銭《たんせん》・棟別銭《むなべつせん》・国役《くにやく》を免除された。又太郎は北条氏本国に引き上げられたとわかる。第二次河東一乱が激化したためであろう。この文書には初めて「反銭」の言葉がみられ注目される。反銭は水田の耕作税で、田一反に四〇文を賦課するもので、北条氏の基本三税の懸銭《かけせん》（畠の耕作税）・棟別銭と共に北条氏滅亡の最後まで賦課されたものである。

天文十一年十一月十六日に北条氏康は伊豆国西浦（沼津市）長浜に、船役銭《ふなやくせん》としてぼうてい船（小型の川船）一隻二〇〇文宛で六隻分、合計一貫二〇〇文を西浦代官の山角性徹《せいてつ》に支払わせた。河東方面への荷送停止の替わりであろう。長浜には水軍専用の長浜城があり、軍船の船溜りがあった。同年十二月二十三日には氏康が伊豆国東海岸の伊東祐尚に、相模国西郡加山郷（小田原市）を宛行った。河東一乱の戦功の賞と思われる。

河東一乱はその後、一時期は鎮静していたが、天文十四年（一五四五）には再び抗争が再開された。四月二日に京都の聖護院道増が北条氏康と今川義元との抗争を終息させる和睦の推進のため、甲斐国の武田信玄に仲介の斡旋を依頼する目的で、甲府（山梨県甲府市）に下向した。聖護院道増は全国の本山派山伏の指導者で、関白近衛尚通の子であった。近衛尚通の娘は北条氏綱の正室であり、北条氏とは一族にあたった。将軍足利義晴の室は尚通の妹であった。そのため

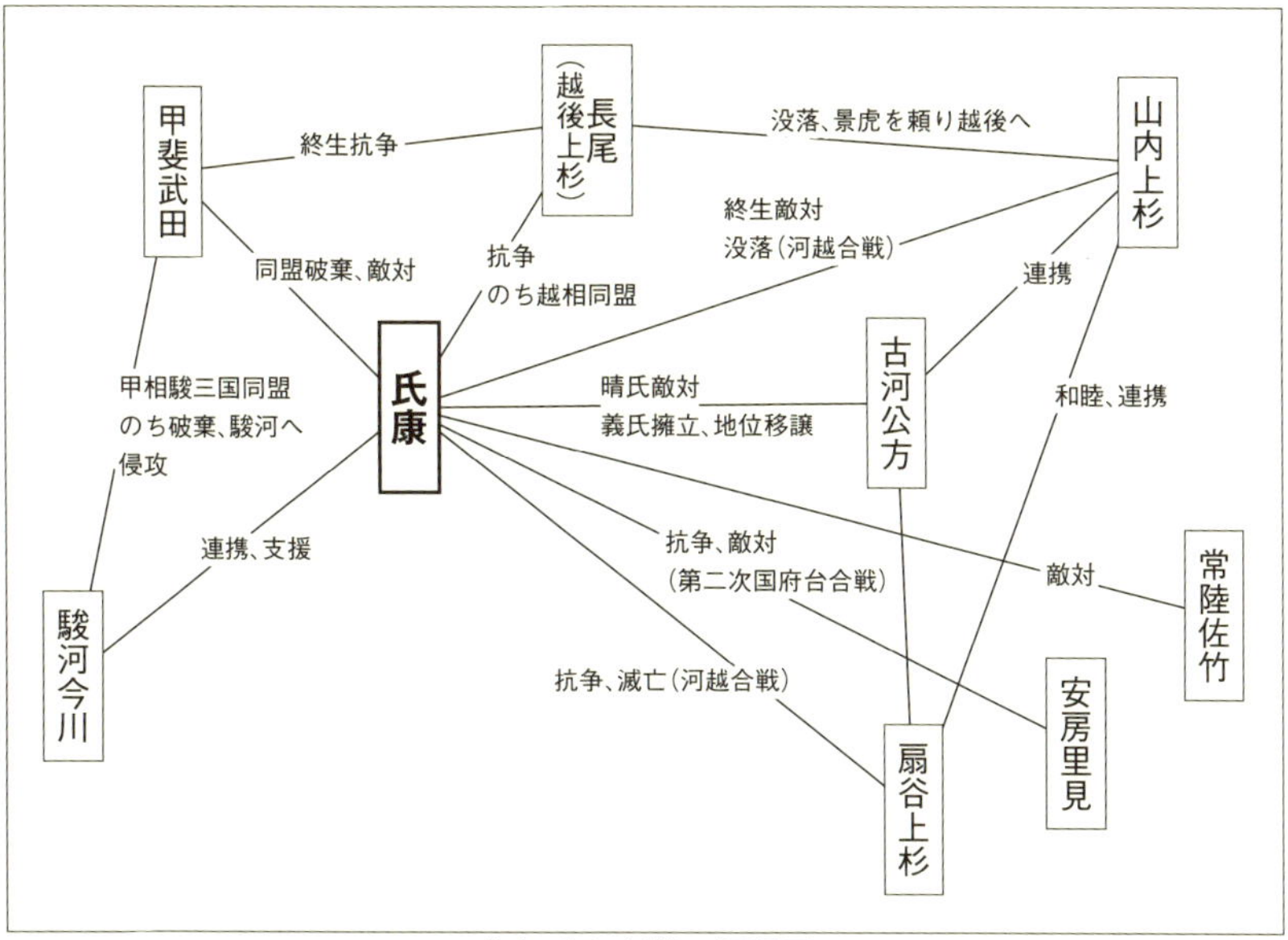

北条氏康を巡る相関図

に道増は義晴の命令で氏康と義元との和睦の調停に派遣されたのである。しかし、武田信玄を説得できず、調停は失敗に終わり道増は空しく帰京している。

天文十四年四月十一日には今川義元が武田信玄に加勢三〇〇人を送ると、北条氏康も加勢三〇〇人を武田方に送った。第二次河東一乱では今川・北条双方で信玄と同盟していたとわかる。しかし、同年六月十七日に信玄が信濃国から甲斐国に帰国すると義元との和睦交渉が始まり、八月十一日に富士郡善徳寺で武田・今川同盟が締結された。ただし、氏康は参画していない。あくまでも義元と氏康とは敵対して抗争中であった。これより以前の六月七日に近衛尚通の嫡男稙家が氏康に、義元との和睦を締結すべきと書状を遣わしていた。しかし、義元との和睦は推進されなかったのである。七月二十四日には義元が北条勢への備えとして出馬し、善徳寺に着陣した。真の意味での第二次河東一乱の勃発で、同年十一月まで戦闘は続いた。八月には富士郡吉原で双方が激突し合戦となった。また、八月一日の駿東郡《すんとうぐん》原の縄手の合戦の戦功で石川某が氏康から感状を受けている。同月十日に武田家中の駒井昌頼が富士郡善徳寺に入り、今川方の重臣に信玄の書状を渡し、信玄を介して北条・今川同盟を推進させた。翌十一日には善徳寺に義元と信玄が面会して協議したが、北条氏と今川氏との同盟は成立しなかった。それは氏康が祖父の伊勢宗瑞の時から獲得している駿河国駿東郡を同盟成立で義元に譲渡するのを拒否していたからと想像される。

同年九月九日に武田信玄が今川義元への支援として出馬した。十四日に信玄の陣中に北条氏康から和睦斡旋の依頼状が届けられた。十六日には信玄と義元が連合して河東に出陣してきた。そのために北条勢は吉原城（静岡県富士市）を放棄して長窪城（静岡県長泉町）に後退した。九月十七日には氏康は長窪城内に製鉄用のたたらを構築するので伊豆国三島（静岡県三島市）周辺の郷村の人足を徴用している。二十日に義元が長窪城近くに着陣し、信玄も駿東郡岡宮に着陣し北条方と対陣した。二十三日には葛山氏元が吉野郷三郎に長窪城での忠節を賞して感状を与えた。二十八日に氏康が水軍大将の山本家次に駿東郡大䧓原の合戦での戦功を賞して知行宛行いを約束した。

天文十四年（一五四五）十月四日には北条氏康が三島の護摩堂に北条勢の陣取りを禁止させた。敵対する今川義元も二日には沼津の妙覚寺に制札を掲げ、武田信玄も六日に善明寺（裾野市）に禁制を掲げている。三島から沼津の周辺が両軍の激戦地となった。十日には氏康が鎌倉鶴岡八幡宮に戦勝祈願を依頼した。十五日には武田家中の連署状が氏康の許に届けられ、氏康と信玄との和睦交渉が行われ、二十二日には氏康と義元との間にも停戦交渉が成立し、ここに永かった河東一乱は、ようやく終息した。

同年十月二十四日には山内上杉憲政・北条氏康・今川義元の三者による講和の起請文が武田信玄の許に届けられ、二十九日に信玄の斡旋が入って氏康と義元は同盟した。十一月六日に氏康は長窪城から撤退して義元に引渡し、河東地域の富士郡と駿東郡は今川領と確定した。この交渉の影には義元の生母寿桂尼《じゅけいに》の思いも作用していた。寿桂尼の娘は氏康の正室であった。

再び房総の内乱に介入

天文十二年（一五四三）七月に房総の真理谷武田氏に内乱が起こり、里見義堯が介入すると北条氏康と義堯も介入して、再び房総の大乱に発展した。ことの発端は真理谷武田信隆が氏康の支援を受け、反対派の笹子城（千葉県木更津市）の武田信茂を殺害したことに始まった。その直後に信隆は死去し、弟の真理谷武田信応が家督を継いだ。ここに至って信隆の旧臣の後藤氏と鶴見氏が主導権争いを起こし、後藤氏は娘婿の小田喜城（千葉県大多喜町）の武田朝信に支援を求めた。対して鶴見氏は佐貫城（千葉県富津市）の武田信秋・義信父子に支援を求めていた。そこで小田喜城主の武田朝信は氏康・千葉昌胤からの支援を受け、後藤氏は七月に鶴見氏の笹子城を攻略し、鶴見氏を滅ぼしてしまった。これに対して信秋は、子の義信の室が里見義堯の姉妹であることから、里見氏の支援を受けて翌十三年四月に、後藤氏の籠もる中尾城（木更津市）を攻略してしまった。かなり複雑な経緯を踏んで、ここに氏康と義堯との房総での抗争が始まったのである。六月十一日には氏康が武蔵国戸ヶ崎（埼玉県三郷市）の匝瑳《そうさ》氏に、義堯から山内上杉方への使者を捕らえた功績を認めて太刀を贈呈した。義堯は山内上杉憲政と同盟していたとわかる。

天文十三年八月七日には、万喜城（千葉県夷隅《いすみ》町）に近い刈屋原で北条方の小田喜城主の武田朝信と、里見氏家臣の正木時茂・時忠とが戦い、朝信が敗れて戦死し小田喜武田氏は滅亡した。この合戦に北条勢が参加した記録は見られない。この直後から北条氏康の軍勢が房総に渡海し、本格的に里見義堯との抗争に入っていった。九月二十四日に北条孫九郎が安房国妙本寺（千葉県鋸南《きょなん》町）に禁制を掲げ、軍勢の乱暴を禁止しており、北条勢が房総に渡海したとわかる。北条孫九郎は相模国玉縄城の玉縄衆であり、房総侵攻への主力は玉縄衆であった。妙本寺は東京湾に面した海浜部に所在し、その境内に妙本寺砦が構築されて北条勢の水軍の基地となっていた。十月五日に江戸城代の遠山綱景の家臣の萩野九郎三郎が里見勢と内安房で船から下りて戦った戦功を認め、氏康が感状を与えた。十月二十八日には氏康が薕山家広を上総国金谷（千葉県富津市）・箕輪（千葉県君津市）の代官職に任命した。翌十四年三月六日には遠山綱景が上総国に侵攻した。大量の北条勢が房総に侵攻してきたため、九月に義堯は氏康に和睦を請うたが、武田信応が反対して義堯に軍勢を派遣させた。この年には氏康が信応を攻めて、信応から上総国峯上《みねがみ》城（千葉県富津市）を奪取した。その後は峯上城は北条氏の兵站基地として活用された。

天文十五年（一五四六）八月には、もとの佐貫城（千葉県富津市）城主の武田信義が、北条氏康に支援を依頼し、今は里見勢が在城する佐貫城を攻めた。この頃には敵対していた武田信応が北条氏と和睦しており、九月十二日には氏康に味方する千葉利胤が信応の支援を受けて、原氏の臼井城（千葉県佐倉市）を攻めて包囲した。この包囲戦には、北条勢も加勢していたが、九月末に武蔵国松山城（埼玉県東松山市）を太田資正が攻略して奪回したことから、北条勢は十月二日には佐貫城の包囲を解いて撤退した。この様な経緯を踏んで北条氏の房総侵攻は終わりをつげた。

第二節　上杉憲政との抗争と下野国への侵攻

山内上杉憲政との戦い

山内上杉憲政は天文十五年（一五四六）四月二十日に武蔵国河越城（埼玉県川越市）の合戦で、北条氏に敗れて上野国平井城（群馬県藤岡市）に退去していた。この合戦では扇谷上杉朝定が敗北して滅亡し、古河公方の足利晴氏は敗走して古河城に逃げ帰っていた。共に執拗に北条氏に抵抗していた扇谷上杉朝定を失った憲政は、大いに劣勢に追い込まれたが、上野国においては、元の関東管領だけあって、いまだにかなりの味方国衆が従属しており勢力を保持していた。

憲政は天文十五年七月からは名前を憲当と変えている。それほどに河越城の敗退は憲政にも大きな打撃であったとわかる。

天文十七年十月に、上野国甘楽《かんら》郡国峯《くにみね》城（群馬県甘楽町）の小幡憲重が山内上杉憲政を離反して北条氏康に従属した。十二月には小幡憲重は、上杉憲政の居城の平井城を攻めており、氏康の要望と思われる。また、山内上杉方の小林氏をも攻めている。この十二月には越後国で守護代の長尾晴景が弟の景虎に守護代職を移譲した。のちの上杉謙信の登場である。

天文十八年三月七日には武田信玄が大石道俊に、北条氏康から和睦を求められており、その道俊に氏康は七月二十一日に、武蔵国松山城の普請は今月中に完成するので安心してほしいと伝え、山内上杉憲政が武蔵国秩父郡高松筋に攻め来たっても攻め散らす予定であるから、道俊にも加勢してほしいと伝えた。道俊は山内上杉家の重臣であり、その道俊が北条氏に味方して上杉憲政からは離反していた。憲政と武田信玄は敵対関係にあった。信玄と氏康は同盟していたから、憲政はかなり孤立状況に陥っていた事は確実である。さらにこの年には、武蔵国天神山城（埼玉県長瀞町）の藤田泰邦が憲政から離反して氏康に従属してきた。翌十九年二月十九日に氏康が泰邦の弟の用土業国に、武蔵国高山内の神田川除郷《かわよけ》（群馬県藤岡市）を知行として宛行った。同年六月九日には氏康が業国に、上野国金井村（藤岡市）を宛行い、もし山内上杉方の者が馳入ってきた時には糺明せよと命じている。藤田泰邦・業国兄弟がもとは山内上杉憲政に従属した国衆であったとわかる。金井村は憲政の本拠の平井城に近い場所で、その周辺も北条領に編入されていたのである。この様にして北条氏は天文十九年には、ほぼ武蔵国を制圧し終わっていた。

天文十九年（一五五〇）十一月初旬に、いよいよ北条氏康は山内上杉憲政の本拠の平井城（群馬県藤岡市）の攻略を開始した。十一月七日に憲政は、味方の小林平四郎に、氏康が平井城を攻めた時に平四郎が来援に馳せつけた忠節に感謝して礼状を出している。この時には氏康は平井城を攻略することはできなかった。がしかし、この年の内には氏康は平井城を攻略しており、憲政は上野国白井城（群馬県渋川市）に退去した。間もなくして憲政は平井城を奪回したが、翌二十年冬に氏康が小幡憲重や高山氏等の利根川左岸の国衆や那波氏等と共に平井城を攻めた。

天文二十一年三月初旬に上杉憲政の子の龍王丸がいる武蔵国御岳城（埼玉県神川町）を北条氏康が攻略すると、同城の城主の安保全隆は降伏して北条氏に従属した。ここに至って山内上杉方の上野国の国衆である由良・足利長尾・大胡・長野・富岡氏等が憲政から離反して氏康に従属してきた。全く孤立した憲政は、四月に平井城を脱出して上野国の何処かに潜んでしまった。

北条氏康は平井城を接収して、北条宗哲を城主として置き、城領支配を開始した。天文二十四年六月十二日に宗哲は、平井の長吏源左衛門が山内上杉方に逃亡したため、上野国から所払いに処している。同日には北条氏堯《うじたか》（北条氏康の弟）も同文の朱印状を出しており、平井城の城将は氏堯であったとわかる。この文書から天文二十一年四月に平井城を脱出した上杉憲政は、通説の様にすぐさま越後の上杉謙信を頼って越後国に逃亡したのではなく、三年後の天文二十四年半ばにおいても上野国の何処かに潜んで、平井城の者達と連絡を取り合っていたと判明した。

天文二十一年二月末には下野国足利城（栃木県足利市）の長尾景長が足利の鑁阿寺《ばんなじ》に、御岳城（埼玉県神川町）の守備について祈願領として五貫文を寄進した。御岳城は北条氏康の支配下にあり景長が管理していた。三月十四日に氏康は小幡憲重に、武蔵国児玉郡今井村（埼玉県本庄市）の欠落百姓に帰村を命じた。同月二十日に氏康は上野国北谷（群馬県藤岡市）・三波川谷の欠落百姓に帰村を命じた。これらの欠落は平井城攻めの戦乱による逃亡と思われる。四月十日に氏康は上野国小泉城（群馬県大泉町）の富岡主税助に、山内上杉氏を離反して従属してきた館林城（群馬県館林市）の茂呂因幡守とは昵懇にしてほしいと通告した。主税助も山内上杉氏から氏康に従属した上野国の国衆である。

天文二十二年（一五五三）三月十八日に北条氏康は上野国高山御厨内の高山彦五郎に、六斎市《ろくさいいち》の復興を命じ、不法の者は小田原城に申告させた。彦五郎も山内上杉氏に属していた国衆で氏康に従属した上野国の国衆である。四月二十二日に氏康は小泉城の富岡主税助に館林城の茂呂因幡守が従属してきたので、相談してやってほしいと重ねて依頼した。もはや山内上杉憲政の抵抗力は消滅しており、やがて関東を離れ上杉謙信を頼って越後国に落ちていった。

武田信玄との同盟と黄梅院殿の輿入れ

この天文二十二年（一五五三）には武田信玄の娘の黄梅院殿と北条氏政との婚約が成立した。北条・武田同盟の証明と強い絆の成立である。黄梅院殿は武田信玄の長女として天文十二年に生まれた。母は信玄の後室の三条殿（三条公頼の娘）である。信玄の正室は扇谷上杉朝興の娘で天文二年に嫁いだが、翌年には死去していた。甲斐国古府中（山梨県甲府市）で平和に暮らしていた黄梅院殿に、四面楚歌に陥った北条氏康から、嫡男の氏政の正室に迎えたいとの連絡が入ったのは天文二十二年正月の事であった。時に北条氏政は一六歳、黄梅院殿《おうばいいんでん》は一一歳であった。同月十七日に小田原城から使者がきて、武田家の重臣の駒井政武が応対した。使者は武田館で信玄と対面し、武田家の重臣の小山田信有と宮川将監が烏帽子姿で臨席した。二十日には氏康からの書状が渡され、二月二十一日には、信玄から輿入れは翌天文二十三年に行いたいと申し渡され、信玄からの約束の起請文が交付された。この会談の仲介は信玄の姉の子の穴山信君が取り持ったという。臨席した小山田信有は、甲斐国都留郡（山梨県都留市）の国衆であるが、北条領である武蔵国小山田庄（東京都町田市）に広大な知行を持つという北条氏にとっては他国衆に属する身分でもあった。永禄二年（一五五九）の『小田原衆所領役帳』では〈他国衆〉の一員に小山田弥三郎信茂が見え、小山田庄内の一六ヶ郷村で合計四二〇貫文の知行を有している。その一族の小山田弥五郎は伊豆国の五ヶ郷村で合計三八一貫文の知行を有していた。この様な武田・北条という両属の国衆は、北条氏では小山田氏のみに見られる現象で、希有の事例である。なお、仲介役の穴山信君は信玄の従兄弟であるが、その正室は黄梅院殿の妹という複雑な血縁関係になる。

天文二十二年三月十七日には北条氏康の使者の南条綱良が、婚儀の交渉で甲府に来た。黄梅院殿と北条氏政の婚姻は、約束通り天文二十三年十二月に行われた。その輿入れの行列は武田家家臣は騎馬武者が三〇〇〇人、侍は一万人、長持ちは四二棹、輿は一二挺に上り、警護役は小山田信有が務めた。花嫁の北条家への引渡し場所は武田領と北条領の境になる甲斐国上野原（山梨県上野原市）であった。受取手の北条家家臣は遠山綱景・桑原嘉高・松田盛秀が警護役を務め、五〇〇〇人が迎えに出ている。甲斐国甲府から相模国小田原城に向かうには、通常では駿河国駿東郡に出て箱根山を越える道を使用すると思われるが、この行列は都留郡の上野原に出て、相模国に入り相模川沿いに南下して小田原城に向かっている。この道だと小山田信有の本拠の甲斐国都留郡から相模国の北部を通行して武蔵国小山田庄に入ることができるため、警護役の小山田信有の知行地内を通行することになり、警護にはやりやすい道であったのである。武田家の供侍はそのまま小田原城で年を越した。翌二十四年三月二日には、武田信玄が家臣の向山源五左衛門尉に、小田原城に居る黄梅院殿への伝馬手形を発給した。

天文二十四年十一月八日に黄梅院殿は男子の新九郎を出産したが、夭折した。この二年後の弘治三年（一五五七）に再び黄梅院殿は懐妊した。同年十一月十九日の武田信玄の安産祈願の願文が富士御室浅間神社（山梨県富士河口湖町）に出されており、もしも無事に出産したなら戊午年（永禄元年＝一五五八）六月から船津（富士河口湖町）の関所を開放して、旅人の関銭を赦免すると約束した。富士参詣人の負担を軽くする処置であった。この二番目の出産は女子で、のちに北条氏政と同盟した下総国の国衆の千葉邦胤の正室になる芳桂院殿と思われる。永禄五年には第三子の国王丸《くにおうまる》を出産し、その子が氏政の嫡男の北条氏直で、小田原城の第五代当主に就任する事となる。同七年には第四子の国増丸《くにますまる》を出産し、のちに武蔵国岩付城（埼玉県さいたま市岩槻区）の城主に就任する北条源五郎である。翌八年に第五子の菊王丸を出産し、北条源五郎の跡を継いで岩付城の城主に就任する北条氏房である。翌九年には第六子の七郎を出産し、のちに北条氏照、ついで千葉邦胤の養子に入り下総国佐倉城（千葉県酒々井町）の城主になる北条直重である。この様に黄梅院殿は氏政との間に五男一女を設けていた。北条氏政との夫婦中はすこぶる円満であったと想像させる。

しかし、この夫婦中も永禄十一年（一五六八）末に、突如として武田信玄が相甲駿三国同盟を破棄して今川義元の駿河国に侵攻したため、義元との同盟から北条氏康は信玄と断交するにいたった。この信玄の駿河国への侵攻は、今川義元が秘密裏に越後国の上杉謙信に書状を出して信玄を挟撃しようと画策しているのを見破ったためといわれている。この信玄の行動に怒った氏康は、信玄の娘の黄梅院殿に怒りをぶつけ、氏政と離縁させてしまったのである。

失意の黄梅院殿は、甲斐国に送り帰されて尼僧となり、武田信玄から一六貫文の知行を甲斐国巨摩郡南古庄（山梨県南アルプス市）で宛行われ、寂しく永禄十二年六月十七日に死去した。

下野国の国衆との関係

天文十八年（一五四九）九月二十七日に、下野国の宇都宮尚綱が那須高資と同国五月女坂《さおとめざか》（栃木県さくら市早乙女）の合戦で敗れて戦死した。那須高資には芳賀高照・壬生綱雄・白川結城晴綱と共に、北条氏康も味方していた。この合戦の後は宇都宮城（栃木県宇都宮市）には壬生綱雄が占拠していた。尚綱の跡は広綱が継ぎ、重臣の芳賀高定に守られて同国真岡《もおか》城（栃木県真岡市）に逃げていた。同十九年閏五月十九日に下総国結城城（茨城県結城市）の結城政勝が、古河公方の足利晴氏の正室芳春院（氏康の妹）に嫡男の足利義氏を古河城（茨城県古河市）から、北条氏の支配圏になる下総国葛西城（東京都葛飾区）に移す予定を喜んでいる。さらに政勝の弟の小山高朝が、古河公方足利晴氏が足利義氏に謀叛を起こした煽りで小山領を没収されたため、天文二十四年三月に政勝が氏康に頼み込んで返却を求めていた。この様な関係から政勝は敵対している常陸国の小田城（茨城県つくば市）の小田氏治との抗争から、氏康へ支援を要請し氏康もこの要請を了承していた。この小田氏は常陸の佐竹氏や下野の那須氏とも協力関係を結んでいた。氏康は出馬の日取りを決めていたが、芳春院が義氏の出馬には反対していた。この直後から氏康は山内上杉領の上野国への侵攻を開始しはじめた。

山内上杉憲政を本拠の上野国平井城（群馬県藤岡市）から退去させ、上野国をほぼ領有した天文二十二年に入ると、北条氏康は下野国方面へと目を向け始めていくことになる。その頃には北条氏康は下野国の国衆の佐竹義昭・小田氏治とは敵対していた。同年三月二十日には氏康は、結城政勝に友好関係を感謝すると共に、南陸奥の白河城（福島県白河市）の白川晴綱から書状を受けたと伝え、白川氏や伊達・芦名氏との仲介も政勝に依頼した。この時には白川晴綱は、常陸国の佐竹義昭や下野国の那須資胤と抗争しており、政勝を介した白川晴綱との友好が氏康と小田氏治との抗争にも発展していったのである。

天文二十二年三月二十三日に、相模国玉縄城主の北条綱成が、白川晴綱から北条氏康に外交交渉開始の祝儀として角鷹を、綱成には刀を贈られた謝礼を述べ、今後は晴綱との交渉は綱成が担当すると伝えた。七月晦日に氏康が白川晴綱に、下野方面のことは結城政勝と相談して行動してほしいと述べた。氏康は常陸国府中城（茨城県石岡市）の大掾《だいじょう》慶幹とも結び、佐竹義昭・小田氏治との抗争に入っていった。慶幹は七月二十五日に小田原城に来訪して氏康に面談しており、この時に同盟が成立したものと思われる。九月晦日に氏康と白川晴綱との間で起請文が交わされ、正式に同盟が成立した。

弘治元年（一五五五）三月十七日に北条氏康が結城政勝に、敵対している小田氏治との様子を尋ねた。四月四日には氏康は武蔵国岩付城（埼玉県さいたま市岩槻区）の太田資正に、佐竹義昭が氏康と同盟したい意向を白川晴綱に伝えてきたが、今回限りの事と思われるので断るつもりと答えた。太田資正が白川晴綱や佐竹義昭と氏康との仲介を務めているとわかる。翌二年正月に、今度は下野国の那須資胤から氏康に和睦の意向を伝えてきた。資胤は内部で騒乱を抱えていたので、氏康方の足利義氏を通しての和睦の申入れであった。資胤と氏康との同盟は成立した。関東管領と古河公方の一門という氏康の地位が、これらの交渉に有利に働いた結果であった。

弘治二年四月五日に、結城政勝と小田氏治との抗争が激化した結果、結城政勝・北条氏康・太田資正の連合軍が小田氏治を常陸国大島台（茨城県つくば市）の合戦で撃破した。氏康に従属した佐野豊綱・茂呂因幡守も参陣した。同時に小田方の同国海老ヶ島城（茨城県筑西市）を結城政勝・壬生綱雄が攻略した。敗れた氏治は同国土浦城（茨城県土浦市）に逃げ込んだ。四月八日に氏康は房総の正木弥五郎・正木時盛に大島台の合戦の経過を報告し、不慮の合戦で連合軍の総勢が揃わず、結城政勝・太田資正と北条家中の遠山綱景の軍勢で戦ったと述べている。北条勢では遠山氏の江戸衆が主力として戦ったと知れる。また、翌九日の足利義氏の野田弘朝への書状では、大島台の合戦に参陣して忠節を尽くした功績を褒めており、遠山勢には古河公方の家臣野田氏の軍勢も含まれていた。遠山勢には江戸城将の太田康資も参加していた。二十一日の政勝の書状では北条家中の大藤政信に、海老ヶ島城攻略戦で忠節を尽くした功績を氏康に申告すると述べており、遊軍大将の政信も結城氏の指揮下に加わり活躍していた。これに答えて五月十三日に氏康が政信に感状を与えた。

弘治二年（一五五六）正月二十日に北条氏康が那須資胤に、初の書状交換を祝して資胤から太刀・馬・銭一〇貫文を贈呈された礼を述べ、和睦の誓約書を発すると約束した。十二月九日に足利義氏が結城政勝に、房総では里見義堯の軍勢が張陣しており、来春には池和田（千葉県市原市）に出馬するので、参陣してほしいと依頼した。翌三年二月十八日には義氏が那須資胤に池和田城等の他に二、三ヶ城が攻略されたと知らせた。政勝・資胤が古河公方の陣営に参加し、氏康の下野支配はかなり進展していたとわかろう。

敗れた小田氏治は同国土浦城（茨城県土浦市）に逃げ込んでいたが、弘治二年八月二十四日には本拠の小田城に帰還していた。九月十日に氏治は白川晴綱に、北条氏康との和睦を了承した旨を告げ、佐竹義昭と氏康とは敵対し晴綱とも抗争しているから那須資胤と相談して行動すると述べた。氏治は義昭と同盟中であった。九月二十三日には氏治が白川晴綱に、氏康と結城政勝とに同盟し、今後は那須資胤と相談して行動すると述べた。

弘治三年（一五五七）九月七日には、北条氏康が佐竹義昭の家臣の船尾氏に、その進退について心配しており、この事から氏康がすでに義昭と同盟していたと判明する。同年十二月上旬、下野国真岡城（栃木県真岡市）の宇都宮広綱が氏康・足利義氏、那須資胤・義昭等の支援を受けて、壬生綱雄を敗り宇都宮城（栃木県宇都宮市）に敗走させた。十二月十一日には氏康が資胤に、綱雄を敗走させて宇都宮氏の真岡領を没収したので、あとの始末は下総国葛西城（東京都葛飾区）の足利義氏に任せると伝えた。二十三日には宇都宮城が攻略され、広綱が本拠の宇都宮城に帰還した。ここに氏康の下野国侵攻は一段落したのである。

第三節　北条氏康の一族衆の活躍

由井城の北条氏照と天神山城の北条氏邦

ここで永禄二年（一五五九）末に北条氏康が隠居するのと、ほぼ同じ時期に独立して、有力支城の城主として活躍していく氏康の次男の北条氏照と三男の北条氏邦の軌跡を説明しておこう。この二人は北条氏政の治世では、領国支配と軍事行動、はたまた他大名との外交政策の面で飛び抜けた活躍をする重要人物である。二人共に氏政の実弟に当たる。

北条氏照は天文九年（一五四〇）に生まれた。北条氏康の三男であったが、長男の新九郎が夭折したため、次男となる。幼名は藤菊丸、仮名は源三、天正四年から受領の陸奥守を称した。藤菊丸の初見は弘治元年（一五五五）十一月の記録に、下総国葛西城における古河公方の足利晴氏の子義氏の元服式に藤菊丸が出席しており「北条氏康の次男」とある。藤菊丸が幼くして足利義氏の後見役を務めている。翌二年五月には相模国座間郷（座間市）の鈴鹿大明神の遷宮式に「大旦那北条藤菊丸」と見える。永禄二年（一五五九）の『小田原衆所領役帳』〈他国衆〉の由井領（大石綱周）の知行に座間と見え、北条藤菊丸がこの直後に武蔵国多摩郡の由井城（東京都八王子市）城主の大石綱周の娘比左の婿養子として綱周の家督を継いだ事から、氏照の幼名が藤菊丸と確定した（加藤哲氏の説）。由井城の綱周の跡を継いだ氏照は、由井源三とも呼ばれ、また同四年三月の書状には「大石源三氏照」と署名している。

同二年十一月から同十二年七月までは由井領の城領支配のための朱印状を発給して「如意成就」と読める大型朱印を捺印している。その後の永禄十二年からは、印文の判読できない小型朱印を捺印した朱印状を、主に古河公方領に発給している。現在、前期朱印状は二九通、後期朱印状は七〇通と、支城支配に関する氏照独自の朱印状を合計一〇〇通近くも確認する事ができる。この朱印状の発給された宛名の地点を地図に落とすと、氏照の支配地域が明確に浮かび上がる。「如意成就」を捺印した前期朱印状の分布地域は、初期は由井城の周辺である武蔵国西多摩郡の秋川流域と多摩川の上流域、相模国座間の周辺から武蔵国小山田庄（東京都町田市）の地域、永禄四年から三田綱定を攻略したため青梅（東京都青梅市）の周辺に、その後は入間川周辺と武蔵国高麗郡の一帯に見られる。永禄十年（一五六七）以前には氏照は、居城地を滝山城（八王子市）に移していた。

印文未詳の後期朱印状の分布地域は、多摩川の上流域の滝山城領と、利根川下流域の古河公方領に展開している。天正年間（一五七三〜九〇）に入ると北条氏照は下総国栗橋城（茨城県五霞町）・水海城（茨城県古河市）・下野国小山城（栃木県小山市）・榎本城（栃木県栃木市）も持城とするので、その周辺にも分布している。特に利根川と江戸川の分流地点から北方の思川下流の小山領に集中している。これらの持城には氏照の側近である重臣が城代に任命されて在城した。栗橋城には布施景尊、小山城と水海城は大石照基、榎本城は近藤綱秀が城代を務めた。氏照は戦いでは作戦上手との評判が高く、上野から下総・上総方面の合戦には多く活躍した。また、他国大名との外交交渉にも活躍し、特に東北地方の会津の芦名氏や米沢の伊達氏との交渉は著名である。

北条氏照は天正九年頃から居城を滝山城から西方の八王子城（八王子市）に移している。滝山城は多摩川の段丘に築かれた平山城で、防備には軟弱な面もあった事から、その西方の元八王子の山中に強固な山城の八王子城を築いて移転した。天正十八年六月二十三日に豊臣秀吉の別動隊の北国勢に猛攻されて落城した。この時には氏照は小田原城にいて、八王子城では城代の横地吉信が抗戦して全滅した。八王子城の陥落から一月余りで小田原城も開城して北条氏は豊臣秀吉に降伏し、氏照は抗戦した一門衆の責任者として北条氏政と共に小田原城下で七月十一日に切腹した。五一歳であった。

北条氏邦は北条氏照の弟で、北条氏康の三男になる。天文十年（一五四一）の生まれという。幼名は乙千代、仮名は新太郎、受領は安房守を称した。実名の氏邦は永禄九年（一五六六）六月の文書に氏邦と署名して初見される。氏邦は武蔵国秩父郡の天神山城（埼玉県長瀞町）城主の藤田泰邦が弘治元年（一五五五）九月に死去し、嫡男の梅王丸が夭折していたため、息女の大福御前《だいふくごぜん》の婿養子として藤田氏を継いだ。氏邦関係文書は乙千代時代が永禄四年十二月から同五年十月まで六通、以後は「翕邦挹□」と読める大型朱印を捺印した朱印状が一二三通も確認されている。その文書の分布地域は、天神山城の周辺から、永禄十二年初頭までに居城を武蔵国鉢形城（埼玉県寄居町）に移したので、その周辺に集中している。

天正六年の御館《おたて》の乱の過程で、北条氏邦は上野国沼田城（群馬県沼田市）を攻略したため、同城を持城とした。さらに同十年からは上野国の支配を北条氏政から任されて同国箕輪城（群馬県高崎市）の城主となる。同十五年には重臣の猪俣邦憲を箕輪城、斎藤定盛を大戸城（群馬県東吾妻町）の城代として配置した。邦憲は天正十七年に沼田城に入部したが、翌年に沼田城の利根川対岸で、真田昌幸の持城の名胡桃《なぐるみ》城（群馬県みなかみ町）を攻略したことから豊臣秀吉の北条征伐が行われた。氏邦は鉢形城に籠もって豊臣方の北国勢と激闘したが、六月十四日に開城して降伏した。小田原合戦の後は前田利家に仕えて加賀国金沢城（石川県金沢市）に住み、能登国鹿島郡太田村（石川県七尾市）で知行として一〇〇〇石を拝領し、同村で慶長二年（一五九七）八月に五五歳で死去した。跡は三男の光福丸が継いだという。

北条氏照と氏邦は共に、永禄十二年（一五六九）から開始された上杉謙信との越相同盟の交渉に活躍した事は、つとに知られている。その他には、北条氏に従属した房総や武蔵国・上野国等の国衆と小田原城との取次役としても大活躍した。その主な国衆としては、氏照では、下野国の佐野氏、上総国の勝浦正木氏、武蔵国の成田氏、上野国の北条《きたじょう》氏、那波氏、下総国の簗田氏、古河公方家臣の野田氏、下総国の結城氏、下野国の壬生氏、常陸国の佐竹氏、岡見氏など。氏邦では、武蔵国の深谷上杉氏、上野国の由良氏、館林長尾氏、白井長尾氏、富岡氏、小幡氏、安中氏、河田氏、阿久沢氏と上野国の国衆が多く、氏邦の取次を受けていた。以上の如く、北条氏照と北条氏邦は、本城主の兄氏政を補佐して北条氏分国支配を確立していったのである。

玉縄城主の北条綱成と北条氏繁

通説では玉縄城（鎌倉市植木）の歴代城主は、初代は伊勢宗瑞の次男氏時、次いで北条氏綱の次男為昌、三代は福島《くしま》九郎の子で為昌の養子で氏綱の娘婿の北条綱成、四代は綱成の嫡男康成（のちの氏繁）、五代は康成の嫡男氏舜、六代は氏舜の弟氏勝と続いたといわれる。しかし、最近の研究では、三代城主の綱成は為昌の養子ではなく、福島九郎の嫡男孫九郎の子である可能性も出てきた。とすれば、孫九郎が三代玉縄城となる可能性もある。この問題は、未だ確定的ではないので、今後の研究課題としておきたい。

北条綱成の生年は未詳である。天文十一年（一五四二）に北条為昌が死去したため、北条氏綱の娘大頂院殿の夫で婿養子の綱成が玉縄城主に就任した。

北条綱成の仮名は孫九郎、官途は左衛門大夫、受領は上総守、法名は道感を称した。発給文書は天文十三年九月を初見として、天正十年（一五八二）八月まで二七通が確認される。綱成の玉縄城主としての朱印状は一通も確認されず、北条氏照や氏邦と比べると、綱成は北条一門であるが、綱成は北条氏の通字である氏の字も与えられておらず、一門衆の支城主としては身分が低く、郡代の地位にあったと言われている。そのため、綱成の玉縄衆は各地の合戦に多く出陣して、多大の功績を挙げているにも係わらず、綱成の感状は一通も確認されていない。感状発給の権利は北条氏当主が握っていた。

ここで、北条綱成の文書と関係史料から、その動向の概略を述べておこう。初見の天文十三年九月の禁制は、安房国妙本寺（千葉県鋸南町）に軍勢の乱暴を禁止させたもので、房総の里見氏の妙本寺砦を攻略した直後の発給となる。孫九郎と署名した唯一の文書である。

天文十八年（一五四九）十一月に、綱成は鎌倉の鶴岡八幡宮の門前に玉縄城の普請役を賦課した不法を詫びた書状を出しており、もしも孫九郎が綱成の父親であれば、前述の天文十三年九月の初見説は消え、この文書が綱成文書の初見となる。署名は北条左衛門大夫綱成とある。同二十二年から弘治二年（一五五六）末にかけては、綱成は北条氏の隣接大名である南陸奥の白河城（福島県白河市）の白川晴綱、下総国結城城（茨城県結城市）の結城政勝、下野国足利城（栃木県足利市）の長尾当長と北条氏康との取次を務めており、特に白川晴綱との関係は、文書数も多く顕著である。この他には永禄七年（一五六四）に会津の芦名盛氏、同十二年には古河公方家臣の野田氏との取次も見られる。

永禄二年（一五五九）の『小田原衆所領役帳』〈玉縄衆〉の筆頭に綱成が登場し、知行役高の合計は一三七〇貫文で、その内の四五八貫文は北条為昌の遺領を引き継いでいた。また、五〇貫文が武蔵国白子（埼玉県飯能市）に存在し、この白子では綱成の父と思われる福島《くしま》九郎が討ち死にしており、注目される。綱成の引率する玉縄衆は朝比奈孫太郎以下、合計一七人の寄親で構成されており、綱成の母の養勝院殿の実家である朝倉右馬助や、綱成の父の一族の福島左衛門も見られる。その他に、玉縄城が管轄した城領は相模国東郡・三浦郡、武蔵国久良岐郡に及んだため、東京湾に面した三浦郡と久良岐郡の湾岸地域は、対岸の房総方面への渡海地域にあたり、海船を所持する海浜の郷村民を使役して水軍を援助する基地が多く存在した。多摩川河口の羽田（東京都大田区）の行方氏、神奈川（横浜市神奈川区）の矢野氏、浦賀（横須賀市）の愛洲氏・山本氏等の水軍衆が、綱成に率いられて房総方面で里見氏の水軍と激戦を展開した。永禄四年九月には北条氏政の出陣の留守のため、東京湾海上の防衛を綱成に一任しており、玉縄水軍が如何に懸命に働いていたかを知ることができよう。同七年には綱成は、軍船二〇〇隻を率いて房総方面に侵攻している。また、綱成は豪傑との評判が高く、黄色地に八幡大菩薩と記した背旗《せばた》を翻して戦場を疾駆したと軍記物には見えている。

元亀二年（一五七一）十月に北条氏康が死去すると、北条綱成は隠居して上総入道道感と名乗り、嫡男の康成（のちの氏繁）に家督を譲った。道感の署名の文書は一〇通が確認され、終見は天正十年（一五八二）八月で、同十五年五月六日に死去した。

北条氏繁の生年は未詳、北条綱成の嫡男で、母は大頂院殿。仮名は善九郎、実名は康成、のちに氏繁、官途は左衛門大夫、受領は常陸守を称した。発給文書は合計四七通が確認され、初見は永禄元年六月で、善九郎康成と署名した。康成時代の文書は元亀二年末まで一八通を数え、同三年正月の文書から北条左衛門大夫氏繁と署名して以後、天正七年四月まで二九通を数える。元亀二年十月に北条氏康が死去して、父親の綱成が隠居すると、家督を相続して玉縄城主に就任した。この時から官途の左衛門大夫を名乗り、実名も康成から、北条氏の通字を拝領して、氏繁と改名し北条氏一門の正嫡に昇格した。身分の昇格による支城主としての朱印状の発給は見られないが、ただ、天正六年二月十九日に藤沢（藤沢市）の大鋸引《おがびき》の棟梁森木工助に宛てた文書には、年月日下に印文「顛趾《てんし》利《り》出否《すいひ》」の朱印を捺印した文書が一通存在する。

北条氏繁も綱成と同様に、白川晴綱への取次を務め、他に房総の東《とう》修理亮、永禄十二年には下野国の那須資胤、天正二年には武蔵国鷲宮神社の大内晴泰、会津の芦名盛氏との取次も務めた。氏繁の発給文書は、父の綱成とは異なり、玉縄城領の在地に宛てた判物が多く、北条氏一門の正嫡に昇格したことから、正式な支城主として玉縄城領の支配を貫徹したことがわかる。氏繁も父綱成に劣らぬ豪傑で、太い鉄棒を振り回して敵をなぎ倒したと軍記物は記している。永禄四年（一五六一）三月に房総の里見勢が鎌倉の腰越浦に軍船で上陸して来た時には、浜辺で迎撃して勲功を表したと北条氏康から褒められている。反対に天正三年八月には房総に上陸して里見勢と戦って活躍した。

北条氏繁は玉縄城主と共に、永禄十年九月には武蔵国岩付城（埼玉県さいたま市岩槻区）の在番衆の責任者としても働き、岩付城領にも多くの発給文書を残している。さらに、天正五年七月には下総国飯沼城（茨城県坂東市）を築城して、同城の城主に転出し、佐竹義昭との抗争に対応する事となった。翌六年四月に氏繁文書は終見となり、六月十三日に飯沼城で死去した。跡は嫡男の氏舜《うじとし》が玉縄城主になった。

北条氏繁は武力と共に、絵の才能も持ち合わせており、古松に憩う鷹の絵が残っており、美術史家の評価では、玄人はだしの出来映えといわれている。

江戸城代の遠山氏

北条氏康の時代に、武蔵国と房総方面への侵攻拠点として重要な位置にあった江戸城（東京都千代田区）の城代を務めた古参家臣の遠山氏を是非とも紹介する必要がある。

遠山氏は美濃国遠山庄（岐阜県）の出身で、室町幕府の奉公衆を務めた明智景保の子の直景が伊勢宗瑞に仕えたという（士林泝洄）。直景の以後は綱景－政景－直景－犬千世と続いて北条氏に仕え、江戸城代・葛西城（東京都葛飾区）城主を務めた。北条氏の一門衆に準ずる重臣であった。

初代の遠山直景は官途は隼人佐、受領は最初は紀伊守、ついで加賀守、丹波守を称した。文書の初見は永正三年（一五〇六）正月の相模国松田郷（松田町）延命寺に出した寺領寄進状で、「遠山隼人佐直景」と署名した。同寺は以後は遠山氏歴代の菩提寺となる。大永三年（一五二三）六月には相模国箱根（箱根町）の箱根神社の再建棟札に馬を寄進した者の一人として「遠山加賀守直景」と署名した。伊勢宗瑞と北条氏綱の初期の段階では、小田原城にいて活躍していたとわかる。翌四年正月に、北条氏綱が多摩川を越え、扇谷上杉朝興の江戸城を攻略して領有すると、直景が江戸城の城代に就任した。同城の本城には富永政辰と太田資高が城将として守りを固めた。同年六月十六日には江戸城下の浅草郷（東京都台東区）に氏綱が遠山新五郎に屋敷分を与えており、新五郎は直景の一族と思われる。同年十一月には直景が氏綱と共に扇谷上杉領の武蔵国西南部に出陣し、敵対する長尾憲長・藤田右衛門佐・小幡某との和睦交渉に成功している。これは越後国守護代の長尾為景との交渉の成功を意味していた。直景は天文二年（一五三三）三月に死去した。松田郷の延命寺に夫妻の位牌が残っている。嫡男の綱景が跡を継ぐ。

遠山直景の嫡男の綱景は、仮名は藤九郎、官途は隼人佐、受領は甲斐守、のち丹波守を称した。母は直景の正室のまつくす。父直景の死去により家督を継ぎ、江戸城の城代を務めた。享禄三年（一五三〇）十一月に連歌師宗長との交渉の書状に「遠山藤九郎綱景」と署名した。綱景の綱は北条氏綱の一字拝領である。天文七年の第一次国府台の合戦の後に、氏綱は下総国に侵攻するが、翌年四月には綱景が同国真間《まま》（千葉県市川市）弘法寺に寺領を寄進した。下総国へ侵攻した証である。江戸城は北条氏の房総方面への侵攻の進軍基地として機能していた。天文十年十一月には相模国八菅山大権現（愛川町）の再建棟札に「大壇那遠山甲斐守綱景」とある。同十七年正月には、北条氏康が武蔵国岩付城（埼玉県いわつき市岩槻区）の親北条氏派の在城衆を引き立てるように命じており、綱景は岩付城の在番頭を務めている。同二十一年八月には綱景母のまつくすが、武蔵国六所明神（東京都府中市の大国魂神社）に願文を納め、息子綱景の無病息災と北条氏康や北条宗哲の覚え良く勤められる事を祈願した。「江戸の主遠山甲斐守母」と署名した。翌二十二年五月には伊勢国（三重県）の伊勢神宮の遷宮費用の募縁の要請を綱景が受け、葛西御厨から費用を捻出するように求められた。永禄元年（一五五八）四月の古河公方足利義氏の鎌倉鶴岡八幡宮の参詣には葛西城から鎌倉までの道案内役を務め、この頃には葛西城の城主に就任していた可能性が高い。弘治二年（一五五六）四月の常陸国大島台（茨城県筑西市）での小田氏治との合戦では太田資正・結城衆と共に主力として活躍し、勝利した。同年八月には綱景が上総国の藤田康広に知行を宛行い、遠山丹波守と見える。永禄元年には古河公方義氏の母の芳春院殿との取次を務めた。翌二年の『小田原衆所領役帳』〈江戸衆〉の筆頭に綱景が登場し、知行役高は合計二〇四八貫文、その内の一〇三〇貫文を葛西領一六か村が占めている。綱景の次が遠山藤六、他に一族衆では遠山弥九郎が見え、江戸の周辺で一二五貫文とあり、葛西在城について知行役は免除とある。江戸城領の範囲は武蔵国豊島郡・荏原郡の北部、葛飾郡、多摩郡東部、足立郡の南部に展開した。綱景は古河公方と家臣の豊前氏、上野国の安中重繁、同国の牛込宮内少輔、下総国の千葉胤富との取次を務めた。永禄七年（一五六四）正月七日の第二次国府台合戦で、太田資正・里見義弘と戦って嫡男隼人佐と共に討ち死にした。末子の政景が跡を継ぐ。

遠山政景は、相模国大山（伊勢原市）の大山寺の僧侶であったが、永禄七年正月七日に父綱景と兄の隼人佐が討ち死にしたので、還俗して政景と名乗り家督を相続し、江戸城代に就任した。政景の政は北条氏政の一字拝領である。官途は右衛門大夫、受領は甲斐守。永禄十年六月に古河公方足利義氏が相馬治胤の森屋城（茨城県守谷市）を受け取るに際して政景に軍勢五〇〇を出させた。これが文書の初見となる。同年十二月末に下総国本納城（千葉県大網白里町）への支援として北条氏規と共に出陣した。同十一年二月に松田の延命寺に寺領を安堵した。政景発給文書の初見。同年十一月には北条氏政が政景に岩付城の在番替えについて指示した。元亀元年（一五七〇）六月に千葉胤富が古河公方の内密の古河城（茨城県古河市）への移転を政景に知らせよと豊前氏後家に述べた。政景が千葉胤富と古河公方足利義氏への取次を務めている。この頃から政景は右衛門大夫を称した。

天正二年（一五七四）五月には北条氏政が政景に上杉謙信・佐竹義昭が武蔵国に侵攻してくるので出陣を命じた。翌三年三月には氏政は江戸城の守備については富永氏と相談して行わせ、同城の本城の守備は富永氏に任せるとした。天正八年閏三月二十三日に死去した。嫡男直景が跡を継ぐ。他国衆への取次は父綱景と同じ。

遠山直景は天正八年閏三月二十三日に父政景が死去したため、家督を継いだ。幼名は千世菊、官途は右衛門大夫を称した。直景の直は北条氏直の一字拝領である。文書での初見は天正七年二月に氏直の書状に千世菊と見える。同十年五月に直景が江戸・浅草・葛西新宿から下総国臼井（千葉県佐倉市）迄の伝馬手形を発給し、「過歳《かさい》」の朱印を捺印した。江戸城代の歴代では初めての城領支配の朱印状であり、直景文書の初見になる。同十二年三月には下総国小金城（千葉県松戸市）の高城胤則に禁制を掲げ、高城領内での北条軍の乱暴を禁止させた。同年九月に氏直が下総国大台城（千葉県芝山町）の井田因幡守に、在陣の苦労を感謝し、直景から副状をさせた。直景が井田因幡守への取次を務めている。同年十月には氏直が直景に、尾張国の小牧・長久手で豊臣秀吉と戦っている徳川家康への加勢として援軍を送るため、直景の江戸衆から選抜した侍大将七人と騎馬武者との合計五七人を連れて尾張方面に向かわせるとした。引率者は直景と決めていた。天正十四年三月には北条氏照が下野国藤岡城（栃木県藤岡町）の在番替えとして直景を招集した。翌十五年三月には江戸城下の市ヶ谷（東京都新宿区）の太田下野守の知行分を借金の返済のために年季売りにさせて直景の子聟千世に管理させた。天正十五年五月二十五日に死去した。

遠山氏には、この他に北条氏に仕えて重臣になった遠山康光（初代直景の子）や康英（康光の子）の他に、遠山政秀等がおり、活躍した。

小机城の小机北条氏

小机城（横浜市港北区）は武蔵国橘樹郡・都筑郡の鶴見川流域から川崎市域の多摩川以南を城領域とする北条氏の支城であった。北条氏綱が大永四年（一五二四）正月に扇谷上杉朝興の江戸城を攻めた時には、すでに小机城を領有していたと思われる。小机城の城主は、最初が伊勢宗瑞の頃からの重臣である笠原信為が城代を務めており、その嫡男の笠原平左衛門尉も第二代目の城代を務めていた。城代の時代が終わった後の城主としては北条宗哲の嫡男三郎が初代城主に就任し、三郎の実名は時長の可能性が高い。北条三郎の後は北条氏尭－氏信－氏光と城主が続いた。

笠原信為は伊勢宗瑞が備中国高越山城（岡山県井原市）にいた頃から伊勢氏に仕えていた根本被官で、信隆・信為父子が宗瑞と共に関東に下った古参家臣の筆頭である。笠原信為の文書は一通だけ確認され、享禄二年（一五二九）十二月に小机城下の雲松院に、宗瑞の菩提料所として寺領を寄進し、代官の沼上藤右衛門尉に管理させた。笠原越前守信為と署名している。信為の父信隆は法名を「雲松道慶」と号し雲松院の開基である。天文六年（一五三七）七月には玉縄城の北条為昌が、武蔵国神奈川郷（横浜市神奈川区）の帰属について玉縄城領か小机城領かを信為と相論している。天文元年には信為は文書には越前入道と入道名で見えており、すでに隠居していた。同二年二月には鎌倉鶴岡八幡宮の修築造営に当たって、北条氏綱が信為を造営総奉行七人の一人に任命している。同十五年十二月に北条氏康は笠原弥太郎に、小机筋の師岡郷（横浜市港北区）は父親の信為からの譲りの知行として安堵した。弥太郎は信為の嫡男で、この頃には信為は引退して、小机城代は弥太郎が継いでいた。弘治三年（一五五七）七月八日に信為は死去した。家督を継いだ弥太郎は官途を平左衛門尉と称した。永禄二年（一五五九）の『小田原衆所領役帳』＜小机衆＞の一人に笠原平左衛門と見え、師岡で九〇貫文の知行役高が見える。この時の小机衆の筆頭は、北条三郎であった。

北条三郎は伊勢宗瑞の四男の北条宗哲の嫡男で、実名は不明であったが、最近の黒田基樹氏の研究成果により、小田原城下の風祭《かざまつり》に所在する宝泉寺の史料により北条時長が北条三郎の実名らしいと判明している。三郎は小机城の初代城主である。弘治二年八月に北条氏康は三郎に訓戒状を発して朝からの大酒の禁止や小机城の出口からの外出、家臣等の他人との陣中での飲酒を深く諌めている。三郎は相当の大酒飲みであったらしい。永禄元年四月に古河公方の足利義氏が鎌倉の鶴岡八幡宮に参詣したのち、小田原城内の北条氏康の屋敷で祝宴を開催した時には、料理の荷用（配膳係）を務めている。三郎と義氏との関係は、年月日未詳の義氏文書では古河公方内の親北条派の家臣の豊前山城守の進退について、義氏が三郎に指示している事からも、特に深い関係があったものと思われる。永禄二年の『小田原衆所領役帳』＜小机衆＞の筆頭に三郎殿と見え、知行役方は合計一六二二貫文、その内の四二〇貫文は小机本郷等の小机筋四ヶ村で、ここが本貫地。他に八八九貫文が小机筋二ヶ村と相模国西郡西大友（小田原市）・江戸本郷（東京都文京区）など、さらに一一二貫文は小机の北条氏入国以前の領主である成田三河入道の遺臣である猿山（横浜市緑区）の遠藤兵部丞、その他の小野与三郎・蔭山又六・金子出雲が代官を務めた四ヶ村で構成されていた。江戸本郷は現在の東京大学の敷地であり、構内の三四郎池の周辺は、戦国時代の本郷城の城址との伝承が残っている。前述した古河公方内の親北条派の家臣の豊前山城守の進退について、との内容は、古河公方の親北条派の家臣には、江戸城周辺の郷村を与えていたから、もしくはこの江戸本郷が豊前山城守に関係していたのかもわからない。また、代官の金子出雲が治めていた小机の篠原（横浜市港北区）には篠原城址が、最近の発掘調査で明らかになっている。城址の近くの長福寺の薬師如来像は金子出雲の持仏と伝え、その胎内からは戦国時代末期の文禄四年（一五九五）銘の木札が発見され、「名主　金子出雲守・同大炊助」と記されていた。金子出雲は元は成田三河入道の遺臣で、その子孫が北条三郎の家臣となり、篠原の代官を務め、戦国時代末期からは村の名主を務めていたと判明した。北条三郎の家臣時代の金子出雲は篠原城を本拠として小机城の又支城の城主として篠原周辺を治めていた。北条三郎は永禄三年七月に死去し、法号は宝泉寺殿大年宗用と号し、風祭の宝泉寺に北条時長の画像が伝えられている。元亀三年（一五七二）四月には三郎の父宗哲が宝泉寺に制札を建てる場所を寺域地図に三か所示しており、北条三郎＝北条時長との説を補完している。

北条氏尭は北条氏綱の四男で、玉縄城主の北条為昌の弟に当たる。北条氏一族で唯一、生年月日が判明している人で、大永二年（一五二二）三月十五日に生まれた（『兼右卿記』）。官途は左衛門佐を称した。第二代小机城主で、発給文書は一二通が確認されているが、小机領に関する文書は二通と極端に少ない。氏尭の見える初見文書は永禄二年（一五五九）五月の京都の吉田神社の神主の吉田兼右《かねみぎ》の書状で、病気の回復を祈願した謝礼に三〇貫文を贈呈した内容で、氏尭は病気勝ちな人であったらしい。同三年七月には出羽国米沢城（山形県米沢市）の伊達晴宗との外交交渉に初めて書状を出している。左衛門佐氏尭と署名した。同四年閏三月に氏尭は畑彦十郎に、武蔵国河越城（埼玉県川越市）の上杉謙信との戦いでの功績で北条氏政に感状を発給させると約束した。小机衆が河越城で奮戦したとわかる。同年八月には小机衆の市野善次郎に、武蔵国稲毛内の木月郷（川崎市中原区）を知行として宛行った。永禄二年の『小田原衆所領役帳』〈御家中衆〉に左衛門佐殿（氏尭）知行と見え、合計知行役高は一一六八貫文、その内の小机筋は綱島（横浜市港北区）箕輪共で二〇〇貫文のみで、他は河越城の周辺と、伊豆国河津郷（静岡県河津町）等に分散している。この頃の小机城主は北条三郎の時期であることによる。同四年閏三月には氏尭が小机城下の雲松院に制札を掲げ、不法の者は笠原平左衛門尉に渡させた。当文書には「有虞《ゆうぐ》宝昖陶唐《ほうえんとうとう》」と読める朱印を捺印しており、この頃には北条三郎から小机城主を継いで城領支配を開始していたとわかる。しかし、同六年には死去してしまい、小机城は北条宗哲の子の氏信に渡された。

小机城の第三代城主の北条氏信は、仮名を新三郎と称した。駿河国蒲原《かんばら》城（静岡県静岡市清水区）の城将を兼務しており、発給文書は永禄十二年に三通を確認するのみで、それも全て蒲原城に関するものである。小机城領に関する事蹟は皆目不明である。永禄十二年十二月六日に武田信玄の猛攻により蒲原城は落城し、氏信も討ち死にした。

第四代の小机城主は北条氏光である。氏光は北条氏尭の次男で北条氏康の養子になったと伝える。仮名は四郎、官途は右衛門佐を称した。氏光の文書は元亀元年から天正十八年八月までの間に五〇通が確認されている。氏光は相模国足柄城（南足柄市）と駿河国大平城（静岡県沼津市）の城将を兼務しており、一五通が小机城領に関する文書である。小机城領関係の氏光文書の初見は、元亀三年（一五七二）閏正月の市野善次郎に、その知行の駒林（横浜市神奈川区）の軍役着到を定めた。「桐圭」と読める小型朱印を捺印した。氏光の小机城領支配の開始である。これ以前に氏光は武田信玄を相手に駿河国深沢城（静岡県御殿場市）の周辺で戦っていた。たぶん足柄城の軍勢を引率していたと思われる。元亀三年十一月には小机城下の雲松院の寺領を検地した。天正十一年十二月には武蔵国佐江戸村（横浜市都筑区）の百姓に軍役を免除した。同十三年九月には小机筋恩田郷（横浜市青葉区）の検地を施行した。同十年の小田原一手役の書立には「こつくへ　右衛門佐殿」と見えるが、天正十八年の小田原合戦の関係文書には小机城は一切見られず、同年三月の北条氏直書状では、氏光は豊臣勢への防備として足柄城の守りを命じられており、小田原合戦では小机城は廃城になっていた可能性が強い。氏光は小田原合戦の終息直後の同十八年九月十五日に死去した。

第四節　上杉謙信の小田原攻め

上杉謙信の相模侵攻

永禄二年（一五五九）に北条氏康から家督を譲渡された北条氏政は、翌三年五月初旬に上総国久留里《くるり》城（千葉県君津市）の里見義堯を攻めた。五月二十八日に義堯は越後国の上杉謙信に援軍を求めて越山を依頼した。謙信は永禄二年四月に将軍足利義輝から上洛を要請されて京都に上り、正親町《おうぎまち》天皇にも拝謁して、越後国に逃れて謙信に庇護されていた関東管領の上杉憲政の復権と、関東国衆の憲政への帰属を果たす様に命令されていた。その帰国直後に関東の里見義堯から越山を要請された謙信は、将軍と朝廷の命令を履行すべく、関東へ越山した。さらに関白の近衛前久が同行するという異例の越山となった。

永禄三年八月末に越後国春日山城（新潟県上越市）を進発した上杉謙信は、上越国境の三国峠を越えて関東に入った。謙信は上野国の明間・岩下・沼田（群馬県沼田市）の各城を攻略し、北条方を数百人討ち取ったという。対して九月末には北条氏康は武蔵国河越城に出馬して上杉軍の侵攻に備えた。この頃には謙信は上野国廐橋城（群馬県前橋市）を攻略し関東進出の拠点とした。十一月には上杉方の忍《おし》城の成田長泰が鎌倉に侵攻し、妙本寺に禁制を掲げて成田勢の乱暴を禁止させた。十二月二日には氏康父子が池田安芸守に河越城籠城の忠節で借金を徳政として赦免し、忍城・岩付城領内で望みの知行を与えるとした。謙信の侵攻に合わせて十二月十日には太田資正が、武蔵国由井領の岩崎（埼玉県所沢市）、江戸領の石浜（東京都台東区）・品川（東京都品川区）に禁制を掲げ、江戸城近くに侵攻した。十二月初旬には上杉勢が河越城や古河城を攻囲したため、氏康は松山城から小田原城に退去した。二十八日には氏康が多摩郡高尾山（東京都八王子市）薬師堂に寺領を寄進し、戦勝祈願を依頼した。同月末には北条方の下総国葛西城（東京都葛飾区）が上杉方の里見氏や岩付城の太田氏によって攻略され、里見義堯の持城となった。

永禄四年（一五六一）に入ると上杉謙信の侵攻は武蔵国西部から相模国に侵攻し、小田原城攻めが開始された。正月二十一日に由井源三氏照が小田野周定に、由井の在郷武士が上杉勢と出合ったなら討ち取る事と命じた。二月六日には北条氏政が相模国津久井料千木良《ちぎら》（相模原市緑区）善勝寺に戦勝祈願の祈祷を命じた。二十二日には謙信が松山城に着陣し、ついで小田原城目指して進撃を開始した。二十五日に北条氏康が高橋郷左衛門尉に、蒔田《まいた》城（横浜市南区）の吉良頼康・氏朝父子が危ないので三浦郡浦賀城（横須賀市）に移す予定を変更して玉縄城（鎌倉市）に移す事とし、三〇〇人の軍勢と兵糧を用意させた。二十七日には謙信が鎌倉の鶴岡八幡宮に戦勝祈願の願文を掲げた。この頃の鎌倉は里見勢が乱入して動乱の最中で二十八日には氏政が鎌倉の円覚寺に、境内で不法を働くものを玉縄城の北条康成に申告させた。

二月には上杉謙信が多摩郡高尾山麓の小仏谷・椚田《くぬぎだ》谷（東京都八王子市）に制札を掲げて、関越軍勢の乱暴を禁止させた。この頃にはすでに上杉勢は相模国の相模川沿いに南下して小田原城を目指していた。三月二日には由井城の大石源三氏照が高尾山に椚田で寺領として三〇貫文を寄進した。三日に氏照が甲斐国上野原城（山梨県上野原市）の武田氏配下の加藤虎景に、謙信の本隊が相模国中筋に侵攻して当麻（相模原市南区）に着陣したので、武田信玄に加勢を早々に千木良口に寄越してほしいと懇願した。八日には北条氏政が相模国大山寺（伊勢原市）に、上杉勢が相模川沿いに進撃してくるため大山を堅固に守り、兵糧米も集める事と指示した。八日に北条康成が佐枝治部左衛門に、玉縄城での合戦の忠節を認めて相模国村岡（藤沢市）で知行を与えた。九日には北条氏康が治部左衛門に、里見勢が鎌倉の腰越浦に上陸してきた時に迎撃した戦功を賞し、感状を与えた。九日には里見義弘が鎌倉の妙本寺・禅興寺に制札を掲げ、里見勢の乱暴を禁止させた。十日には氏政が小幡泰清・仁杉《ひとすぎ》幸通に小田原城籠城の功で望みの知行を一か所与えると約束した。この日に信玄が甲斐国上野原城（山梨県上野原市）の加藤景忠を北条氏への加勢として由井（東京都八王子市）に派遣したが、無用と断られた。また、跡部《あとべ》長与《ながよ》を支援として小田原城に送ったとも伝えた。もはや、由井方面での上杉勢との戦闘は終わっていたとわかる。十三日には氏政が小田原城下の北方の風祭の法泉寺に、境内での北条勢の乱暴を禁止させた。翌十四日には氏政が大藤政信に、中郡大槻（秦野市）の合戦での戦功を認めて感状を与えた。十八日に氏政が伊勢廻船中・問屋中に、船に積載した米を北条氏が緊急に購入したいので、その代わりの米を後に伊豆国韮山城（静岡県伊豆の国市）で受け取るか、売却するかを御蔵奉行の安藤良整《りょうせい》と相談して決める事、協力してくれるならば木折銭を永代免除すると申し送った。二十日に氏政は武蔵国多摩郡の小田野周定に、敵の小荷駄隊をしばしば襲撃して荷物を略奪した功績を賞した。北条氏には、謙信との戦いで完全に兵糧米が払底していたと知れる。この頃には上杉勢本隊の小田原城攻囲は解かれていた。二十一日には古河公方の足利義氏が長崎土佐守に、下総国関宿城（千葉県野田市）への籠城の功を認めて感状を与えた。上杉勢の小田原侵攻に同調した佐竹氏の軍勢が、下総国方面に侵攻していた。翌二十二日には上杉方の太田資正が鎌倉の鶴岡八幡宮に制札を掲げ、境内での太田勢の乱暴狼藉を禁止させた。この頃には上杉謙信は鎌倉に着陣していたらしいが、病気であったらしく、文書をほとんど発給していない。二十四日に北条氏康が大藤政信に、二十二日の西郡曽我山（小田原市）・怒田山（南足柄市）での上杉勢との合戦での功績を賞した。いまだ小田原周辺には上杉勢の一部が在陣していたらしい。二十四日に北条宗哲が大藤政信に、北条方の今川氏真が近日中には出馬してくる事、信玄は甲斐国都留郡吉田（山梨県富士吉田市）まで進軍してきており、五日中には相模国河村城（山北町）に着陣する予定と知らせた。二十七日には謙信が下野国の那須資胤に、同調して同国榎本城（栃木県栃木市）を攻めてくれた礼を述べ、詳しい戦況は太田資正から知らせるとした。この三月には資正が武蔵国松山城、里見義堯が下総国葛西城を北条氏から奪回した。

永禄四年閏三月三日に里見義弘の家老の正木時茂が、鎌倉の妙本寺に禁制を掲げて里見勢の乱暴を禁止させた。九日には武蔵国金沢（横浜市金沢区）の称名寺に上杉勢が乱入して蔵を荒らしたと記録に残している。二十八日には北条氏政が相模国藤沢宿の森木工助に同宿の再興のため、塩あい物役を二年間に渡り、酒役は永代免除とした。藤沢宿が戦乱で大きな被害を受け、宿民は逃亡していたと想像できる。この閏三月には鎌倉の鶴岡八幡宮の社前で上杉謙信が上杉憲政から関東管領に任命された。その後、謙信は病である事から、早々に上野国方面へと帰国の途についた。

四月十三日には武田信玄が小山田信有に武蔵国由井方面の状況を問い合わせ、上杉謙信は現在は上野国草津温泉（群馬県草津町）で湯治していると述べ、上杉方の上野国衆は武田領の同国倉賀野（群馬県高崎市）の近くに陣を取っており、もしも何か異変があれば、すぐに参陣してほしいと伝えた。十六日には謙信が上野国沼田城（群馬県沼田市）の沼田万喜斎に伊香保温泉で湯治したので、近日中には帰国すると伝え廐橋城に向かった。北条方の沼田城は上杉方となり、沼田万喜斎が守っていた。

五月二十六日には北条氏康が武蔵国麻布（東京都港区）の善福寺に、一向宗徒が加賀国から越中国に侵攻して上杉謙信の背後を脅かしてくれた事に謝礼して、今後は関東において一向宗が教線を伸ばすのに協力すると伝えた。

六月二十一日には上杉謙信が関東から越後国に帰国していった。その直後には、下総国小金城（千葉県松戸市）の高城胤吉、武蔵国忍城（埼玉県行田市）の成田長泰、下野国佐野唐沢山城（栃木県佐野市）の佐野昌綱、上野国桐生城

（群馬県桐生市）の佐野氏、武蔵国崎西城（埼玉県加須市）の小田氏、武蔵国深谷城（埼玉県深谷市）の上杉氏等が上杉方を離反し、北条氏政に従属してきた。この状況から判断して、謙信の小田原攻めは、上杉軍には多くの関東国衆が参陣したが、統制力に欠けた烏合の衆であったため、小田原城を攻めたものの、何ら効力無く退散する事になったと思われる。

武蔵国岩付城の領有

永禄二年（一五五九）十二月二十三日に北条氏康が隠居し、嫡男の北条氏政が家督を継いで第四代当主に就任した。しかし、まだ若い氏政には後見人が必要であり、父親の氏康が後見役となった。ここに小田原城における二元政治体制が出現した。のちには氏政が主に国外へ出陣し、氏康は主に小田原城で分国支配に係わっていった。

永禄三年には上杉謙信が越後国から越山し、上野国に侵攻した。そのため、武蔵国・上野国の北条方の国衆が一斉に謙信に従属し、北条氏の武蔵方面の支配は、かなりの縮小をみた。武蔵国西南部の勝沼城（東京都青梅市）の三田綱定や岩付城（埼玉県さいたま市岩槻区）の太田資正が謙信に従属したことは、北条氏政にとっては相当の痛手であった。翌四年四月に氏政は、金子家長に三田綱定は上杉方に離反したが、家長は北条方に止まっている事に感激して入間郡金子郷（埼玉県入間市）を宛行った。四月には由井城（東京都八王子市）にいた由井源三（のちの北条氏照）が氏政の命令で綱定を攻略して追放し、由井源三が勝沼城に入部し、三田氏の旧領の三田領を支配した。六月には北条氏康が金子家長・充忠父子に入間郡・高麗郡内の一六ヶ村を与えており、三田領を収公して配分したとわかる。六月上旬に由井源三が、辛垣《からかい》城（青梅市）で最後の抵抗をしている綱定を攻略して滅ぼした。上野から武蔵国西部に侵攻した謙信が小田原城を攻めて鎌倉方面に退去した直後であった。しかし、七月十日の武田信玄書状には上野原城（山梨県上野原市）の加藤景忠に、氏康が由井に在陣し敵の三田氏とは三〇里程と述べている事から、三田氏が滅ぶのはこの後の事かもわからない。いずれにしろ、伝統ある国衆の綱定の滅亡は、武蔵国南西部に北条氏領が進捗する事になった。

同年七月二十五日には北条氏政が上杉勢と河越城（埼玉県川越市）近くの的場郷で合戦におよび、石川十郎左衛門尉・清田《せいだ》内蔵佐が氏政から感状を与えられた。石川十郎左衛門尉は武田信玄からの加勢衆である。二十七日には離反した岩付城の太田資正が道祖土《さいど》図書助に、北条方の上田案独斎と男衾郡赤浜の原（埼玉県寄居町）の合戦での忠節で感状を与えた。資正は武蔵国松山城（埼玉県吉見町）に入り、同六年二月まで在城していた。その後、上田案独斎が松山城の城主に就任する。上杉謙信の小田原城攻めの後に北条氏康父子の反撃が開始され、一度は北条氏を離反した武蔵国・上野国の国衆の多くが帰属してきた。帰属しない国衆は武力で成敗する方針であった。武蔵国北部の北条方の用土《ようど》業国は上野国南部で国衆の帰属に活躍し、氏政から知行を宛行われている。

十月五日に近衛前久が上杉謙信に、北条氏康が武蔵国に出陣して松山口に陣を進めてきたので、急いで出馬し越山してほしいと懇願した。十七日には氏康が斎藤八右衛門尉に、武蔵国秩父郡大宮谷・三沢谷での合戦の忠節を認め、三沢谷で知行二〇貫文を与えた。二十二日には北条氏政が上田衆の木呂子《きろこ》元忠に比企郡飯田村（埼玉県小鹿野町）での合戦の戦功の賞として太刀を贈呈した。十一月二十七日には氏政が武蔵国生山《なまのやま》（埼玉県本庄市）での上杉勢との合戦の忠節を認め、桜井左近等七人に感状を与えた。十二月三日には氏政が秩父郡高松城（埼玉県皆野町）に進撃し、同城の在城衆に開城を要求した。高松城の攻略は秩父郡制圧の鍵を握る大切な要素であった。十八日には天神山城（埼玉県長瀞町）の藤田乙千代（のちの北条氏邦）が、高松城の秩父衆に本知行を安堵している事から、これ以前には高松城は開城し、北条氏の領有となったとわかる。同城には用土業国が城将として入部した。のちには高松城は北条氏邦の鉢形城（埼玉県寄居町）の又支城として機能している。

永禄五年正月に北条氏康が下足立郡に出馬し、蕨（埼玉県蕨市）周辺に放火したので、太田資正が防戦に努めた。この時から暫くは北条氏康父子の武蔵国北部への侵攻はみられず、房総方面への対応に専念した。八月に入ると藤田氏邦が行動を起こして十二日には氏邦の家臣の南図書《みなみずしょのすけ》助が出浦小四郎に、日尾城（埼玉県小鹿野町）攻略の戦功を讃えて知行を与えた。九月には上杉謙信が太田資正・梶原政景父子に、先日約束した相模国への侵攻は越中国の出馬で将兵が疲労していて叶わず、来春には必ず上野国に越山するので、その折りには先陣を勤めてほしいと伝えた。その結果、十月二十日には北条氏政が河越城の清田蔵人佐に入間川台での十六日の合戦での戦功により感状を与え、十一月から二月にかけて北条・武田連合軍が松山城を攻囲し、上杉方の上杉憲勝を攻めた。対して壬生義雄が里見・太田・宇都宮の各氏と共に松山城への後詰めとして出陣した。

十一月上旬に北条氏政を驚愕させる事件が江戸城で起こった。それは江戸城将の一人で、最も重要な位置にいた北条氏康の養女の法性院を妻としていた太田康資が知行の件で北条氏に謀叛を起こし、里見義弘に従属してしまった。永禄二年の『小田原衆所領役帳』〈江戸衆〉の後半に太田新六郎と見え、康資の知行は九三一貫文、他に同心の知行分は四八八貫文の合計一四一九貫文の広大な知行地を拝領していた。この康資の謀叛で江戸衆の勢力は相当に減少する結果となった。康資は里見氏の家臣として、その後も活躍している。

永禄六年（一五六三）正月八日に上杉謙信が関宿城（千葉県野田市）の簗田晴助に、岩付城に移りたいが、松山城の守りが弱くなっているので進撃した、昨日は武蔵国深谷（埼玉県深谷市）周辺に放火し、今日は上野国高山（群馬県藤岡市）・小幡谷（群馬県甘楽町）方面を攻めるので急ぎ参陣してほしいと告げた。その後は北条氏康が松山城を攻囲し、二月四日には同城を攻略し上杉憲勝は降伏した。二月十七日に氏康が忍城（埼玉県行田市）の成田長泰家臣の手島高吉に、武蔵国崎西《きさい》城（埼玉県加須市）の後詰を命じ、地形等について打ち合わせたく布施康能・大草康盛を忍城に派遣した。しかし、四月には忍城の長泰が謙信に降伏して隠居し、嫡男の氏長も北条氏を離反した。八月六日に小田氏治が陸奥白河城の白川晴綱に、七月末に氏康が武蔵国大神（東京都昭島市）に進撃、その頃に同盟する駿河の今川氏真が小田原城に来訪し、二日に氏康と対談したと知らせた。九月十五日に太田資正が平岡孫六に、荒川端の長瀬（埼玉県寄居町）で北条勢の江戸衆を討ち取る戦功を認めて感謝し、同日に下野国の那須資矩が白川晴綱に氏康父子が四日に出馬して石戸（埼玉県北本市）・河越に陣所を据えたと知らせ、資正の岩付城に進撃する予定と知らせた。また、小田氏治・結城晴朝・小山秀綱と資矩との協力体制は深甚とも述べた。彼等は謙信に従属していた。

永禄七年（一五六四）六月六日に上野国館林城（群馬県館林市）の長尾景長が上杉氏家臣の河田長親に、北条氏康が下総国関宿城の簗田晴助を攻めたが抵抗が激しく撃退され、氏康は成田氏領に向かい、昨日から忍と久下の間の清水（埼玉県行田市）に在陣中と報じた。危険を感じた太田資正は、七月十七日に上杉謙信に越山は何時になるかと問い合わせている。二十三日に資正の下野国宇都宮（栃木県宇都宮市）に出陣中に、岩付城の嫡男の太田資房（妻は北条氏康娘の長林院）が氏康に内応し、資正と子の梶原政景を追放して岩付城の城主となった。岩付城は北条氏政の支城に編入され、北条氏の重要な支城として機能していった。資正父子は宇都宮城に移り、宇都宮広綱も氏政に敵対する事となる。

ここで岩付城のその後を紹介しておこう。歴代城主は資房の跡は太田源五郎―北条氏房と続いた。城主に就任した太田資房は一時的に隠居して道也と号したが、永禄七年十一月には北条氏の通字である氏の字を許されて氏資と名乗った。北条氏の一門と位置付けられたのである。父資正の岩付領を継承して支城支配を開始した。氏資の発給文書は城領支配開始の永禄七年八月から同十一年八月まで一九通が確認されている。内容は主に父資正から引き継いだ寺領や家臣の知行地の安堵状が多い。特に注目されるのは永禄七年十月十五日と同九年九月十七日の二通の印文未詳の朱印状で、北条氏の支城支配の特徴である支城主独自の朱印状の発給で、氏資の支城支配が確立したと理解される。しかし、氏資は同十年八月二十三日の上総国三船山（千葉県富津市）の合戦で北条氏政と共に出陣して里見義堯・義弘父子と合戦して討ち死にした。その後の岩付城領は北条氏の直轄地として在番衆が統治した。天正三年（一五七五）に氏政の次男国増丸が岩付城の城主に就任した。のちに太田源五郎と改名し、発給文書は天正八年八月から翌九年七月十七日まで一四通が確認されている。一三通は印文未詳の朱印状で岩付城領内に分布している。太田源五郎は翌十年七月八日に二〇歳前後と若くして死去した。その後は弟の氏房が継いで岩付城主に就任した。氏房の発給文書は天正十一年七月から十八年六月二十五日まで八一通の多くが確認され、その八割は「心簡剛《しんかんごう》」と読める大型丸印を捺印した朱印状で、氏房が集中的に岩付城領支配を推進した事がわかる。ただし、氏房は歴代岩付城主が太田姓を名乗っていたのにたいし、彼だけは北条氏房を名乗っており、氏房の頃には岩付領は完全に北条氏の支配する支城領になっていた。天正十八年四月の小田原合戦では氏房は小田原城に籠城し、岩付城は留守部隊が籠もって七月まで籠城戦を展開した。その後に氏房は豊臣秀吉に降伏して高野山に追放された。のちに赦免された氏房は豊臣秀吉の直臣となり、文禄元年（一五九二）に肥前国名護屋（佐賀県）で死去した。岩付城は徳川家康の持城となり、家康の家臣の高力《こうりき》清長が二万石で入部した。

房総の国衆との戦い

永禄三年（一五六〇）八月末の上杉謙信の関東越山の頃から、北条氏康の房総の里見義堯への攻撃が激化していた。義堯は謙信と同盟しており、謙信の越山に同調して房総平定の軍を起こしていたのが激化の原因となった。同年五月に氏康は上総国久留里城の義堯を攻めに北条宗哲を派遣した。十三日には宗哲が上総国高谷郷（千葉県袖ヶ浦市）に禁制を掲げて北条勢の乱暴を禁止させた。久留里城近くに向城を築いて攻撃し、これに対して義堯は謙信に救援を求めた。七月五日に北条氏政が武蔵国芝浦（東京都港区）の百姓に三浦郡浦賀城（横須賀市）の水軍の管理費用を賦課して房総への渡海水軍の費用とした。九月十九日には上杉憲政が義堯に、謙信が越山したので房総口の通行の用意を依頼した。これを受けて里見義弘が北条方の妙本寺砦（千葉県鋸南町）と金谷城（千葉県富津市）を攻略し、北条勢は敗走してしまった。

永禄四年三月に入ると上杉謙信の小田原攻めに呼応して里見義堯が鎌倉に乱入して荒し回った。この頃には小弓原氏配下で東金城（千葉県東金市）の酒井胤敏、小金城（千葉県松戸市）の高城胤吉、千葉氏配下の山室治部少輔が北条氏を離反して里見義弘に従属していた。翌閏三月十日に謙信は下総国古河城（茨城県古河市）の簗田晴助と同盟し協力を依頼した。古河公方の足利晴氏が嫡男藤氏を古河公方と認め、謙信も了承して藤氏を古河城に入れた。それに反対する北条氏康は晴氏の後室の芳春院（氏康の妹）の子の義氏を古河公方に立て関宿城に居城させていた。その芳春院は七月九日に死去した。八月には足利藤氏が古河公方として古河城に入り、謙信について下向した前関白の近衛前久も古河城に入り、簗田晴助が藤氏の取次を務めた。

四月二十五日には北条氏康が公方家臣の野田弘朝に関宿城（千葉県野田市）籠城の戦功を賞し、自身は下総国葛西城への攻囲のために江戸城に止まっていると伝えた。七月初旬に北条方の古河公方の足利義氏が、関宿城を出て高城胤吉の下総国小金城に移り、永禄六年には佐貫城（千葉県富津市）に移座している。

永禄五年（一五六二）正月十二日に下総国土気《とけ》城（千葉県千葉市緑区）の酒井胤治が、上総国真理谷《まりがやつ》城（千葉県君津市）城下の高谷（袖ヶ浦市）延命寺に制札を掲げ、真理谷武田領に侵攻した。この頃の胤治は反北条氏方であった。二月には北条氏政が、里見方の古河公方の足利藤氏の古河城を攻略し、簗田晴助が関宿城に復帰した。上杉謙信は上杉憲政と近衛前久を古河城から上野国廐橋城（群馬県前橋市）に引き取っている。この月には北条氏康が岩付太田氏の下総国葛西城を攻略したが、四月には里見方に奪還されており、四月二十四日に氏康が江戸衆の太田資康と共に、再び葛西城を攻略した。

　永禄六年十二月二十五日に北条方の千葉胤富が慶増志摩守に、原胤貞・酒井胤治・高城胤辰も里見攻めに加勢してくれると伝えた。これら国衆は全て北条氏政に従属していた。閏十二月二十七日に上杉謙信が里見義尭に、北条氏康は武蔵国松山城に在城中と伝え義尭に参陣を求めた。義尭・義弘父子は同年末に下総国国府台（千葉県市川市）に着陣した。翌七年正月八日に第二次国府台合戦が起こり、氏政が大勝し里見勢は敗走して安房国に退去し、房総での支配権を一時的に失った。この第二次国府台合戦については項を改めて次に詳述したい。

　永禄七年五月十六日に北条氏の宿老の松田憲秀が、下総国臼井城（千葉県佐倉市）の原胤貞に東金城《とうがね》（千葉県東金市）の酒井胤敏が帰城して北条氏政に従属したと知らせた。反対に土気城の酒井胤治が、上杉謙信に従属した。この頃から憲秀が主に房総の国衆と北条氏との取次を務める事になる。七月末には氏政が正木時忠への支援として上総国に侵攻し里見方の佐貫城を攻略したが、ほどなく里見義尭が奪還し里見義弘が在城した。これ以前から佐貫城を御座所としていた古河公方の足利義氏は、八月には北条氏の計らいで鎌倉に御座所を移していた。十二月十三日には勝浦城（千葉県勝浦市）の正木頼忠・時通父子が里見氏を離反して氏政に従属してきた。

　永禄八年（一五六五）二月十二日に北条氏康が下総国土気城の酒井胤治を攻めたが、臼井衆が胤治に加勢して翌日に氏康が敗走した。三月二日に北条氏政が関宿城の簗田持助を攻めたが四日には退去した。これを第一次関宿合戦と呼ぶ。六日には再び氏政が関宿城の攻めたが持助が城下に北条勢を引き入れて撃破し、氏政は敗北して退去した。氏政は五月二十四日にかけて執拗に関宿城を攻めたが、攻略する事はできなかった。八月二十日に北条方の本佐倉城（千葉県酒々井町）の千葉胤富が嫡男邦胤の妻に氏政の娘芳桂院を貰い受けたいと要請した。この様な情勢から同年末には里見義尭父子の反撃が房総全域で開始された。

永禄九年二月から三月にかけて上杉謙信が里見義堯の要請で下総国に侵攻し、北条方の高城胤辰の小金城、三月九日には小弓原胤貞の臼井城を攻めたが二十五日に大敗北して退却した。

この臼井城の敗北は、関東の国衆に上杉勢は弱くて頼りにならずとの評判を植えつけてしまった。反対に勝利した北条氏政は、これ以後は積極的に下野国から常陸国方面へと侵攻していく事となる。五月十三日に北条氏照が正木時忠に、小田氏治・結城晴朝・小山秀綱・宇都宮広綱が上杉方から北条氏に従属したと知らせた。閏八月には両皆川・由良成繁・成田氏長等が北条氏に従属し、年末頃には関宿城の簗田晴助・持助父子が北条氏政に従属する交渉を開始し、翌十年四月には従属した。

永禄十年八月には北条氏政が上総国に侵攻し、激しさを増した里見氏の攻撃で窮した正木時忠の救援に向かった。この軍勢には玉縄城の北条綱成配下の水軍が東京湾を渡海して房総に侵攻し活躍した。里見義堯の久留里城（千葉県君津市）を攻めたが、二十三日には三船台（君津市と富津市の境）の合戦では北条方の太田氏資が里見勢に敗北して討ち死にした。この直後には北条氏に友好的であった常陸国の佐竹義重が離反し、十一月には上杉謙信と同盟して氏政と敵対した。十一月九日に北条氏康は水軍大将の梶原景宗・愛洲・橋本・安宅《あたぎ》氏等に、昨日の里見義弘の相模国三崎（三浦市）への侵攻に防戦して撃退した戦功を認めて感状を約束した。

永禄十一年（一五六八）五月から十一月の間に北条氏照が下総国栗橋城（茨城県五霞町）に入部し、反逆した関宿城の簗田晴助への攻撃が可能となった。十月中旬には北条氏政が関宿城への向城を二か所構築した。第二次関宿合戦の開始である。

永禄十二年正月中旬に北条氏政と里見義弘が一時的に和睦したため、関宿城への向城の山王山砦（茨城県五霞町）の北条氏照が小田原城へ撤退した。激しい対戦に両軍共に疲労が募ったためである。この隙に上杉謙信が関宿城の救援として佐竹勢と共に北条方の常陸国の小田氏治を攻撃し、二月五日に海老島城（茨城県筑西市）を攻略した。この頃には再び氏政と里見氏は抗争に入り、里見勢が下総国市川（千葉県市川市）方面に侵攻し、北条方の江戸衆と岩付衆が迎撃に向かった。里見勢は退散していった。

この頃には、前年末から武田信玄が甲駿相三国同盟を破棄して駿河国の今川氏真を攻めたので、怒った北条氏康父子は氏真を救援せんとして伊豆から駿河国に侵攻し、信玄との全面戦争に突入した。北条氏は里見氏と武田氏との二方面作戦に直面したのである。

第二次国府台の合戦

永禄六年二月に里見義堯が上杉謙信に、再び越山して義堯に参陣を要請されれば、下総国市川表（千葉県市川市）に陣取る事を約束した。十一月二十三日には謙信が越山し、義堯に北条氏政と決戦を交えるから参陣の準備をしてほしいと伝えた。閏十二月二十七日には謙信が里見義堯・義弘父子に、北条氏康は武蔵国松山城に在城していると伝え、義堯に相談したい事があるので、出馬を要請した。同年末には要請に答えて義堯父子が下総国国府台に着陣した。実は義堯は葛西城の攻略を主目的に据えて国府台に着陣していた。

永禄七年（一五六四）正月一日に北条氏康は太田康宗と恒岡《つねおか》弾正忠に、下総国葛西城（東京都葛飾区）に里見勢が迫ってきたため、江戸城将の太田康資が里見方に寝返ってしまい、葛西城に康資の家臣が紛れこまない様に注意させた。さらに江戸城に葛西城の武士の人質を入れて江戸城主の北条康元に渡し、康宗と弾正忠は江戸城の中城に入れて忠節を尽くさせた。四日には氏康が伊豆衆の秩父次郎左衛門と西原源太に、里見勢は六〇〇人程で市川に陣取り岩付城に兵糧米を送り込む用意をしているが値段の折り合いがつかず滞っている。江戸衆と小金城の高城胤吉からは、この兵糧米を略奪したがよかろうと言って来ているので、各衆は明日の昼以前に小田原城に駆けつけてほしいと伝えた。五日には氏康が出馬するので伊豆衆は具足を着けて腰兵糧を用意して参陣せよ。兵糧の都合がつかなければ小田原城で借りてよい。三日の用意で短期決戦であるから、陣夫の必要はない。馬に乗って必ず明日昼以前に小田原城に参着せよ。土屋氏や太田氏にも伝えてあると細かく指示した。氏康が短期決戦を決心したのは、常陸国で小田氏治を攻めている上杉謙信が進撃してくるのを避けるためであった。北条勢は氏康の本隊に江戸衆の遠山綱景・隼人佐父子、玉縄衆の北条綱成、小田原衆の松田憲秀、それに北条氏政・北条氏照が参陣していた。里見勢には里見義堯・義弘父子、岩付城の太田資正、里見家臣の太田康資等が参陣した。

正月七日に両軍は江戸川河畔の国府台城の近くで激突し、予想外の大合戦となった。初日は里見氏が勝利したが、しかし，翌八日には里見勢の勝利した油断をついて北条勢が反撃に転じた。混戦の中で北条方では江戸城代の遠山綱景・隼人佐父子や富永康景等の重臣はじめ、宅間《たくま》房成・蔭山忠広・山角定吉等が次々と討ち死にした。里見勢も相当の被害を出し、里見勢主力の小田喜城の正木信茂が討ち死にした結果、市川から船橋（千葉県船橋市）方面に敗走した。下総国海上長谷新城も落城し、在城衆は上総国一宮城（千葉県一宮町）に退去した。この頃には勝浦城（千葉県勝浦市）の正木頼忠・時通父子が、里見義堯を離反して北条氏康に従属した。義堯の葛西城攻めは断念され、以後は葛西領は北条氏の支配するところとなった。

十四日に北条氏政が小金領の国分郷（千葉県市川市）に制札を掲げて北条勢の乱暴を禁止させた。同日に古河公方の足利義氏が岩付衆の太田康宗に下野守の受領を与えた。康宗は太田資正の家臣であったが、すでに北条氏康に属して国府台合戦では北条氏に属して功績を挙げていた。十五日には北条氏政は葛飾八幡宮や意富比《おおひ》神社・中山法華経寺等の市川周辺の寺社に制札を掲げて、軍勢の乱暴を禁止させており、この地を掌握した。この様に北条氏康父子は、しばらく

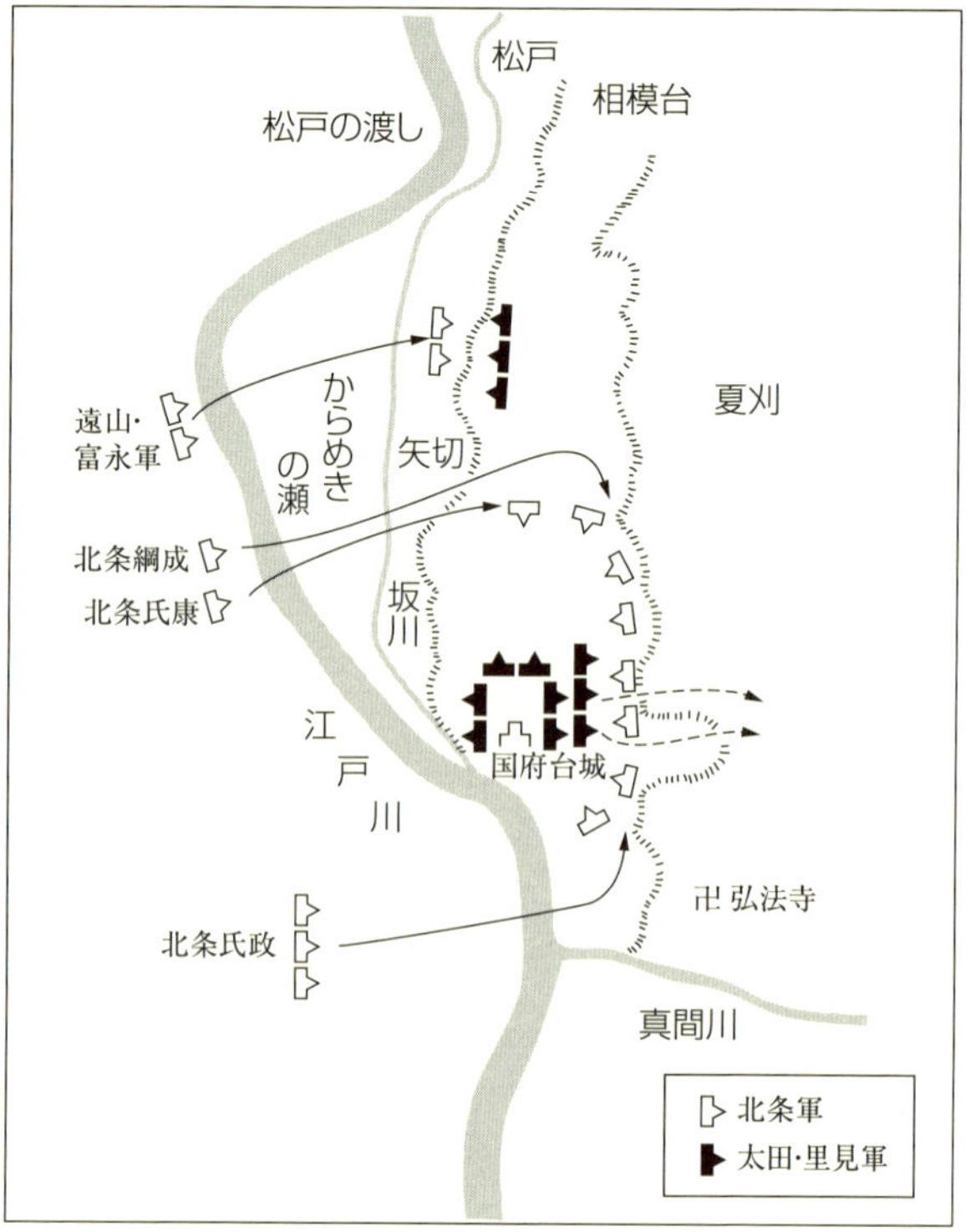

永禄7年正月、第二次国府台の合戦関係図
『戦国合戦大事典〈二〉』より。（一部修正）

市川・船橋の周辺に止まってから里見領の上総国に進撃したが、短期間で兵を引いて帰国した。二月二十八日には北条氏照が国府台合戦の戦功の賞として神田将高・小針小次郎・菅沼六兵衛丞に感状を与えた。すべて氏照の側近衆である。

この合戦の結果として、房総の国衆の多くが里見方を離反して北条氏康に従属した事は確かであった。勝浦城の正木頼忠・時通父子の離反は里見氏にとっては大変な痛手であった。それによって上総国東部は、ほぼ北条氏康の支配する地となり、真理谷武田氏の旧領も北条方の小弓原氏が入部して、北条領となった。

五月十六日には松田憲秀が臼井城（千葉県佐倉市）の原胤貞に、東金城（千葉県東金市）の酒井胤敏の帰属と証文の交換、高城胤吉・酒井胤敏との友好につくすべしと伝えた。これに対して酒井胤敏と抗争している土気《とけ》城（千葉県千葉市緑区）の酒井胤治が、里見義弘に従属した。上杉謙信は五月六日には太田資正の子の梶原政景に、酒井胤治が味方についたと伝えている。岩付城（埼玉県さいたま市岩槻区）の太田資正は国府台の合戦後は里見義堯に庇護されて房総に逃れていたが、酒井胤治の努力でようやく岩付城に帰国した。しかし、七月には嫡男の太田氏資により、岩付城を追放されて常陸国の佐竹義昭の許に庇護され、北条氏への抗戦を続けることとなる。

以上の如く第二次国府台の合戦の結果として、北条氏康父子の房総方面の支配地は上総国・下総国のほぼ全域に及び、里見義堯父子は安房国のみを支配するという結果となった。

第四章　上杉謙信・武田信玄と戦う、北条氏政

北条《ほうじょう》 氏政《うじまさ》

天文七年（一五三八）～天正十八年（一五九〇）。氏康の嫡男で第四代北条氏当主。氏康が隠居した永禄二年（一五五九）末に家督を譲与され第四代当主となる。文書の初見は弘治元年（一五五五）末で、家督相続以前に六通の文書を発給している。氏政の時代の前期は上杉謙信との抗争と謙信に従属した武蔵・上野方面の国衆への討伐に費された。永禄四年には弟氏照が青梅（東京都青梅市）の三田綱定を攻略し三田領が北条領となった。同年十二月には弟氏邦が花園領の藤田泰邦を攻略し武蔵国のほぼ全域が氏政の分国となった。房総方面では里見義堯が謙信に味方して氏政に敵対していたが、同七年正月に市川（千葉県市川市）の第二次国府台の合戦で里見方を破り上総・下総両国を領有することに成功した。その後に武蔵岩付城（埼玉県さいたま市）の太田氏資が氏政に従属したため、武蔵国の支配は安定していった。同九年には忍城（埼玉県行田市）の成田氏や下野小山秀綱、常陸小田氏治、下総結城晴朝、下野宇都宮広綱等が謙信を離反して氏政に従属してきた。同年末には上野国の富岡氏・毛利氏・長尾氏等も氏政に陸続と従属してきたため、謙信の関東攻めは失敗することとなった。氏政は武田信玄と協力して上野方面に進撃していったが、永禄十一年十一月に突如として信玄が今川氏真の駿河国に侵攻して相甲駿三国同盟を破棄したため、氏政は今川氏を支援することに決し信玄と断交、長年の宿敵である上杉謙信との同盟に踏み切った。氏政を信頼していない謙信との交渉は難航したが同十二年には同盟は成立し相越同盟が締結された。信玄は氏政と敵対し同年九月に小田原城を攻め、甲斐国への帰路の三増峠（神奈川県愛川町）で氏照等の北条勢を撃破した。しかし、元亀二年（一五七一）に氏康が死去すると相越同盟は崩壊して氏政は再び信玄と同盟し謙信と戦う状況となった。この抗争は天正六年（一五七八）三月の謙信の死去まで続いた。信玄は元亀四年四月に死去し、嫡男勝頼が継いで氏政との同盟は続いていた。天正六年には氏政と抗争する佐竹義重が結城晴朝・那須資胤・宇都宮広綱等と同盟して反北条同盟を結成させ京都の織田信長と交渉することとなった。対して氏政も信長に接近し同八年八月には隠居して嫡男氏直に家督を譲与し、氏直を後見することとなった。隠居印として「有效」朱印を使用した。

第一節　完成した支城支配

小田原城の普請と管理

永禄二年（一五五九）の家督相続で北条氏康から第四代小田原城の当主に就任した北条氏政は、同七年正月の第二次国府台の合戦の勝利により上総国・下総国に領国を拡大する事に成功した。小田原城を中心に同心円的に配置された支城網も伊豆・相模・武蔵三ヶ国の、北条氏の本国領には、伊豆国の韮山城、相模国では田原城・津久井城・玉縄城・三崎城、武蔵国は小机城・江戸城・葛西城・河越城・由井城・岩付城・天神山城等が重要支城として支城領支配を開始していた。

ここでは、この支城網の中心であり、北条氏の本城である小田原城の管理運営について述べておこう。小田原城の普請についての関係文書の初見は存外と遅く、永禄九年（一五六六）六月に初見される。この文書によれば相模国西郡の郡代の石巻家貞に、西郡域の各郷村から小触口《こふれぐち》の通達により合計一二二五人の人足を徴用し、鍬ともっこを用意させて城下の柳小路に集合させ、十五日の夜明けから普請工事を開始させた。もし遅刻した者は罰則普請として倍の日数を働かせた。当文書には徴用日数の記載が見えないが、のちの普請関係文書には一人一〇日とあるから、実働は一〇日間であろう。翌十年五月には小田原城の周囲の城門の橋を全て木橋に直して架橋させるため、伊豆国の番匠に工事を命じている。担当奉行は小田原城の家財奉行を務める大草康盛であった。永禄十二年八月には相模国中郡の徳延郷《とくのべ》（平塚市）に小田原城の普請を命じた。武田信玄の小田原城攻めの直前である。この普請役は大普請人足と記されているから、年間に郷高二〇貫文に一人の割で賦課される大普請役の適応であるとわかる。一人の実働日数は年間一〇日間と決められていた。同年十一月には相模国東郡の磯辺郷（相模原市南区）に普請人足が賦課され、城下の柳小路に集合させ一〇日間の使役を命じられた。この時には、武田信玄の小田原城攻めのために伊豆・相模・武蔵三ヶ国の城々が荒廃したため、普段は普請人足の賦課を免除されている寺社領までも一斉に賦課して修築した。これらの人足を人足奉行に渡して一〇日間の普請に従事させた。城下の柳小路は各地から集まる普請人足の集合地であった。もしも、欠勤した場合には罰則として五日間を増加して働かされた。そのために各郷村から賦課された普請人足には手代（監督官）一人を付けて派遣し、毎朝の員数点呼を行い人足奉行に員数を報告する義務を課せられていた。元亀元年（一五七〇）二月には中郡虫窪（大磯町）に前記同様に普請役を賦課し、その人足には普請の他に駿河国深沢城（静岡県御殿場市）に城米を運搬する人足役も賦課されている。深沢城には松田憲秀と玉縄城の北条綱成が籠城して武田信玄の大軍と対峙していたから、その城内への兵糧米搬入は、危険このうえない任務であった。普請役は小田原城の修築以外にも賦課され使役されたとわかる。同三年五月には小田原城下の大手門に所在した松原神社の掃除役も務めさせられた。この役は城下の欄干橋から船方村の間の町人に賦課され、毎月の総曲輪の掃除役も城下町人の義務であった。毎朝夕の掃除も西光院・玉滝坊の監視の許に行われた。今日の我々から見ても小田原城下は清掃の行き届いた清潔な都市であったと想像させる。この様な小田原城と城下の普請・清掃役賦課は天正十八年（一五九〇）七月の北条氏滅亡まで、文書には永禄九年から十二年まで五回、元亀・天正年間には一四回も見られた。近年は小田原城の発掘作業が盛んに進められ、近世の小田原城の地下から戦国時代の北条氏時代の小田原城が姿を表しているが、その曲輪の堀から、北条氏が得意の技法と言われる畝堀《うねぼり》と障子堀が出土して、何回もの普請工事の成果を、現在でも読み取ることができる。

つぎに、この北条氏の本拠の小田原城の管理運営はどの様なものであったのか。文書を中心に紹介してみよう。小田原城にいた武士たちは、永禄二年（一五五九）の『小田原衆所領役帳』に見えている。軍団単位で記載されており、筆頭は松田憲秀の引率する小田原衆で、憲秀を頭に大草加賀守・南条綱良・板部岡康雄・松田康隆・篠窪民部丞・布施康朝・布施康能・遠山康光等の三〇人。ついで北条氏康・氏政の側近衆である御馬廻衆《おうままわりしゅう》が二軍団おり、山角康定を頭に笠原康明・藤田綱高・松田康長等の一六人。三番目は石巻家貞を頭に伊東政世・狩野泰光・岩本定次・山角定勝・関為清・大草康盛等の七六人の、合計一二二武士集団がいた。彼等は小田原城中の守備部隊長であり、本城の諸部門の管理役人として各部署を監督管理していた。大草康盛は家財台所奉行を務め、安藤良整は御蔵奉行で、人足役総括奉行でもあった。知行役高は低くても、重要な部局を預かる者も見られ、御馬廻衆の久保孫兵衛は知行役高は三〇貫文ながら台所奉行であるし、内村神三郎も二二貫文で台所奉行を務めていた。岡本政秀は六〇貫文で門松奉行、のちに築城・普請奉行を務めた。七貫七〇〇文の坂田某は氏康室の御物奉行であった。また、北条氏一門が支城主として転出する時に随伴して支城に移り、支城主の側近衆として支城支配に関与する者も、この御馬廻衆から多く輩出した。北条氏照の由井領支配の初期奉行人の横地吉信や布施氏は、もとは小田原城の奉行人であった。これらの他には職人衆を支配した須藤盛永がおり、職人奉行を務めた。ここに挙げたのは知行役高の高い重臣であるが、実名を見ると板部岡康雄・松田康隆・布施康朝・布施康能・遠山康光・山角康定・笠原康明・松田康長・大草康盛と北条氏康の康の一字を拝領した者が多く、彼等は氏康の側近から重臣に取り立てられた者が小田原城の武士たちの中核を成していたとわかる。しかも、小田原城の官僚組織が、氏康から北条氏政への家督譲渡の永禄年間初期に組織されて確立したと言えるであろう。これら本城の官僚の一団から、各支城の側近家臣として転出した者が、本城での実務経験を生かして支城支配に臨んだ事は、支城主にとっては本城の施策を支城支配に生かす結果となり、彼等は支城網の確立に大いに貢献したのであった。

城の配置と造り方

前述したが、小田原城を中心として北条氏康の時代には、伊豆・相模・武蔵三か国の支城網が完成された。その城主には基本的には北条氏一門や姻戚関係のある重臣が就任して守備する体制となる。従来からの国衆がそのまま城主として存続したのは、相模国北端部の津久井城（相模原市緑区）の内藤康行・綱秀父子だけである。北条氏の基本理念としては、旧来の国衆に重要支城の統治をそのまま安堵することはせず、北条氏との姻戚関係を持つ者か、伊勢宗瑞以来の古参家臣の系譜を引く者に統治させる方針を固守したと言える。但し、北条氏に従属した国衆の重臣が守る城は、重要支城の又支城として存続させる事は認めていた。例えば北条氏照の由井城（東京都八王子市）の又支城の小田野城は、小田野周定の城で、氏照が家督相続した国衆の大石綱周の重臣であった。氏照が由井城に入った永禄二年（一五五九）には小田野周定は氏照の家臣として活躍し、上杉謙信の侵攻した永禄四年には周定は小田野城に籠もって戦った。以後も、そのまま氏照の家臣として小田野城に居城している。

この様に、北条氏の重要支城の周辺には、在来の国衆の家臣の城や館がそのまま又支城として多く存在し、重要支城への守りを固めていた。また、国境や河川の渡河地点の交通の要衝には城や砦が構築されて守りを固めていた。北条氏照の場合でみれば、氏照の支配する由井領と太田氏資の岩付領との境になる柳瀬川の岸には滝ノ城（＝本郷城・埼玉県所沢市）があって領境を警備していた。また、由井領の南端の三輪（東京都町田市）の沢山城も領境の城である。これらの城の城主は不明であるが、滝ノ城については永禄七年五月の氏照朱印状に「境目大切の番所」とある清戸番所（東京都清瀬市）の事と言われている。清戸は滝ノ城の柳瀬川の対岸に当たる。その番所への在番衆の交替命令書である。沢山城については年代未詳の二月二十六日の北条氏照朱印状に、広袴《ひろばかま》郷（町田市）の百姓に郷内の馬を集めて三輪の大石筑前守に城米を搬入せよと命じている。三輪は沢山城の事と思われる。同城からは焼米が大量に発掘されており、沢山城には米蔵があったとわかる。城主は大石筑前守の可能性もある。筑前守は氏照の側近家臣で、城の普請奉行も務めているから、もしくはこの文書が発給された時は、沢山城を構築していた時期のため、普請人足の炊飯用の米の集積であったとも考えられる。

滝ノ城と沢山城の場合には、たまたま関係文書が確認されたから北条氏照の管轄する又支城と判明したが、まったく誰の管轄した城か判明しない小城も、北条氏領内には多く存在している。例えば相模国東郡深見（大和市）の一の関城山（別名は深見城）の場合には大和市下鶴間と横浜市瀬谷区との境の境川の段丘上に位置していて、遺構は土塁や堀址が明確に残っており、曲輪の配置や虎口の形状から戦国時代の城址と思われる。規模もかなり大きい。北条氏が上杉氏との合戦で使用した城らしいが、まったく文書には記載が発見されていない。

同じ横浜市の港北区篠原町の篠原城も金子出雲守の城と伝承されてきたのみの不明な小城であった。しかし、近年の発掘調査によって堀と土塁が出土し、城址と確認された。しかも、城址近くの長福寺の薬師如来像の胎内から文禄四年（一五九五）の木札が発見され、そこには「名主、金子出泉守・同大炊助」と記されていた。金子出泉守については、永禄二年の『小田原衆所領役帳』〈小机衆〉の筆頭の小机城主の北条三郎時長（北条宗哲の嫡男）の家臣に元は成田衆の知行を領し、「三五貫文　篠原代官、金子出雲」と見えている。戦国時代には篠原郷の代官で、室町時代の元の領主であった成田三河守の家臣であった。その金子出雲は、子孫も代々出雲守の受領を称して北条三郎の小机衆に編入されてて篠原郷の代官を務めた。その居館が篠原城であった。篠原城は小机城の又支城となる。しかも城主は元の国衆の成田三河守の家臣であった金子出雲守の子孫が、北条氏から認められて最後まで城主を務め、戦国時代末期の文禄四年には篠原郷の名主職を務めていたと判明した。深見城や篠原城の如き小城は北条氏領内には数多く存在したと思われ、今後の研究が待たれるところである。

　これらの城は、北条氏が関東に入部する以前から存在した国衆の城もあり、新たに北条氏が築城した新規の城も存在したが、その多くは旧来の国衆の居城を北条氏が収公し、修築して使用したものである。新規に築城した重要支城では、伊豆国韮山城、相模国三崎城くらいで、小田原城を始めとしてその他の玉縄城・津久井城・小机城・江戸城・河越城・松山城・由井城・天神山城等の相武の重要支城は、すべて旧来の国衆の城を修築して使用した。これが北条氏の支城配置の基本理念であった。

　では、この様な城の修築はどの様にして行われたのであろうか。その方法を解明させる貴重な史料が、普請奉行を務めた岡本政秀の関係文書として二〇通が確認されている。この文書を参考にして北条氏の城の修築方法を紹介してみよう。岡本政秀は北条氏康の時代から史料に出現する。永禄二年（一五五九）の『小田原衆所領役帳』〈御馬廻衆〉に属した下級武士で、相模国東郡吉岡（綾瀬市）の知行主として六〇貫文の知行役高で見えている。小田原城の重臣の石巻家貞の家臣であった。同七年十二月には小田原城下の門松奉行を務めている。同十二年七月には駿河国へ侵攻して武田信玄と戦い、戦功を挙げて北条氏政から一〇貫文の知行加増を受け七〇貫文の知行高となった。元亀二年（一五七一）三月には政秀は普請役を務めたため五間分の棟別銭免除を受けた。この頃から普請役に関わってくる。同年七月には吉岡の知行六〇貫文に七人の軍役を懸けられ、他に小田原城から扶持給を受けて四人分の一騎《いっき》合衆《あいしゅう》、合計八人を付けられ一四人の家臣を引率する事となった。翌三年五月には氏政が政秀を小田原城下の掃除人足役の奉行に任命し、松原神社の境内や周囲の土塁・堀の清掃も念を入れて作業させた。

　天正九年（一五八一）八月には北条氏政が岡本政秀に、駿河国戸倉城（静岡県清水町）の普請について、狩野川の対岸から見て目測で必要箇所を判断して普請見積書を提出せよと命じた。政秀が相当の普請技術を習得した普請奉行であるとわかる。同年八月には氏政が政秀に相模国新城（山北町）の普請を命じ、四〇〇人の人足で五日間を使役して次の普請人足に渡させた。年未詳七月十四日の新城城主の北条氏忠の命令では政秀に五九八人の普請人足を三〇〇人は山角康定に配分させた。残り二九八人は箱根人足とある。翌十年七月二十四日には政秀が北条氏政に津久井城（相模原市緑区）の普請見積書を提出したところ、実に未熟な普請方法との指摘を受けて再提出を命じられた。氏政の激怒を買った点は、山城形式の津久井城の山頂の曲輪の土塁や井戸の修築に専念して、敵襲を受けやすい山麓の曲輪の普請が疎かであること、小田原城にも無いような瀟洒な門を造営するなど、戦国乱世の城としては不必要な箇所が目立つとの指摘であった。このことから北条氏の城の修築の基本理念は、まったく実戦本位の城の完成であり、瀟洒な要素は認めていないと判明する。さらに注目すべき点は、津久井城は在来の国衆である内藤綱秀の居城であるが、天正年間には完全に北条氏直の支城として直接支配下に置かれている事である。北条氏の御馬廻衆の岡本政秀が普請奉行を務めており、内藤氏の意見よりも北条氏政の意志が重要に扱われている事に気付くのである。内藤綱秀とその家臣は完全に北条氏に内包されていたのである。津久井城の普請については年未詳二月二十七日には北条氏康が内藤氏の家臣の野口喜兵衛に、人足四〇人を使役して堀の修築をさせたところ不備が目立ち、やり直しを命じた。その不備とは堀の内面の傾斜が緩いことと堀の幅が狭い事に起因していた。そのために武士である一騎合衆を一〇〇人も投入してやり直させている。確かに北条氏の城の堀の内壁は垂直に近い角度をもっているものが少なくない。

当時の城の部材はどの様なものを使用していたのかを見てみよう。永禄六年六月の北条氏の朱印状では、玉縄城（鎌倉市）の城塀には長さ五間について、男柱が五本で材は栗の木で廻り一尺三寸・長さは九尺、小尺木は一五本で長さは七尺、間渡しの竹は一〇本で太さは七尺、大和竹は二〇束、縄三〇房、萱二〇把、莚三〇把が必要であった。塀の厚さは八寸で、中に石混じりの赤土を固く突き固めて作事した。人足割は塀一間分を四人で仕上げ、五間では二〇人になり、一日で仕上げる事と命令された。瓦一枚、釘一本使用しておらず、屋根は萱葺きであった。この様な城のため五年に一度は修築する必要があったのである。部材は人足が提供し持参する規則で、材料費は郷村の税金である懸銭から引かれた。

在番衆と一騎合衆

北条氏の城郭管理の実際を示す恰好の史料は、城中掟と在番衆掟であろう。城中掟は在城衆の城管理の掟書で、城中法の事である。在番衆掟とは、他の城の軍勢が期間を決めて当該城の警護を行う在番衆の城中法である。北条氏の城では、守備兵力の少ない城、もしくは敵襲に会いやすい城に、他の城から加勢として組分けにした軍勢を在城期間を決めて輪番で派遣する方法を採用した。

最初に城の城兵が守るべき城中法の紹介をしておこう。天正三年（一五七五）三月に北条氏政が北条氏忠に与えた某城の小曲輪に関する城中法では、最初に小曲輪内の虎口《こぐち》（出入口）の門の警護の員数を四六人と規定した。ついで七か条の城内規則を列記した。第一条は、門の開け閉めについて、朝は明け六つ（午前六時）太鼓を合図に、日の出を確認してから開門し、夕方の閉門は暮六つ（午後六時）の入会の鐘を合図とした。もしも、拠無い時間外の外出については、小曲輪の隊長に申告して許可を得てからすること。第二条は、小曲輪の掃除は毎日厳密に行い、小曲輪の竹木は伐採しないこと。第三条は、警護の侍が病気などで欠勤する時には、たとえ代理人を出すにしても、必ず城主の北条氏忠に申告させること。第四条は、夜中の警備については暮六つ（午後六時）から不寝番を立てて見回りさせ、土塁廻りを厳守させる事、その時には堀際の芝草を踏み崩すことなく注意させる事。第五条は、槍・弓・鉄砲等の武器と具足や兜の武具も曲輪内に整理して置いておく事。第六条は、曲輪内の警護侍で不法を行う者は、容赦なく書きつけて北条氏忠に申告せよ、褒美を採らせる。第七条は、日中における警護侍の休息の規定で、朝の五つ（午前八時）太鼓から八つ（午後二時）太鼓の間に曲輪から上がって一刻（二時間）ずつ交替で休息してよいとした。実に細かい規定であるが、特に時刻をきめて整然と城が運営されている事がわかる貴重な文書である。

この城の運営と時刻については、普請中の江戸城（東京都千代田区）の規定が残っている。天正五年（一五七七）六月の北条氏政の江戸城の夏普請の時の江戸衆に宛てた六か条の規定書である。第一条は、六月二十七日に普請人足を集め翌日から普請を開始せよ、七月八日までの普請期間であるから一日に四八二人、一〇日間で四八二〇人の使役である。第二条は、朝は六つ太鼓を合図に奉行衆が普請庭に出て、二回に渡り人足の員数点呼をすること。第三条は、普請人足は夜明けに普請庭に出て普請を開始し、晩は入会の鐘を合図に上がる事。第四条は、朝の五つ太鼓を聞いても普請庭に来ない人足は、不参帳（欠勤簿）に記載し、普請が終わってから北条氏の指令を受ける事等である。普請工事中も曲輪内は時刻によって整然と運営されていた。

江戸城の規定は郷村百姓に賦課された普請人足への規定であるが、北条氏の城には城中の侍衆にも普請役が賦課されていた。天正十四年三月の北条氏邦朱印状では、鉢形城（埼玉県寄居町）の秩父孫次郎が守備する秩父曲輪の普請について規定した。秩父曲輪は周囲一七四間あるが、その内の半分は秩父孫次郎が普請役を請け負い、残りは秩父氏配下の小国衆の侍たち二四人に平均二間分ずつに配分して普請させた。秩父曲輪の虎口は四か所であった。北条氏の軍勢の出撃には、侍衆はかならず鶴はし等の普請道具の携帯を義務づけられていた。これは主に道路の整備や陣城等の構築に使用されたのであろう。

つぎに、兵員不足の城に加勢として輪番で在城した在番衆に対する城中掟を分析してみよう。まず天正九年六月の北条氏直の浜居場城《はまいば》（南足柄市）に関する在番衆への城中掟である。この浜居場城は足柄城（南足柄市）の又支城で箱根外輪山の峰にあり、甲斐国の武田領との国境にあたる。五か条に渡る規定で、第一条は、城の西方へは人の出入りを禁止し、草木を伐採する時には城の東方でする事、在番衆が自然に城の西方で伐採した時には小田原城に申告する事。西方は武田領に接していた。第二条は、人馬の糞尿は毎日城の外に捨て、城内を清潔にしておく事、捨てる場所は遠矢で一本ほどの遠距離にする事。第三条は、在番衆は一切城から出てはならない。鹿や狸の捕獲のために山中に入る者は、逮捕して死罪とし部隊長も重罪とする。第四条は、昼夜に渡り櫓に警備兵を置き、城から脱走する者を見つけたら褒美を与える。第五条は、夜中の警備を厳重にし、敵の夜襲に警戒せよとした。同日にはもう一通の掟書が氏直から浜居場城に発給され、同城と足柄城との間の道は閉鎖し、北条氏のみが使用する引橋を架けておき、普段は橋を外して通行を遮断させる。引橋には番屋を建てて警備させよとした。敵対勢力との国境の城の厳しさが伝わってくる内容である。天正十年（一五八二）五月には浜居場城の本城である足柄城にも北条氏直から在番衆への城掟が出された。一四か条に渡る詳細な掟書である。その要点を紹介すれば、在番衆の頭は北条氏忠で軍勢は六〇〇人、足柄山の各々の又支城の扱いに指示し、特に城外への草木伐採を厳しく制限している。城中の櫓の普請にも念を使わせ、人馬の糞尿の処理も厳重に処理させた。

ここで注目しておきたい事に、在番衆と一騎《いっき》合衆《あいしゅう》との関係がある。一騎合とは、一人の徒歩侍に足軽一人が付いた二人一組の武士集団を指す。関東地方の他の戦国大名には余り見られない北条氏独自の侍組織であるらしい。前述の第四章第一節「城の配置と造り方」で紹介した岡本政秀の元亀二年（一五七一）七月の着到定書には、小田原城から扶持給を給せられた四人の徒歩侍に足軽四人が参加しており、これらが一騎合と記されている。扶持給の高は徒歩侍一人が五貫文、足軽一人が二貫四〇〇文と計算されている。騎馬侍は一人が一五貫文の計算であるから、一騎合の二人の身分は低いものであったといえる。しかも、政秀は総勢一五人の軍勢を引率したから、その内の八人は一騎合の者であった事になり、軍勢の約半分は一騎合の者で構成されていたとわかる。小田原城の普請奉行を務めた御馬廻衆の政秀の軍勢が、この様な人員構成であれば、他の軍勢も似たような構成と考えられるのである。

この一騎合衆と在番衆との関係を示す文書が、天正十二年十月の北条氏直の朱印状である。津久井城の在番衆頭の山角定勝は、八五人の軍勢で津久井城の内藤綱秀への加勢を務めた。配置した山角氏の軍勢は五七人が大手門、残りは頂上の剣崎曲輪であった。津久井城は山城形式の城であるから山麓の根小屋曲輪と山頂の剣崎曲輪に分かれていた。当文書には在番衆の頭として守るべき城中掟が六か条に渡って記されている。その第六条目には、一騎合衆の中の騎馬侍は、馬で山頂まで登るのに苦労するから山麓の古い馬小屋に馬を繋げば人を付ける必要があろうと記されている。この場合の一騎合の侍は騎馬侍であった。津久井城と一騎合衆との関係は、これ以前の永禄十二年（一五六九）二月の北条氏康朱印状に見られる。内藤綱秀配下の野口喜兵衛他に宛てて、普請人足四〇人を使役して津久井城を修築させたが、堀の構造が不十分で幅も狭くて役に立たないからやり直させるとの命令であった。そこで普請人足に加えて、一騎合衆の者を五〇人も一〇〇人も集めて普請道具を持たせ、堀底に落とし込めてより深く、堀壁を垂直に掘り直させる事と厳命した。この様に内藤綱秀の家臣にも一騎合衆が多くいたのである。それは、内藤氏は元は山内上杉氏に仕えた国衆で、北条氏に従属した後も、そのまま津久井城主として存続した事に関わっていたといえる。つまり、内藤氏は旧来の守護大名の築城方法で津久井城を修築したために、北条氏の戦国大名流の築城方法に合わなかったと思われる。内藤氏の家臣構成も守護大名の系譜を引いていたから、戦国大名風の富国強兵の意識が薄く手薄であり、そこで一騎合衆を多く抱えて軍勢の補完に宛てたと思われる。

第二節　上野国から下野国への侵攻

北条氏政の上野国支配

永禄三年（一五六〇）八月末に上杉謙信が関東に越山し、北条方の明間・岩下・沼田の諸城を攻略した。九月十五日には沼田城（群馬県沼田市）の北条康元が自落して退去すると、岩下城の斎藤氏が上杉氏に従属し、上野国の有力国衆である白井城の長尾氏、惣社城の長尾氏、箕輪城の長野氏等が上杉氏に従属していった。二十六日には謙信が赤石城（群馬県前橋市）の那波宗俊を攻略し没落させた。対して北条氏康父子は九月末に武蔵国河越城（埼玉県川越市）・松山城（埼玉県吉見町）に出陣したが、先陣が惣社（群馬県前橋市）で敗退したため江戸城に退去した。氏康は松山城に在陣し、十月四日には小泉城（群馬県大泉町）の富岡秀信に上野国金山城（群馬県太田市）の由良成繁が上杉氏に従属したため、小泉城が上杉勢との最前線になるので、忠節をつくしてほしいと懇願した。また、九日には武蔵国岩付城の太田資正に復属を懇願したが、資正は謙信に従属し続け、以後も北条氏の城を攻め続けた。十月には富岡秀信に忠節により、上野国園田庄七ヶ郷等で知行を宛行った。十一月には武蔵国皿子城（埼玉県行田市）の木戸忠朝が謙信に従属し、北条方の同国羽生城（埼玉県羽生市）を攻略した。

永禄四年三月に入ると上杉謙信が小田原城に向かって進撃を開始した。謙信の小田原攻めについては、第三章第四節の「上杉謙信の小田原攻め」で詳述した。同年三月七日には北条氏を離反した由良成繁が、復属して北条氏政に人質を出した。十八日には河越城の守将の北条氏堯が、武蔵国高麗郡で上杉勢と戦った。同年五月下旬には謙信は病気のため上野国の草津温泉で湯治したのち、越後に帰国していった。しかし、同年末には再び関東に越山し、永禄五年二月十七日には北条方の上野国館林城（群馬県館林市）の赤井文六が謙信に攻略され、成田氏の武蔵国忍城に退去した。謙信は下野国方面に進撃したため、北条氏政は武田信玄に加勢を依頼した。要請に答えた信玄は小山田・加藤の軍勢を派遣して、西上野の一帯を荒し回らせた。四月に謙信は帰国した。七月中旬には信玄と今川氏真が来援に赴き、上杉方に一度は従属した上野国の国衆たちが、再び北条氏に帰属しはじめた。対して十一月下旬に謙信は太田資正の要請で越山し十二月に沼田城に入った。

永禄六年（一五六三）二月に上杉謙信が、敵対する成田長泰の弟小田伊賀守の崎西城（埼玉県騎西町）を攻略したため長泰は、北条氏政を離れて再び謙信に味方した。この頃には上野国小泉城の富岡重親も氏政を離れて再び謙信に従属した。中心勢力を持たない上野国衆等は、どちらに従属するかは気分次第との雰囲気であったとわかる。十月十三日には武田信玄による上野国吾妻郡への侵攻が開始され、真田幸隆・昌幸父子が岩櫃《いわびつ》城（群馬県東吾妻町）の斎藤憲広を攻略した。北条氏康は十月には結城・小山・小田各氏の軍勢と共に上野国に入り、信玄も吾妻郡へ侵攻した。閏十二月上旬に武田勢が利根川を越え、北条方に寝返った金山城の由良成繁を攻めたが、富岡重親等が成繁を支援したため武田・北条勢は兵を引き、氏康は武蔵国松山城に在陣した。この頃の状況は、下野国の佐竹義昭と安房国の里見義堯も謙信と同盟し、北条氏に対抗していた。北条氏は信玄と氏真、下野国の宇都宮広綱・佐野宝衍《さのほうえん》と同盟して対応していた。

永禄七年正月に上杉謙信が、北条方の下野国佐野城（栃木県佐野市）の佐野宝衍を、三月七日には武田方の上野国和田城（群馬県高崎市）の和田業繁を攻めた。十三日には北条氏康父子が和田城近くに出陣し業繁を支援した。四月に謙信が越後国に帰国すると、宇都宮広綱はもちろん、結城晴朝・小山秀綱等が北条氏政に降伏して従属した。五月には武田信玄が再び西上野に出馬し、倉賀野城（群馬県高崎市）を攻めて碓氷峠を制圧し、上野国安中城（群馬県安中市）・松井田城（安中市）・倉賀野城が信玄の領有となった。この頃に房総の里見義弘が正木時忠の謀叛で大乱となり、時忠が北条氏に従属したため、謙信に盛んに関東への越山を要請したが、謙信は信玄との信濃国川中島の対戦で動けなかった。八月四日には謙信が佐竹義昭に自分は川中島に出馬したので、義昭は武上に侵攻して氏政の武田氏への支援を妨害してほしいと要請した。十月十六日には謙信が富岡重朝に、毛利高広の催促で二十日には関東に越山すると伝えたが、越山は行われなかった。

永禄八年二月には上杉方の武蔵国深谷城（埼玉県深谷市）の上杉憲盛が、北条氏政に攻略され従属した。十一月十日には武田方の真田幸隆が上野国嶽山城《たけやま》（群馬県中之条町）の斎藤憲宗を攻略して滅亡させ、吾妻郡は真田氏の支配地となる。十二日には武田信玄が日向《ひなた》虎頭《とらあき》に上杉謙信が西上野に侵攻するとの報で、幸隆を大戸城（群馬県東吾妻町）から岩櫃《いわびつ》城（群馬県東吾妻町）に移させると伝えた。十一月末には謙信が越山した。

永禄九年（一五六六）三月には武田信玄が安西伊賀守に、上杉謙信は上野国倉賀野近くに着陣しており、北条氏政に上野国に出馬するように伝えた。その後、謙信は里見義堯との約束で房総方面に進撃し、三月二十三日に北条方の千葉胤富家臣の原胤貞の下総国臼井城（千葉県佐倉市）を攻めた。しかし、氏政の支援を受けた臼井城は頑強に抵抗し、ついに上杉勢は数千人の死傷者を出して敗走する結果となった。この臼井城攻めの敗北は関東の国衆達に、上杉勢は弱兵で頼りにならずとの評判を生むことになった。四月中に謙信が越後に帰国した後、上杉方の関東国衆は次々と北条方へ離反していった。五月九日に謙信が願文を掲げて信玄とは徹底的に戦うが、氏政とは将軍足利義秋の意志をくんで、和睦を遂げてから上洛すると誓っている。九月には信玄が箕輪城を攻略し、長野氏は没落した。八月末に三度目の越山をした謙信は、北条方に離反した上野国金山城（群馬県太田市）の由良成繁・国繁父子を攻めたが、氏政が支援したために攻略できなかった。十一月末には謙信の関東越山の拠点であった上野国廐橋城の毛利高広が離反し、氏政に従属してしまった。上野国館林城の長尾景長も離反して北条方となった。ここに、謙信の上野国領有は完全に頓挫したのである。

十一月下旬には毛利高広の他、佐竹義昭・富岡重朝も氏政に従属した。

永禄十年五月には北条氏康と武田信玄が上武国境で国分け協定を結んだ。翌十一年正月には劣勢を挽回すべく上杉謙信は上野国に越山し、沼田城の在番衆の松本景繁に、北条方が金山城や廐橋城方面に進出してきているから沼田城や近隣の猿ヶ京・小河・森下の各城も防備を固めよと指示した。

この様にして北条氏康父子の上野国領有は、かなり進行した。がしかし、永禄十一年三月に将軍足利義秋が要請している上杉・武田・北条三者の同盟の話が進んで、武田・北条と同盟している今川氏真を慌てさせた。武田信玄は氏真が上杉謙信と同盟して信玄を挾撃しようとしているとの噂を気にしていた。そのために、いつかは同盟を破棄して氏真をせめる算段を巡らしていたらしい。それが永禄十一年十一月の武田信玄の駿河国への侵攻であり、北条氏政と謙信の同盟という急展開をもたらし、上野国を巡る氏政と謙信の戦闘は終息したのである。

下野国への侵攻

永禄二年（一五五九）十二月末に北条氏康から家督を譲渡された北条氏政は、下野国への侵攻を意識する様になった。翌三年七月には氏康が下野国衆の那須氏家臣の芦野資豊に、太刀・馬・黄金を贈呈し、那須資胤との友好を求めた。八月十日には氏政が毛呂顕季に七月二十日の下野国皆川（栃木県栃木市）合戦で、嫡男太郎が戦功を立てた忠節を認め感状を与えた。対戦相手は不明であるが、九月に氏康が白川晴綱に北条氏と那須氏とは友好的ではないと伝えている事から、上杉謙信の関東越山により資胤が上杉方に従属したとわかる。皆川合戦の相手は資胤の可能性が高い。しかし、十一月十六日には氏康が資胤に佐竹義昭と白川晴綱との和睦交渉に、資胤が仲介を務めた事に感謝しており、この時には氏康と資胤とは和睦していた。

永禄四年正月四日には上杉方に応じた下野国衆の小田氏治・佐竹義昭・宇都宮広綱・那須資胤・小山秀綱が、北条方の下総国結城城（茨城県結城市）の結城政勝を攻めた。これに関して古河公方の足利義氏が資胤に、北条氏康に恨みを抱いていても義氏には味方してほしいと告げており、資胤は何か北条氏に深い恨みを持っており、去就が激しかったと判明する。三月下旬からの上杉謙信の小田原城攻めにも資胤と小山秀綱が上杉方で参陣した。

永禄五年七月には小田氏治・小山秀綱が上杉方を離反し北条氏政に従属してきた。八月七日には北条氏康が陸奥国会津黒川城（福島県会津若松市）の芦名盛氏に、下野・常陸国については小田氏治・宇都宮広綱と相談している。今は結城晴綱・小山秀綱が那須資胤と抗争中であるが、資胤と氏治は和睦する様に交渉していると、下野国の複雑な政治状況を報告している。北条氏政と佐竹義昭とは依然として抗争中で、北条方の結城晴綱と義昭との抗争も再燃しており、盛氏には是非共に義昭を攻めてほしいと懇願した。

永禄六年（一五六三）二月には北条氏康が上杉方の武蔵国松山城（埼玉県吉見町）を攻略したが、上杉方の後詰めとして佐竹義昭が侵攻してきたので、小田氏治・那須資胤に出馬を要請した。しかし、四月七日には北条方の下野国小山城（栃木県小山市）の小山秀綱が上杉謙信に攻められて降伏し、上杉方に従属した。八日には下野国佐野城（栃木県佐野市）の佐野昌綱と上野国桐生城（群馬県桐生市）の佐野大炊助も上杉方に従属した。四月末に謙信は帰国した。その隙の五月末には結城晴朝が小田氏治と相談して北条氏に従属すると白川義親に伝えた。結城晴朝も一時期は上杉氏に従属していたとわかる。

永禄七年正月末に宇都宮広綱・佐竹義昭が北条方の常陸国小田城（茨城県つくば市）の小田氏治を攻めて攻略し、氏治は敗走して同国土浦城（茨城県土浦市）に逃げ込んだ。二月には下野国皆川城（栃木県栃木市）の皆川俊宗が、同国壬生城（栃木県壬生町）の壬生義雄と同盟して北条氏政に従属し、宇都宮広綱や小山秀綱と敵対した。二月十七日には

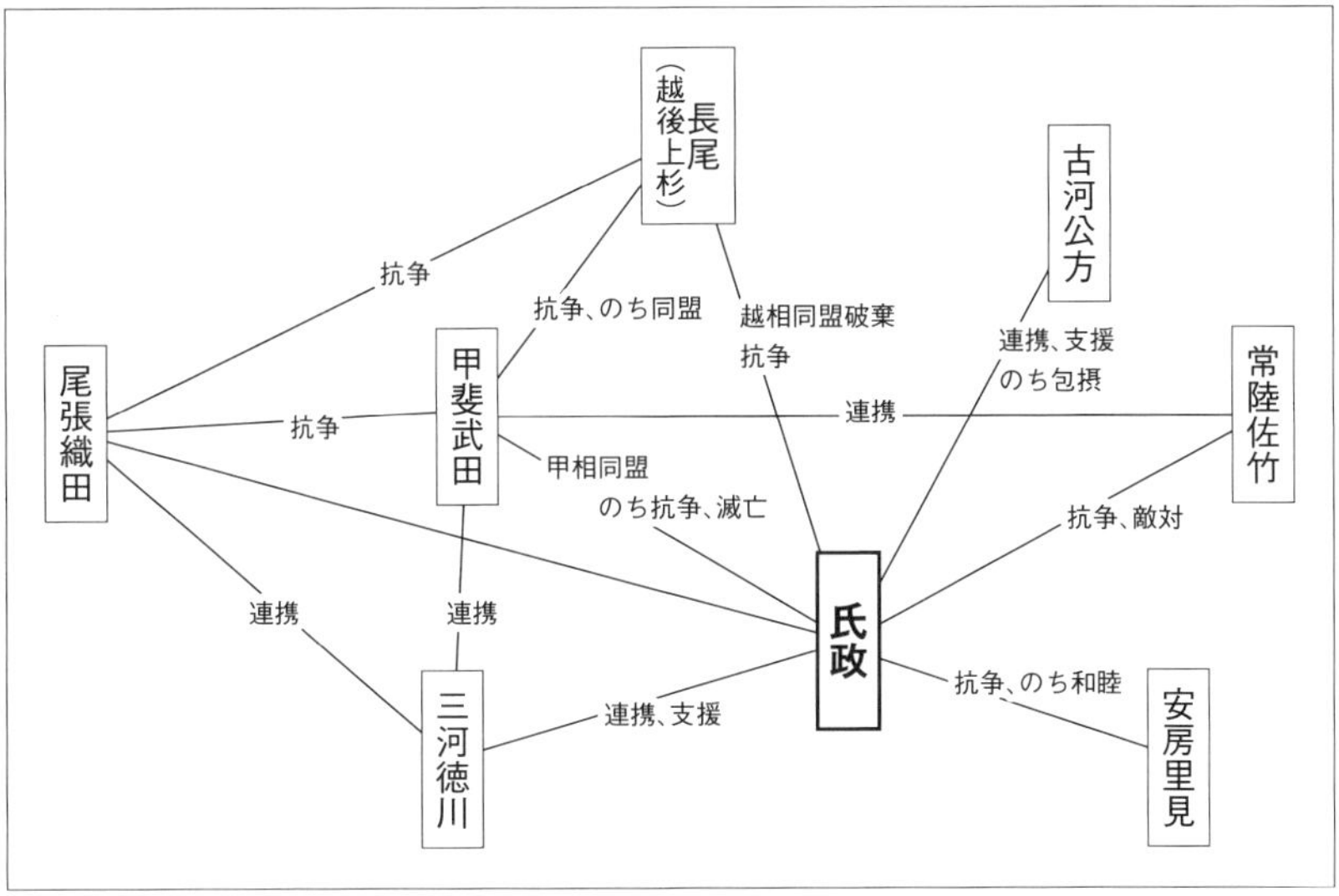

北条氏政を巡る相関図

上杉謙信は小田城を攻略すると、再び下野国佐野城の攻略に向かい、佐野昌綱は佐竹義昭・宇都宮広綱を頼って降伏し上杉方となった。四月十四日には氏政の家臣の河村定真が白川義親に結城方面に出馬と告げ、小田氏治や結城晴朝も了承済であり、宇都宮広綱は攻略寸前と述べ、武蔵国崎西城（埼玉県加須市）の小田朝興や下野国小山城の小山秀綱は上杉方に属していると伝えた。永禄八年十二月には小田氏治が土浦城から小田城に帰った。

永禄九年二月に上杉謙信が北条方の常陸国小田城（茨城県つくば市）の小田氏治を攻め、宇都宮勢も参陣した。小田城は十六日に開城したが、結城晴朝の仲介で小田氏治は許され、降伏条件として小田城を破却すると約束した。

永禄十年正月十日に北条氏政が離反した下野国佐野城（栃木県佐野市）の佐野昌綱を攻めたが敗退した。二十二日には氏政が佐竹義昭の重臣の和田昭為に、佐野城攻めへの参陣に対して感謝し小田原城に帰還した。ついに佐竹義昭も氏政と和睦したとわかる。これは上杉謙信が前年三月の下総国臼井城（千葉県佐倉市）の原胤貞の攻略に失敗したため、関東の国衆が次々と氏政に従属したためであった。しかし、この頃から上野国の領有問題で北条氏政と武田信玄とは対立の気運を生んでおり、氏政の下野国侵攻は終息に向かいつつあった。次に氏政の下野国への侵攻が再開するのは信玄の小田原城攻めが終わり、ついで謙信との同盟を経て、再び信玄と同盟した後の天正三年（一五七五）以降の事である。

天正三年六月十七日に下野国小山領の榎本城（栃木県栃木市）の小山高綱が北条方の皆川広勝と皆川領で合戦し、広勝は討ち死にした。北条氏政は二十二日に榎本城を攻略して高綱を敗走させ、同城には北条氏照を城主として入部させた。八月十八日には佐竹義重・宇都宮広綱が氏政との同盟を破棄して上杉謙信に従属した。早速に佐竹勢の榎本城奪回作戦が開始され、謙信も越山して支援した。十二月二十五日に氏政が古河公方の家臣の芳春院に小山・榎本両城を裸城《はだかじろ》にしたので、先陣衆を宇都宮口に向かわせたと告げた。この事から小山・榎本両城はすでに佐竹勢に攻略されていたと判明する。同月末に氏政は小山秀綱を佐竹義重の許に追い払うと小山城と榎本城を奪取し、小山城には北条氏照を入部させた。秀綱は義重に庇護されて常陸国古内宿（茨城県城里町）に逃げている。

天正五年二月初旬に北条氏照が小山氏家臣の抵抗を退けて小山城に入ると、壬生城（栃木県壬生町）・鹿沼城（栃木県鹿沼市）、ついで日光山（栃木県日光市）が北条氏政に従属した。ここに下野国の西半分は北条氏の支配する所となった。氏照は小山城を改築して五月には完成させた。三月十八日に上杉謙信が下野国の結城晴朝に、北陸を平定したので、関東へは四月中旬に越山し、沼田から廐橋城（群馬県前橋市）に入ると報せ、味方国衆の支援を要請した。晴朝は北条氏と断交し、佐竹義重と和睦していた。七月十三日には氏政が晴朝を攻めるため、武蔵国岩付城の岩付衆の軍勢を整備して奉行衆を定め、反撃を開始した。閏七月四日に那須資胤が義重と断交して氏政に従属した。八日には氏政が富岡秀高に、下総国結城城（茨城県結城市）の城下を攻め崩したと伝えた。ここに宇都宮広綱と晴朝は氏政に降伏し、ついに氏政に抵抗するのは義重だけとなった。帰国した氏政は九月には房総の里見義弘を攻めに同方面に侵攻、義重は里見方として小山方面に侵攻した。

天正六年（一五七八）三月二十四日には小田氏治が佐瀬平七に北条氏政と里見義弘が和睦して同盟したと喜び、氏政が佐竹義重を攻めるのには絶好の機会と伝えた。五月六日には結城晴朝が那須資晴に、義重と共に壬生城（栃木県壬生町）の周辺郷村を荒らし廻ったと伝えた。晴朝が氏政を離反して義重に属していたとわかる。二十四日には壬生周長《みぶちかなが》が会津黒川城（福島県会津若松市）の芦名盛隆に、二十日に氏政が下総国山川城（茨城県結城市）を攻めて裸城にしたと伝えた。天正七年には北条氏直が家督を継いで当主に就任すると、下野国方面への侵攻は目立って少なくなり、義重との抗争が多少共に続くのみとなった。

房総方面での関宿城の激闘

第三章第四節の「房総の国衆との戦い」では、永禄十一年（一五六八）十一月末の武田信玄の駿河国の今川領への侵攻で、北条氏政が駿河の武田信玄、房総での里見義堯との二方面作戦に入ったまでを述べた。そこで、ここでは、その後の抗争が上杉謙信の介入もあって、ますます激化していった房総方面の状況を述べてみよう。

永禄十一年十一月末の武田信玄の駿河国への侵攻は、甲相駿三国同盟を一方的に信玄が破棄した行動で、北条氏政は激怒して信玄との同盟を断交し、上杉謙信との同盟に踏み切らせた。すぐ様、氏政は今川氏真を支援するため駿河国に向けて出馬した。翌十二年正月二十日には北条氏康が里見義弘と和睦したい旨、安房国の妙本寺僧に伝えたが不発に終わった。三月には信玄が関宿城（千葉県関宿町）の簗田晴助に、味方の国衆と共に武蔵国に侵攻してほしいと懇願した。閏五月初旬には謙信の内意を受けて氏政が関宿城攻めを中止した。越相同盟の交渉内容に抵触していたためである。閏五月には越相同盟は締結した。六月二十八日に足利義氏が古河城（茨城県古河市）に移座し、後見人の北条氏照が栗橋城

（茨城県五霞町）の城主となった。

元亀元年（一五七〇）八月十日には千葉（千葉県千葉市中央区）の北条方の小弓《おゆみ》城の原胤栄が、里見義堯に小弓城を攻略され臼井城（千葉県佐倉市）に本拠を移した。翌二年四月二十二日には足利晴氏の子で里見義堯に庇護されている足利藤政が、真壁氏幹・岡本禅哲・太田資正・茂木氏等に、北条氏に敵対する武田信玄が武蔵国に侵攻したため、同調して北条氏政と戦うよう簗田持助から伝えさせた。五月二十日には下総国山川（千葉県香取市）・戸張（千葉県柏市）で下妻城（茨城県下妻市）の多賀谷政経と氏政・北条氏照・北条氏邦が合戦し、政経には佐竹義重が支援したが北条勢が勝利した。八月二十一日には上杉謙信が小弓城を攻めたが、その直後の九月初旬には北条氏の反撃により、小弓城が奪還されて原胤栄が領有し、臼井城を本拠とした。九月八日には北条勢は退散している。するとたちまち里見義弘が下総国の市川（千葉県市川市）周辺に着陣して領有した。

元亀二年末には北条氏康の死去により北条氏政と武田信玄が再び同盟すると、翌三年二月八日に信玄が上総国長南城（千葉県長南町）の武田豊信に、北条氏と里見氏とが和睦する様に仲介を依頼した。十二月八日には氏政が古河公方奉公衆の野田景範の栗橋城（茨城県五霞町）を攻略して野田氏を没落させ、北条氏照が栗橋城の城主として栗橋城領支配を開始した。同年末になっても里見義弘と氏政の激闘は続いており、氏政に与する千葉胤富方の臼井城の原胤栄が義弘から攻められていた。

天正二年（一五七四）七月末に北条氏政・氏照兄弟が下総国関宿城（千葉県野田市）の簗田持助を攻め、第三次関宿合戦が勃発した。同時に持助の持城の水海城（茨城県古河市）も攻めた。五月十七日には氏政が二見景俊・新田《しんでん》日向守に関宿渡しの法度を定め、「通過」の朱印を押した通行手形を発給して厳しく往来を監視させた。六月一日に氏政の宿敵である里見義堯が死去し、嫡男の義弘が家督を相続した。八月九日には小山秀綱が那須資胤に簗田方への加勢を求め、持助は宇都宮広綱と上杉謙信にも加勢を求めた。この頃に関宿城中から北条方への内応者が出たが，逮捕されて五人が処刑された。十月十五日には古河公方の足利義氏が、上野国金山城（群馬県太田市）の由良国繁に北条方として関宿攻めへの参陣を求めた。水陸交通の要に当たる関宿城の奪取は、一国を奪取する事に等しいとの考えであった北条氏は、十一月に入ると北条氏政・氏照の攻撃が益々激しくなり、もはや関宿城の陥落は時間の問題となってきた。二十七日には謙信が佐竹義重にも加勢を求め、参陣無き場合には持助はもとより小山秀綱・宇都宮広綱・太田資正も滅亡するとの危機的状況を伝えた。閏十一月四日には氏政が鎌倉の鶴岡八幡宮に戦勝を祈願して社領と剣・雲盤を寄進した。十八日には氏政が小田氏治に武蔵国羽生《はにゅう》城（埼玉県羽生市）が自落し、佐竹義重とは和睦し、関宿城も明日に開城と決まったと伝えた。翌日には簗田持助は降伏して氏政に従属して水海城に移り、関宿城は氏政の持城となり、関宿領は北条氏の直接支配地となった。十二月二日には古河公方足利義氏の奉行の芳春院周興が、氏政の重臣の垪和《はが》康忠に公方領の書上を提出し、氏照の奉行の狩野宗円と間宮綱信が証判を加えた。古河公方領も北条氏の確認が必要となったのである。

第三節　武田信玄の小田原攻め

越相同盟と駿河国の状況

越相同盟については話は多少、時代をさかのぼるが、永禄十一年（一五六八）十二月に、突如として甲斐国の武田信玄が駿河国の今川氏真の領国に進撃した時の状況から述べる必要がある。甲相駿三国同盟を破棄した信玄の行動に驚愕した北条氏康は、直ちに今川氏への支援として信玄と断交し、越後国の上杉謙信との越相同盟交渉を開始した。その真意は、氏真は年来、秘密裡に謙信と交渉して信玄を挟撃しようと画策していると信玄が疑っていた事による先制攻撃であった。前年の永禄十年九月三日に氏真は上杉氏宿老の山吉豊守に、謙信からの書状に返書して、今後は友好的に交渉したいと謙信に告げていた。氏真と謙信との間に、前から同盟したい意向が存在していたと判明する。十二月二十一日には氏真と謙信の越駿同盟が成立し、翌十一年三月には徳川家康と謙信との同盟交渉も開始された。

永禄十一年十二月に武田信玄と断交した北条氏康は、信玄の娘で北条氏政の正室の黄梅院殿に怒りをぶつけて離縁させ、甲斐国に送り返してしまった。十二月四日に氏政は直ちに北条氏照に上杉謙信との同盟交渉を命じ、自身は十二月十二日に伊豆国から駿河国駿東郡に進撃していった。駿府館（静岡県静岡市葵区）を武田勢に攻められている今川氏真の救出が目的であった。十二月六日に甲府を進発した信玄は、十三日には駿府館を攻略し氏真夫婦は急遽、遠江国懸河城（静岡県掛川市）に退去した。翌十四日に氏政は駿河国蒲原城（静岡県静岡市清水区）城将の北条氏信（北条宗哲の子）に富士川の掌握を命じた。十八日以前に北条氏規（氏政の弟）が蒲原城の支援として同城に入り周辺の地域を掌握した。十九日には氏政が駿河国富士郡の大宮城（静岡県富士宮市）の富士信忠に氏真の時の如く知行を安堵した。大宮城は信玄の駿河国への進撃路に当たっており、その進撃路を遮断するのが目的であった。二十三日には信玄が徳川家康に駿河国侵攻への協力を依頼した。家康は承諾して懸河《かけがわ》城の周囲に砦を構築して同城を包囲した。二十九日には氏政が懸河城に船で一〇〇〇人の加勢を送り込んだ。

永禄十二年（一五六九）正月二十六日には駿河国駿東郡薩埵《さった》山《やま》での北条氏政と武田信玄との合戦が開始され、四月末まで対陣が続き、三月十四日には氏政が清田内蔵佐・多田新十郎に感状を与えた。この対陣には北条氏邦・大道寺資親も参陣していた。二月六日には氏政は上野国金山城（群馬県太田市）の由良成繁に上杉謙信へ信濃国へ越山し信玄の背後を脅かしてほしいと伝えさせた。十六日には信玄と徳川家康が同盟を成立させた。三月八日には家康が今川氏真に遠江国の割譲を条件に和睦を求め、氏真も了承して伊豆国三島（静岡県三島市）に一時期退陣していた氏政にも伝えた。

十三日には家康が謙信とも同盟交渉を開始した。対して信玄は織田信長を仲介として謙信との同盟を進めており、四月六日には常陸国の佐竹義重との同盟に成功し、氏政を背後から脅かさせた。二十四日には信玄は駿河国横山・久野両城に守備兵を残して帰国していった。五月六日に氏真が懸河城を家康に開城し、蒲原城に退去した。九日に家康と氏政が和睦した。二十三日には氏真が北条国王丸（のちの北条氏直）を養子として家督を譲渡し、駿遠の知行については氏政の配分に任せるとした。実質上の今川家の滅亡であった。閏五月三日に氏政が坍和《はが》氏続・太田十郎・清水新七郎に今川家の欠所地を配分して宛行った。十三日に氏政は武田勢への防衛として駿東郡深沢城（静岡県御殿場市）を完成させて帰国した。

永禄十二年六月九日に武田信玄が房総の里見方の上総国小田喜城（千葉県大多喜町）の正木憲時に里見義弘との同盟の仲介を依頼した。七月一日には信玄が駿河国大宮城（静岡県富士宮市）の富士信忠に忠節を尽くさせ、伊豆国への侵攻を知らせた。信忠がすでに北条氏政を離反して武田方に従属している。二日には信玄が伊豆国北部に侵攻し、北条（静岡県伊豆の国市）で北条氏規と合戦して五〇〇人を討ち取った。ついで小田原城を攻めんとしたが、箱根・足柄の守りが固く、反転して駿河国富士郡に向かったが、富士信忠が降伏したので侵攻を止め、一部の軍勢は箱根山南部の円《つぶら》能《の》口（山北町都夫良野）から相模国に乱入し、十一日に北条方と合戦に及んだ。八月には一度は本国に帰還した信玄は、二十四日に軍勢を整えて甲府（山梨県甲府市）を進発し、信濃国佐久郡から上野国碓氷峠を越えて北条領に侵攻した。信玄の小田原攻めについては次の項で詳述する。ここでは武田勢の駿河国侵攻の間に締結された、北条氏政と上杉謙信との越相同盟の締結過程と問題点を紹介しておこう。

越相同盟は、最初から関東の国衆の大いなる注目を浴びていた。それは長年の宿敵であった北条氏と上杉氏との突然の逆転劇の開始であり、特に北条氏に攻められていた国衆達は上杉謙信に支援を求めて戦ってきたのが、今度は北条氏と上杉氏との双方に従属する結果となる事への驚きと、拒否反応であった。この頃には、謙信が毎年の如く関東に越山して北条氏を攻めても、当初は関東国衆は上杉方に味方するも、帰国するとたんに北条方に味方していく状況になっていた。特に永禄九年（一五六六）三月の房総の臼井城の攻略の失敗は、謙信への信頼を大いに損ねていたから、味方国衆の結束も弱く、寄せ集めの烏合の衆と化していた。そこへ謙信への北条氏との同盟交渉が開始されたから、賛否両論が渦巻く事となった。房総の里見義弘、もと岩付城の太田資正、常陸の佐竹義重は当初から越相同盟には拒否反応で終始した。同十二年二月末の資正への謙信書状では、北条氏政との同盟は必要とは思うが、味方する国衆が反対すると思われるので拒否したと伝えている。そのために北条氏からの交渉の催促は執拗に続けられた。同盟交渉の開始は永禄十一年十二月四日に氏政が謙信に同盟の意思を通達した事による。氏政は武田信玄が駿河国に侵攻したため、伊豆から駿河国に出馬していたから小田原城の北条氏康が中心となって同盟交渉は始まった。十九日には北条氏照と北条氏邦が上野国の由良成繁を仲介として同盟交渉に参画した。しかし、この頃には謙信との抗争に突入した越後国の本庄繁長が、氏照に支援を依頼してきていた。承諾した氏照の立場は微妙なものとなった。この抗争は翌年三月末に繁長が降伏して終息した。十二月二十七日には常陸国の佐竹義重が謙信に、今川氏真への支援として氏政が駿河国に出陣したので、今が小田原城を攻める絶好の機会と述べ、翌十二年四月六日には信玄が義重に、越相同盟を阻止できるのは義重のみと伝えた。

永禄十二年に入ると、同盟交渉は由良成繁を経て謙信の関東での拠点であった上野国沼田城（群馬県沼田市）の沼田三人衆の松本景繁・上野《うえの》家成・河田重親を仲介として春日山城（新潟県上越市）に書状が送られる事となった。同盟交渉の争点は謙信を関東管領と認めるか否かの問題となり、氏政の子を謙信の養子とする事で解決された。四月二十七日には北条氏康父子が謙信に関東での国分けを示し、上野国西部、武蔵国藤田・秩父・成田・岩付・松山・深谷・羽生、下総国関宿の各領を上杉方へ割譲すると申し渡した。上野国の半分と武蔵国の大半、下総国の大切な関宿領をも手放す覚悟であった。六月初旬には双方の同盟締結の起請文が交換され、越相同盟は締結された。北条氏から同盟締結の証として北条三郎（のちの上杉景虎、北条氏康の六男）が越後国に送られ謙信の養子となった。越相同盟は北条氏康の死去する元亀二年（一五七一）十月まで持続した。

武田信玄の小田原攻め

永禄十二年（一五六九）五月に武田信玄は上野国高山城（群馬県藤岡市）の高山定重に、武上国境に砦を構築して守備させ、六月五日には武田勢が武蔵国御嶽《みたけ》城（埼玉県本庄市）を攻略した。信玄は房総の里見義弘とも同盟し、佐竹義重の許にいた梶原政景には今年秋には小田原城を攻めると報せ、参陣を求めた。十六日には信玄は駿河国深沢城（静岡県御殿場市）に侵攻した。対して北条氏政は七月一日には、武田勢の小仏峠突破を懸念して由井城（東京都八王子市）の留守居に北条氏照の栗橋衆を派遣させ、下総国の国衆の野田景範を栗橋城（茨城県五霞町）の守備に就かせた。十日に武田勢は相模国西端の円能口《つぶらの》（山北町都夫良野）に侵攻した。小田原城への至近距離である。八月二十四日に信玄の本隊が甲府を進発し、上野国碓氷峠に向かった。九月九日には武田勢は武蔵国児玉郡に侵攻し、北条方の平沢政実を御嶽城に攻めた。ついで十日には北条氏邦の武蔵国鉢形城（埼玉県寄居町）を攻めて同城を裸城にすると、囲みを解いて南下し小田原城方面に進撃していった。氏政は十七日に遊軍の大藤《おおふじ》政信を駿河方面から呼び戻し、政信の本拠の相模国田原城（秦野市）の守備に就かせて武田勢の相模国中筋への侵攻に備えさせた。信玄の本隊が武蔵国多摩郡西部に着陣すると、それに呼応して武田方の甲斐国都留郡の国衆の小山田信茂が小仏峠を突破し、多摩郡西部に侵攻してきた。氏照の滝山城（東京都八王子市）を攻めて落城寸前にまで追い込み、信玄の本隊と共に小田原方面に進撃してい

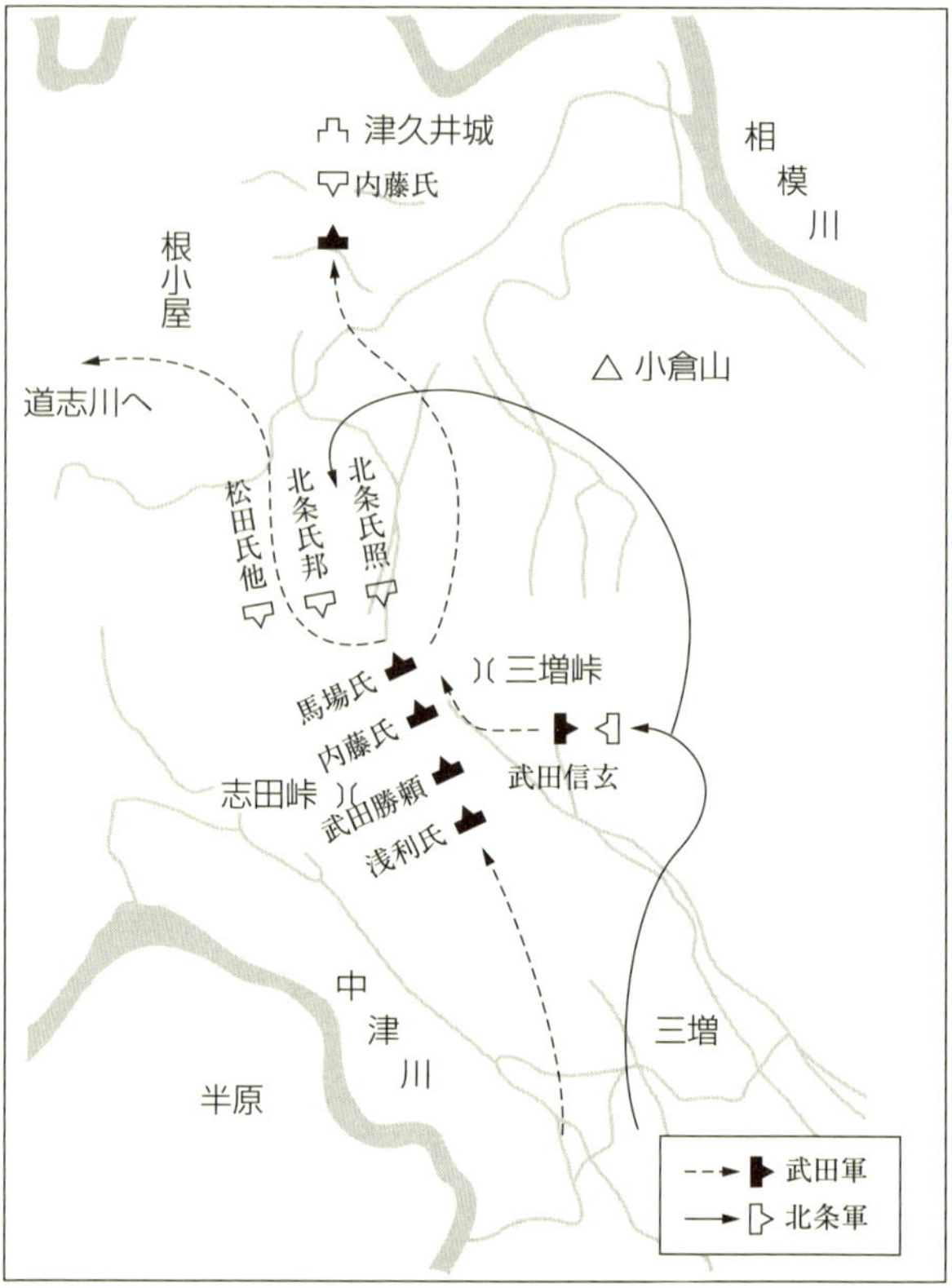

永禄12年10月、三増峠の合戦関係図
『戦国合戦大事典〈二〉』より。（一部修正）

った。

　武田信玄は相模川沿いの相模中央道を南下して小田原城を目指した。九月二十八日には小田原城外の酒勾《さかわ》に着陣し、十月一日に小田原城蓮池門を攻めた。城下に放火して後、四日には囲みを解いて鎌倉方面に進撃していった。五日には中郡大神（平塚市）に着陣し、津久井方面に進路をとり、六日には三《み》増《ませ》峠（愛川町）に陣をとった。武田軍を追撃した氏照・北条氏邦・遠山政景・大道寺資周等の北条勢が三増峠で武田軍を待ち受けていた。小田原城から追撃した北条氏政の本隊は遅れ、津久井城（相模原市緑区）の内藤綱秀は武田勢に攻囲されて三増峠には不在であった。六日朝から北条・武田両軍は三増峠・志田峠の一帯で激突し、山岳戦に不慣れな北条勢が敗北した。著名な三増峠の合戦である。六日午後には信玄は津久井の山岳地帯を突破して道志川河畔に到り、甲府に帰還した。北条方では古河公方の家臣の豊前山城守が討ち死にし、後に妻が感状を受けている。武田方も大きな被害を受け、侍大将の浅利信種や浦野重種が討ち死にした。十月六日には信玄が甲斐国勝沼（山梨県甲州市）の飯田兵部助に、軍馬糧五〇〇石の納入に感謝しており、小荷駄隊を切り捨てていた武田軍の救援となった。その夜には武田勢は陣場近くの武田家の守護神の諏訪神社の社殿を破壊して焚火し、暖を採ったという。武田勢もよほど疲労困憊していたとわかる。また、武田勢の進軍路になった厚木市域の寺社の仏像銘には、この時に多くの寺社が放火により焼失したと記録されている。

武田信玄の伊豆・武蔵への侵攻

永禄十二年（一五六九）十一月末に武田信玄は再び駿河国富士郡に侵攻し、上杉謙信は上野国廐橋城（群馬県前橋市）に越山してきた。信玄は佐竹方の太田資正に、謙信の下野国佐野城（栃木県佐野市）攻めを妨害させるため、佐竹義重に参陣を依頼させる。十二月六日に信玄が北条方の駿河国蒲原《かんばら》城（静岡県静岡市清水区）を攻略し、城主の北条氏信や清水新七郎・狩野介等の一〇〇〇人余が討ち死にし全滅した。ために駿河国薩埵峠の北条氏の陣も十二日に撤退し、翌日には信玄が再び駿府館（静岡市葵区）を占領した。

元亀元年（一五七〇）二月十日頃には武田信玄が駿河国徳一色《とくいっしき》城（静岡県藤枝市）を攻略し、清水（静岡県静岡市清水区）に移り二十一日に甲府に帰国した。この間に北条方の城を五か所も落としたという。北条勢は全軍が退去した後であった。二十七日には北条氏政が相模国で郷村の人改めを行い、在郷武士に参陣を命じた。二十八日には信玄が信濃国諏訪大社に、出陣の方向への日取りを占わせ、相模国津久井（相模原市緑区）方面と上野国方面は決まり、伊豆国方面は明日に決めるとした。三月末に信玄が古河公方の足利藤氏の奉公衆の木戸氏胤に里見義弘との仲介に感謝し、足利藤政を鎌倉に移座させる様に依頼した。四月十四日に信玄は春日虎綱に、上杉謙信が近日中に上野国沼田城から帰国するは必定と伝え、占いに任せて伊豆国に侵攻するから駿河国吉原津（静岡県富士市）に船橋を架橋せよと命じた。十五日には氏政が世田谷城（東京都世田谷区）の吉良氏家臣の江戸頼忠・大平右衛門尉に、武田勢の侵攻が近いため、二十一日には小田原城に参陣させた。十九日に北条氏康が謙信に、武田勢の侵攻が武州口か相州口かは明らかではないが、加勢してほしいと依頼した。二十日には氏政が謙信に、武田勢は富士口から侵攻し、伊豆方面に向かうと告げた。二十三日には信玄が富士浅間社に北条氏康父子の滅亡を祈願した。五月十四日には駿河国沼津（静岡県沼津市）で武田勢と北条勢が合戦し、氏政から荒川善次郎に感状を与えた。二十二日には北条氏忠が伊豆国大仙山城（静岡県函南町）の西原源太に、武田勢の侵攻を防いだ功績を賞し、氏康に申告する伝える。いよいよ武田勢の本隊が伊豆北部に侵攻してきた。二十三日には氏政が吉良氏家臣の江戸頼忠等に駿河国興国寺城（沼津市）の在番に就かせ、太田十郎・笠原助三郎との相番《あいばん》で守備させた。

六月五日には武田信玄の別動隊が武蔵国児玉郡に侵攻し、御嶽城（埼玉県本庄市）の平沢（長井）政実が降伏して信玄に従属した。二十日には上杉謙信が越山して沼田城に着陣した。同月末には武田勢は武蔵国秩父郡の日尾城（埼玉県小鹿野町）に来襲し、北条氏邦が迎撃する。七月二十日には氏政が相模川河口の須賀湊（平塚市）船持衆に麦一三〇俵を伊豆国熱海（静岡県熱海市）まで運送させ、伊豆衆への兵糧米に充てた。八月に入ると信玄の本隊は駿河国駿東郡の黄瀬川に陣取り、毎日韮山城（静岡県伊豆の国市）や駿河国興国寺城の双方に軍勢を出して攻めかかった。北条氏は伊豆・武蔵の二方面作戦のために軍勢の不足に悩まされ、上杉勢の来援に期待する状況となった。九日から十二日には武田勢八〇〇〇人が武田勝頼・山県昌景・小山田信茂等に率いられて韮山城に来襲し、守る北条氏規・北条氏忠・清水・大藤・山中等の軍勢七、八〇〇〇人と激戦を展開した。韮山城は落城は免れたものの、城下は放火と戦禍で散々であった。

九月七日には武田信玄は信濃国佐久郡の岩村田城（長野県佐久市）に帰還しており、上杉謙信は越山の最中で、越後国上田（新潟県南魚沼市）に着陣していた。信玄の伊豆国・武蔵国への侵攻は、ここで一時期は終息した。十二月七日に信玄は下総国関宿城（千葉県野田市）の簗田晴助に、里見義弘との談合で相馬治胤の件を処理する等と述べており、関東国衆との連携を志向していた。

十二月十二日には駿河国戸倉城（静岡県清水町）の北条氏光が蘆沢《あしざわ》半右衛門尉に、駿東郡深沢城（静岡県御殿場市）での武田勢との戦いでの忠節を認めて感状を与えた。十八日には北条氏康が岡部和泉守・大藤政信に、深沢城の後詰めとして相模国足柄城（南足柄市）の北条康成（のちの北条氏繁）・北条康元に軍勢の配分を指示させた。元亀二年正月三日に房総の本佐倉城（千葉県酒々井町）の千葉胤富、七日には江戸頼忠・荒川善左衛門尉、十日には氏政が深沢城の後詰めとして出馬した。翌日には氏政が伊豆の三島大社に戦勝祈願を依頼した。しかし、深沢城の北条綱成・松田憲秀等は武田勢の猛攻に屈して十六日には開城して、小田原城に帰還した。十二日には駿河国興国寺城（静岡県沼津市）にも武田勢が来襲し、垪和《はが》氏続が防戦し、氏政から感状を得ている。二月二十三日には氏政が駿河国から撤収した。

元亀二年三月十一日に北条氏政が津久井衆に武田勢の相模国侵攻に備えて河村・足柄両城の普請を命じ、郷村の百姓に守備兵として在城を命じた。四月に入ると氏政と武田信玄との和睦が世間の噂として流れはじめた。二十八日の上杉謙信の書状には早くも「南（北条氏）甲（武田氏）の凶徒出張」と見えている。すでに謙信と氏政は断絶していた。その頃には北条氏康は病気のために文書に花押が書けなくなっていた。いくら懇願しても関東に越山してくれない謙信の態度をみて、氏康が謙信との同盟を破棄する意向が伝わったものと思われる。対して五月十七日に信玄は足利義昭の家臣の岡周防守に、京都の将軍足利義昭から織田信長と断絶して京都から追放されたため、信玄に支援を求めていると知らせて、信玄は遠江国・三河国方面に進撃すると約束した。十月末には武田勢は武蔵国秩父郡方面に侵攻しているが、すでに氏康が十月三日に死去して、信玄との同盟が成立すると、完全に武田勢の関東侵攻は終息した。

第四節　関八州の領有と支城主

滝山城の北条氏照

元亀二年（一五七一）十月三日に北条氏康が死去すると、即日に北条氏政は上杉謙信と断交して越相同盟を崩壊させ、武田信玄との同盟に踏み切った。この甲相同盟の成立で、信玄の伊豆・武蔵・上野各国への侵攻は終わりをとげた。その後、氏政は武田勢に荒らされた三か国の支配再建と下野方面への平定に乗り出していった。その再建の先兵となったのは、氏政の兄弟の北条氏照・氏邦・氏規の三人であった。すでに第三章第三節の「由井城の北条氏照と天神山城の北条氏邦」の項で氏照と氏邦については、その軌跡の概略の説明はしているので、ここでは元亀三年から天正七年（一五七九）の北条氏直の家督相続までの、氏照の活躍を紹介しておこう。

北条氏照は、初期には由井城（東京都八王子市）、永禄四年（一五六一）からは青梅の勝沼城（東京都青梅市）も支配し、永禄九年九月から翌年九月の間に由井城から滝山城（八王子市）に本拠を移した。元亀三年三月には古河公方足利義氏の鎌倉の領域に後見人の氏照が支配権を伸ばしていった。氏政の古河公方領への浸透である。八月末には氏照が武蔵国忍城（埼玉県行田市）の成田氏長に、上杉方の同国羽生《はにゅう》城（埼玉県羽生市）の羽生勢を撃退し、深谷城（埼玉県深谷市）の上杉憲盛は撤退したと伝えた。氏照が羽生城を領有し、深谷城を攻めたとわかる。成田氏長は氏政に従属し、最期まで北条氏の他国衆として忍領支配に活躍した。

天正元年二月に入ると、氏照は下野国の敵対勢力で上杉方の佐竹義重・宇都宮広綱・小山秀綱・那須資胤等と対決するため、会津黒川城（福島県会津若松市）の芦名盛氏に支援を求めた。北条方の下野国衆には足利長尾氏・佐野氏・壬生氏・皆川氏等がいた。三月二十二日には氏照が盛氏に麦秋《ばくしゅう》（五月）には下野国に侵攻するので、四月中旬には佐竹義重を攻めてほしいと依頼した。十一月四日には鹿沼城（栃木県鹿沼市）の壬生周長が氏照家臣の野口氏に、氏照への取次役は大石筑前守が務めていると報せ、壬生氏が氏照の国衆として従属していた。天正二年二月末には氏照が下総国古河城代の一色氏久に、上杉謙信が上野国に侵攻したため、氏照は急遽、栗橋城（茨城県五霞町）に入ったと伝える。閏十一月には氏照が下総国結城城（茨城県結城市）の結城晴朝との取次役を務めた。十二月二日には古河公方の奉行衆が公方家の御料所を氏照奉行人の狩野宗円・間宮綱信に報告し、栗橋城の周辺は氏照に申告した。閏十一月十九日に関宿城（千葉県野田市）を北条氏政が攻略し、古河公方の足利義氏が全く氏照の支配下となる。氏政が関宿城領の直接支配を開始した。城代は氏照家臣の布施《ふせ》景尊《かげたか》が務めた。

天正四年（一五七六）十二月から下野国小山城（栃木県小山市）が北条氏照の持城となり、城領支配を開始し、城代として大石照基が活躍した。同五年七月十三日に北条氏政が直轄領の武蔵国岩付城（埼玉県さいたま市岩槻区）の岩付衆に、軍勢の各奉行衆の配備を決め、氏照の陣取りが優れているから参考にせよと命じた。氏照は合戦での作戦上手であったとわかる。八月に入ると氏照は下野国の宇都宮広綱の重臣の多功《たこう》孫四郎に連絡しており、宇都宮氏の一族が氏照に従属してきた。十月九日には氏政が上総国に侵攻し、長南城（千葉県長南町）の武田豊信が従属したので、その知行地を足利義氏の仲介で氏照に申告させた。ただし、氏政と豊信の取次役は北条氏規が務めている。

天正六年二月十日には北条氏照が武蔵国高尾山（東京都八王子市）薬王院に、八王子根小屋に当たるため竹木伐採を禁止させた。一説には八王子城の築城材料の確保のためともいう。三月十三日に上杉謙信が死去したが、氏照は二十五日には会津の芦名氏家臣に、その実否を問い合わせている。これをもって上野・下野・房総の上杉方の国衆は支えを失って反北条氏同盟を結ぶ事になった。盟主は佐竹義重であった。四月十五日に氏照は陸奥国三春城（福島県三春町）の田村清顕の家臣の御代田《みしろだ》下野守に、北条氏政が佐竹攻めに入るので協力を依頼した。五月十九日には氏政は下総国結城・山川口に出馬し、氏照は芦名盛隆に協力を依頼し、義重は宇都宮城（栃木県宇都宮市）にあって反北条氏同盟の国衆を集めていると知らせた。七月末には下総国牛久城（茨城県牛久市）の岡見治広への取次役を氏照が務め、この後は佐竹方の下妻城（茨城県下妻市）の多賀谷重経に攻められている治広を氏照が支援する事となる。

天正七年（一五七九）正月二十八日には北条氏照が三河国の徳川家康に馬・刀・青鷹を贈呈し、北条氏政が武田勝頼と断交して織田信長と共に勝頼を滅ぼす内密の計画を推進させる。三月末に氏照は下野国佐野城（栃木県佐野市）の佐野宝衍に佐野宗綱への指導を依頼した。氏照が佐野氏への取次役を務めた。五月九日には氏政が上野国の河田重親に御館の乱の戦功により不動山城（＝八崎城・群馬県渋川市）を与え、以前からの知行を安堵した。氏照が取次役を務めた。二十一日には氏政が房総の土気《とけ》城（千葉県千葉市緑区）の酒井康治への取次役を氏照に務めさせた。八月二十四日には氏照が上野国小川城（群馬県みなかみ町）の小川可遊斎に、氏照が沼田城（群馬県沼田市）に入ったので安心してほしいと伝えた。氏照が小川可遊斎の取次役を務めた。九月には織田信長の近江国安土城（滋賀県近江八幡市）に氏照の使者の間宮綱信が派遣され、武田勝頼攻めの作戦計画が協議された。ここに北条氏は織田政権の一員となる。

以上の如く、北条氏照は下野・上野両国や房総方面の国衆との取次役を多く務め、北条氏政の右腕として活躍したのである。

鉢形城の北条氏邦

北条氏康の三男の北条氏邦は、永禄十一年（一五六八）十月から翌年二月の間に武蔵国天神山城（埼玉県長瀞町）から同国鉢形城（埼玉県寄居町）に居城を移した。武田信玄との抗争が開始された時に当たる。氏邦は藤田氏邦を名乗り、北条氏邦を称するのは天正六年（一五七八）六月頃である。元亀二年（一五七一）十月に父氏康が死去する直前の七月末には、武田勢が鉢形領の日尾城（埼玉県小鹿野町）に侵攻し、城主の諏訪部主水助が防戦して氏邦から感状を得ている。翌三年正月十五日に北条氏政が上野国金山城（群馬県太田市）の由良国繁父子に、氏邦から前年の十二月二十七日には武田信玄と秘密裏に同盟していたと知らさせた。北条氏の家中侍にも極秘にされていたのである。信玄との国分は氏邦の書状で行われた。六月十一日には権現山城（群馬県沼田市と高山村との境）の吉田真重に二〇貫文の知行を与えた。

天正元年（一五七三）には北条氏邦は家臣達の知行高を確定し、翌二年正月には家臣の町田・吉田・黒沢各氏に官途や受領を与え、家臣の身分を安定させた。足軽身分から侍身分に昇格した黒沢氏の例も見られ、氏邦家臣団の拡充である。三月には逸見与一郎に軍勢の武具と服装について詳しく規定し、武具や羽織等は黒色で統一させた。この頃から氏邦の軍勢は甲冑や旗指物・武器も黒色で統一させている。天正四年二月には北条氏政が安房守氏邦に足利長尾・成田氏長・深谷上杉氏憲の意見により、金山城の由良成繁が上野国善城（群馬県前橋市）を攻略した事は喜ばしいと伝えた。氏邦の受領の安房守の初見である。この年には氏邦は再び家臣達の軍役を細かく規定し、再び甲冑や旗指物・武器も黒色で統一させた。

天正五年閏七月八日には北条氏政が上野国小泉城（群馬県大泉町）の富岡秀長に、下野国結城方面に侵攻して結城城の外張際での合戦を伝え、北条氏邦から副状させた。氏邦が結城方面に出馬し、富岡氏の取次役を務めている。翌六年六月には武田勝頼が氏邦に越後国の上杉景勝の動きを知り、氏政が武蔵国河越城（埼玉県川越市）に着陣したので勝頼も四日には出馬し、陣中で相談したいと北条安房守に伝えた。この文書が、藤田氏邦から北条氏邦と見える初見文書となる。これ以後は藤田氏邦とは見られない。十日には氏政が由良成繁父子に、越後国の御館の乱に関して、上野国白井城（群馬県渋川市）の長尾憲景を従属させる手立てを成繁父子に命じ、氏邦に結果を報告させた。氏邦が由良成繁への取次役を、後には長尾憲景への取次役も務めた。九月九日に氏政が御館の乱による上杉景虎（もと北条三郎）への支援として、氏邦と富岡秀長を共に越後国上田表（新潟県南魚沼市）に侵攻させた。十月二十三日に氏邦が会津黒川城（福島県会津若松市）の芦名盛隆に、上杉景勝と盛隆が断交する様子なので、来春には上野国沼田城（群馬県沼田市）を北条方が領有する予定と通告した。この後、氏政が沼田城を攻略して氏邦に預け、氏邦の家臣の富永助憲（のちの猪俣邦憲）が城代となる。この年の暮には上野国厩橋城（群馬県前橋市）が氏邦の持城となり、翌七年には上野国女淵《おなぶち》城（群馬県前橋市）も氏邦の持城となる。

天正七年（一五七九）三月には、上杉方に離反していた上野国白井城の長尾憲景が、再び北条氏に従属し、北条氏邦が取次役となる。五月六日には北条氏政が金山城の由良成繁へ御館の乱で死去した上杉景虎の遺領の処理について細かく指示し、上野国深沢城（群馬県黒保根村）・五覧田《ごらんだ》城（群馬県みどり市）の城の品々を氏邦に与えた。二十一日に氏邦が片野善助に上野国猿ヶ京城（群馬県みなかみ町）での合戦に忠節を尽くした功績を認め、感状を与え、同城は氏邦家臣で沼田城主の富永助憲に預けた。十月末には氏邦が北爪大学助に上野国上山城（群馬県桐生市）での合戦の忠節を認め、感状を与えた。攻め手は上杉方の毛利高広。

この様に北条氏邦は、武蔵国鉢形城に居城しながら、北条氏政の命令通りに上野国の国衆への支配を推進していった。

三崎城・韮山城の北条氏規

北条氏政の兄弟では支城主として顕著な活躍を見せたのは、北条氏照と北条氏邦が最も著名である。この二人を除けば氏邦の弟（北条氏康の五男）で相模国三崎城（三浦市）の城主、伊豆国韮山城（静岡県伊豆の国市）の城代を兼務した北条氏規を紹介する必要があろう。氏規は慶長五年（一六〇〇）二月に五六歳で死去しているから、天文十三年（一五四四）の生まれとなる。氏規は若くして甲相駿三国同盟の証人として駿河国駿府館（静岡県静岡市葵区）の今川義元の許に送られ、幼年時代を過ごした。その時の隣家には、人質の徳川家康がいて親しくなった。幼名は賀永《がいえい》、通称は助五郎、官途は左馬佐、受領は美濃守を称した。永禄八年（一五六五）には小田原城に帰国していたと思われ、同年正月二十八日に伊豆国手石郷（静岡県南伊豆町）の石門寺の寺領に関して諸役を免除しており、これ以後天正十九年（一五九一）八月まで合計七八通の発給文書が確認されている。永禄八年の初見文書は「真実」と読める小型朱印を捺印した朱印状で、その時には帰国して韮山城代として韮山城領支配を行っていた。朱印状は三五通を数える。ここでは、氏康から氏政の時代の天正七年までの氏規の動向を紹介しよう。

永禄九年六月に東京湾の海上警護について水軍大将の山本正直に、里見勢の軍船を房総対岸の上総国富津浦（千葉県富津市）に追い詰めた功績を認めて感状を与えた。正直は伊豆国田子（静岡県西伊豆町）の地侍で、韮山城領のため、北条氏規に命じられて三浦半島に移転してきていた。この後、山本父子は氏規の水軍大将として大活躍することになる。七月には氏規が小田原城内の本光寺（北条為昌の菩提寺）に、北条為昌の菩提料の施餓鬼銭として相模国土肥・吉浜（湯河原町）内で二貫文を寄進した。氏規が天文十一年に死去した玉縄城（鎌倉市）城主の為昌の菩提者として登場してくる。しかし、なぜ氏規が為昌の菩提者となったのかは不明である。十月には北条氏政が古河公方家臣の豊前山城守に、山城守の医術によって大病が完治したと喜悦して謝礼し、氏規から副状させた。氏規が豊前山城守への取次役を務めている。

永禄十年二月二十三日には北条氏規が上総国天神山城（千葉県富津市）城下の鋳物師で流通商人の野中修理亮に、対岸の武蔵国金沢（横浜市金沢区）・神奈川（横浜市神奈川区）の湊に入港して商売する事を許可した。この頃には三崎城の城主を務めている。二十五日には三浦郡田津（横須賀市）の永島正氏に葛網《かつらあみ》の使用について指示し、この朱印状の奉者を南条昌治が務めており、その後は氏規が伊豆国韮山城に詰めている時には、昌治が三崎城の城代として三崎城領支配の責任者を務めた。十二月末には北条氏康が下総国本佐倉城（千葉県酒々井町）の千葉胤富に、土気城（千葉県千葉市緑区）の酒井氏の下総国本納城（千葉県大網白里町）が里見勢に攻められたため、氏政の代わりに氏規や江戸衆の遠山勢が胤富への支援として下総国船橋（千葉県船橋市）に出陣すると伝えた。

永禄十一年十一月に武田信玄が駿河国の今川氏真を攻めた時には、北条氏規も伊豆衆を率いて駿河国駿東郡に侵攻し、多肥（静岡県沼津市）の龍雲院に制札を掲げて軍勢の乱暴を禁止させた。十二月十八日には武田勢に囲まれた駿河国蒲原城（静岡県静岡市清水区）の北条氏信への加勢として同城周辺に着陣し、同国富士郡須津（静岡県富士市）の八幡宮別当に軍勢の乱暴禁止を伝えた。翌十二年二月にも駿河国駿東郡に在陣しており、川の船橋について北条氏政から指示されている。三月末には留守にした三崎城の在番には相模国津久井城（相模原市緑区）の内藤綱秀の軍勢にも務めさせている。守備の責任者は南条昌治が務めていた。五月二十四日には氏政が徳川家康の家臣の酒井忠次に今川氏真の扱いについて報告し、詳しくは氏規から副状させるとした。氏規と家康との交渉の初見である。氏真と氏政との連絡係は氏規の新規家臣の岡部和泉守（もと氏真の家臣）が務めた。

永禄十三年（元亀元年、一五七〇）二月に北条氏規が、三浦半島先端の観音崎の観音寺に諸役免除と竹木伐採を禁止させた。八月の頃には武田信玄が伊豆国北部に侵攻して、韮山城を攻略せんと来襲した。武田方の武田勝頼を主将に勇将の山県昌景・小山田信茂等の率いる七、八〇〇〇人の強敵であった。氏規方には北条氏忠・清水康英・大藤政信・山中氏等の伊豆衆七〇〇〇人程が防戦して、城下の町庭口で激戦を展開した。ようやく撃退して韮山城は落城せずに終わった。八月十七日には信玄と同盟した房総の里見義堯父子が上総国に侵攻し、北条方の水軍大将の山本正次と東京湾の海上で決戦となり、正次が氏規から感状を受けている。伊豆と房総との二方面作戦に氏規は大活躍していた。九月十七日には氏規は山本家次に房総では家次の次男の正次が活躍し、伊豆では毎日の様に韮山城に武田勢が来襲してきているが防戦していると知らせている。元亀二年十月の信玄との同盟で二方面作戦は終息したものの、里見義堯・義弘父子との抗争は激化していった。翌三年三月には家次父子に、東京湾の海上防衛については任せると通達し、北条・里見両属の郷村である半手郷《はんてごう》の管理を厳しくさせている。十二月十日には正次に安房国吉浜（千葉県鋸南町）での里見勢との合戦の忠節を認め、感状を与えた。

天正三年（一五七五）四月四日に北条氏政が北条氏規に、伊勢国方面に帰国する同国角屋《かどや》船に伊勢に上る者四人を便乗させよと通達した。氏規が三崎城主として太平洋航路の外洋船の管理を任されていたとわかる。翌四年三月末には水軍大将の山本正次に、東京湾の上総国の内湾の半手郷一七か所の管理運営について、野中遠江守に任せていたのを改定し、六人の者に配分して管理させた。

天正四年六月には京都の前将軍の足利義昭が避難先の備後国から北条氏規に、毛利氏と同盟して義昭を助けてほしいと懇願した。氏規は今川義元の許に人質でいた時から、将軍家とは昵懇の関係で、幕府奉公衆に加えられていた。義元の推挙と思われ、氏規は幼くして義元の養子になっており、通称の助五郎は義元から拝領の通称であった。

天正五年八月二十日に北条氏規は出羽国米沢城（山形県米沢市）の伊達輝宗に友好の書状を出した。氏規は一時期ではあるが、伊達家との取次役を務めた。翌六年にも北条氏政が輝宗に書状を出して友好を深めており、詳しくは氏規から副状させるとしている。

この様にして北条氏規は三崎城の城領支配と、伊豆国の韮山城の防衛に活躍した。特に里見領と隣接した東京湾の海上防衛には大活躍したのであった。その氏規は、北条氏直の天正十年以降には、徳川家康との外交交渉では、主力となって活躍する事となる。

第五章　徳川家康・豊臣秀吉を相手として、北条氏直

北条《ほうじょう》 氏直《うじなお》

永禄五年(一五六二)~天正十九年(一五九一)。北条氏政の嫡男で第五代北条氏当主。天正八年八月に父氏政は織田政権へ参入し、隠居。氏直に家督を譲与し氏直を後見した。天正五年九月に氏直が文書に初見する。家督相続以前の同七年二月に家臣に直の一字を贈与しており、この頃には実質的に第五代当主に就任していたらしい。同年には織田信長に支援を求め武田勝頼と断交する。以後西上野や伊豆・駿河方面で武田勢と抗争を展開する。同年九月には勝頼と敵対する徳川家康と同盟して武田勢への攻勢を強めた。武田方についた上野の毛利・那波氏が北条方の沼田城(群馬県沼田市)を攻め以後は沼田城の攻防が上野支配の要となった。八年に入ると上野の国衆は次々に武田方に離反し氏直の勢力は後退していった。同年三月に氏直は織田信長に使者を遣し勝頼を東西から挟撃する作戦を協議させた。同時に徳川家康との協調路線も益々固めていった。翌九年三月に家康が武田方の遠江国高天神城(静岡県掛川市)を攻略すると武田勢の敗色は濃くなり、同十年三月には武田勝頼は信長に攻められて滅亡した。氏直は信長に協調して駿河に侵攻したが信長の攻める甲斐国へ侵攻しなかったことから信長の怒りを買い北条領の上野国は没収され滝川一益に与えられ、関東管領職も一益に与えられてしまった。しかし、同年六月の本能寺の変で織田政権が崩壊すると氏直は行動を起こし神流川の合戦で滝川一益を撃破すると旧武田領の信濃・甲斐両国に侵攻していった。徳川家康も旧武田領の領有をねらっていたから北条勢と抗争をくり返した。しかし、家康が武田旧臣の懐柔に成功し氏直は敗北して帰国した。家康との和睦で信濃・甲斐両国は徳川領となり、上野国は北条領となり、家康の娘の督姫が氏直の正室に迎えられることとなった。武田の旧臣の真田昌幸が勢力を伸ばして沼田領に侵攻しはじめ氏直との抗争に参入してきた。また下総の古河公方足利義氏が同年閏十二月に死去してここに古河公方は政治の舞台から消えていったため、公方領は北条氏照の支配に編入された。同十一年十月には織田政権を継いだ羽柴秀吉が「関東惣無事令」を発して氏直を配下大名とすべく触手をのばしてきた。氏直は家康を通して秀吉と和平する路線であったが天正十七年十一月に上野名胡桃《なぐるみ》城(群馬県みなかみ町)を攻略したため秀吉から討伐の宣告を受けて小田原合戦となった。翌年七月に小田原合戦に北条氏は敗れ、氏直は追放され大坂で死去。北条氏は滅亡するに至った。

第一節　武田勝頼との激戦

御館の乱

北条氏直が北条氏政から家督を継いだのは天正八年（一五八〇）八月と言われている。しかし、文書の上では前年の七年二月には、垪和又太郎と庄《しょう》孫四郎に一字書出を発給して、直の一字を与えている。この頃には、すでに家督を継いで小田原城の第五代当主に就任していたと思われる。永禄五年（一五六二）生まれの氏直は、この時には一八歳であり、氏政の後見を受けていた。

この家督を継いだ天正七年という年は、実は越後国では、大変な騒動が起こっていた。その前年の天正六年三月に上杉謙信が死去し、その直後から、嫡男のいない謙信の跡目を巡って養子の上杉景勝と上杉景虎（もと北条三郎、北条氏康の七男）が敵対して、越後国の国衆が景勝派と景虎派に分かれて二分する抗争を展開した。これを景虎が居城とした御館（新潟県上越市）により、御館《おたて》の乱と呼んでいる。

上杉景虎は北条氏康の七男で、永禄十二年の北条氏政と上杉謙信が同盟した越相同盟の証人として元亀元年（一五七〇）四月に謙信の居城の越後国春日山城（新潟県上越市）に入り、謙信の姪の長尾政景娘と婚姻して謙信の養子となり、春日山城二の丸に住んでいた。上杉景勝は長尾政景の子で、早くから謙信の養子となって春日山城本丸に住んでいた。天正六年三月に謙信が死去すると、景虎と景勝は家督相続を巡ってお家騒動を起こすにいたった。五月十三日には景虎は景勝からの圧力に抗しきれず上杉憲政の居城である御館に移ると、景勝との全面戦争に突入した。二十一日には景勝が深沢利重に、上野国猿ヶ京城（群馬県みなかみ町）の景虎勢を駆逐した功績を賞している。二十九日には景虎が会津の芦名盛氏に武田勝頼とは同盟中で、一族の武田信豊が軍勢を引率して信越境まで出馬してくれたと報せ、盛氏に支援を要請した。しかし、六月七日に景勝は秘密裏に、勝頼との同盟交渉を開始していた。ここに氏政と勝頼は断交し、上野国廐橋城（群馬県前橋市）の毛利高広が景虎方から勝頼に味方していった。急激に景虎の形勢は不利に傾いていった。この様な時の十一日に、河田重親が景虎に従属し景虎を喜ばせている。

天正六年六月二十三日には、武田勝頼が春日山城の上杉景勝に上杉景虎との和睦を仲介したいと伝えた。八月十九日には勝頼が景勝との間で起請文を取り交わし、景虎との和睦を仲介し、もしも双方が抗争しても、どちらにも加担しないと誓った。北条勢の信濃国の通行も制限したと述べている。勝頼の中立宣言である。北条方から景虎への支援の軍勢は豪雪地帯の上越国境の三国峠を通行する事になってしまった。二十日には景虎と景勝との和睦が成立した。しかし、十月十二日には景勝が河田重親に、越後国蒲沢城《かばさわ》（新潟県南魚沼市）に景勝方の毛利高広が侵攻して重親に北条方から景勝方に従属する様に誘った。対して景虎は重親に、上野国沼田城（群馬県沼田市）本丸に移らせている。十一月十六日には北条氏政が上杉家臣の後藤勝元に、景虎に味方して蒲沢城に籠城した苦労を慰め、来春の雪解けまで頑張ってほしいと伝えた。十二月九日には氏政は重親を沼田城代に任命し、来春に氏政が救援に向かうまで蒲沢城に全員が籠もり守備してほしいと依頼した。十七日には氏政は重親に、上野国の情勢を知らせ、不安な面もあるが、来春には氏政が仕置きするから安心せよと伝えた。

天正七年（一五七九）に入ると上杉景虎の状況は、ほとんど絶望的となっていった。正月七日に北条氏直が武田勝頼に新年の祝儀として、太刀と馬を贈呈した。この頃までは甲相同盟は持続していたが、この後は急速に崩壊していく。二月三日には蒲沢城が上杉景勝方に攻略され北条方の支援が途絶えると、三月十七日に上杉景勝が御館を攻略し、城を脱出した景虎は鮫ヶ尾城（新潟県妙高市）に逃れたが、二十四日に城中で妻子とともに自害した。二六歳であった。家老の遠山左衛門入道（康光）も後を追った。

武田勝頼の上野国沼田領への侵攻

天正七年（一五七九）三月には北条氏政父子は、上杉景勝と同盟した武田勝頼と断交した。三月二十四日に上杉景虎が御館の乱で滅亡すると、景勝の関東越山はほとんど見られなくなる。上野国の支配は、西上野が武田領、東上野が北条領となり、勝頼と氏直との上野全土の領有を巡って、新たな抗争が展開された。昨年冬には上野国沼田城（群馬県沼田市）は北条氏の領有となっていた。同七年正月十六日には氏直が上野国小泉城（群馬県大泉町）の富岡秀長に、十八日には金山城（群馬県太田市）の由良国繁に新年の祝儀として太刀を贈呈した。二月二十四日に北条氏政が二見景俊父子と三上某に、来月には上野国に出馬すると告げて参陣を求めた。三月十二日には氏政が武蔵国鉢形城（埼玉県寄居町）の北条氏邦に、上野国白井城（群馬県渋川市）の長尾憲景が隠居するとの事で、今後も昵懇にする様に依頼した。

五月六日に関東管領を自認する北条氏政は、上杉景虎の没落により上野国支配の意図を示し、上杉方から上野国の支配権を奪う意向を示して金山城の由良国繁に、勢多郡深沢城（群馬県桐生市）・五覧田城（群馬県みどり市）は北条方の河田重親の抱え城であるから北条氏邦の番手支配から重親に渡す事、山田郡高津戸城（みどり市）・勢多郡膳城（群馬県前橋市）・新田郡赤堀城（群馬県伊勢崎市）は国繁に任せる事と告げた。九日には氏政が重親に希望に答えて上野国不動山城（群馬県渋川市）を与え、知行も安堵した。奏者は北条氏照が務め、氏照が河田氏への取次役であった。九月十七日に武田勝頼が西上野の安中城（群馬県安中市）の安中七郎三郎に氏政の伊豆方面への出馬を告げ、駿河国三枚橋城（静岡県沼津市）が完成したので安心と知らせ、上杉景勝にも知らせた。

天正七年十月には武田勝頼と同盟する下野国の佐竹勢が武田勢と共に由良氏の金山城に来襲し、由良勢に撃退された。

十月中には武田方の真田昌幸が沼田領に侵攻し、中山（群馬県高山村）・尻高（高山村）・名胡桃《なぐるみ》（群馬県みなかみ町）・山名（群馬県高崎市）等の各城を攻略していった。十二月末には武田勝頼が不動山城の河田重親に、沼田城の攻略の戦功として沼田領で一五か所の知行を与えた。重親が北条氏直を離反して武田方に従属した。これは北条氏にとっては相当の打撃であった。

天正八年（一五八〇）正月四日に北条氏政が北条氏邦の家臣の吉田政重に、去年十二月二十八日の北条方の宮古島衆と武田方の倉賀野衆との合戦での戦功を認めて感状を与えた。正月には武田方の真田昌幸が沼田領の名胡桃城に入り、二月からは武田勝頼による沼田地域への侵攻が本格的に始まった。三月には北条氏邦が倉賀野（高崎市）に向けて侵攻した。十四日には氏政が富永助盛に、氏邦から勢多郡多留城（渋川市）の牧和泉守を攻めて戦功を立てたと報告され感状を与えた。閏三月二十五日には氏政が木内八右衛門尉に、猿ヶ京衆と相談して越後国上田庄（新潟県南魚沼市）荒戸山を攻め、上杉勢を多く討ち取った功績を認めて感状を与えた。三十日には勝頼が矢沢頼綱に、昌幸からの報告で沼田城で北条勢に対して大勝利したと報告され、加勢を送ると約束した。五月四日に真田昌幸が中沢半右衛門に北条方の猿ヶ京城（みなかみ町）を攻撃した忠節を賞し、六日には猿ヶ京城は陥落して武田方となり、小川可遊斎が入った。四日には沼田城も陥落し藤田信吉が降伏して武田方に従属した。

九月二十日には真田昌幸が東上野の利根郡の制圧戦を進め、この日に武田勝頼も出馬して十月八日には膳城（前橋市）を攻略した。この頃には北条氏政は武蔵国本庄（埼玉県本庄市）に在陣していた。十日には勝頼は宇津木氏久に、忠節を尽くせば武蔵国で二〇〇貫文の知行を約束したが、氏久は北条氏に従属する意向であった。

天正九年五月二日に北条氏政は宇津木氏久に、北条氏邦からの報告で北条氏に忠節をつくしている事に謝礼し、ここに宇津木氏が北条氏に従属した。七日には氏政が白井城（渋川市）の長尾憲景に武田勢を攻めている忠節を賞し、佐竹勢の上野への侵攻については武蔵・下総衆を向かわせて追い詰めていると告げた。天正十年三月には織田信長に攻められて武田勝頼が滅亡し、上野国には滝川一益が関東管領として廐橋城に本拠を据えた。北条氏直と武田氏との上野国を巡る抗争は終わりをつげ、北条氏は同国から撤退した。

北条氏直が難儀した下野国領有

北条氏直の家督相続がなった天正七年（一五七九）頃には、上野国の騒乱の影響もあって下野国にも北条氏の勢力が伸展していった。同年二月には北条方の下野国壬生城（栃木県壬生町）の壬生義雄が、叔父の鹿沼城（栃木県鹿沼市）の壬生周長を倒して鹿沼城に入り、壬生氏の分裂が終息した。義雄は日光山（栃木県日光市）の支配権も握っており、敵対した周長は佐竹・宇都宮氏方であったから、この後は北条氏と佐竹・宇都宮氏との抗争に発展していった。三月三十日には北条氏政が下野国佐野城（栃木県佐野市）の佐野宝衍に、佐野昌綱が十三日に死去したので、今後は嫡男の佐野宗綱への取次役を依頼した。四月六日に佐竹北家の佐竹賢哲（義斯）が佐野氏家老の大貫左衛門尉に、宗綱に北条氏への従属を解いて佐竹義重に従属する様に説得し始め、この事は宝衍にも知らせておくと伝えた。それでも宗綱は氏政父子に従属し続け、北条方の古河公方の足利義氏に端午の祝儀の挨拶を送っていた。

七月二十四日には佐竹賢哲（義斯）が佐野氏家臣に、佐野宗綱は依然として北条氏直に従属しており、残念である。今後は佐竹義重に従属する様に仕向けてほしい。皆川城（栃木県栃木市）の皆川広照も氏直に味方しており、陸奥の田村清顕も北条方である。しかし、清顕と会津黒川城（福島県会津若松市）の芦名盛隆とが抗争を始めたため、盛隆と佐竹義重が同盟した事、氏直は武田勝頼と断交して勝頼と義重が同盟したと、下野国の状況を報告している。氏直と勝頼との本格的な断交は九月初旬であった。二十四日に氏直は下総国守谷城（茨城県守谷市）の相馬胤永に、義重が来襲したのを撃退した事を褒めている。胤永も北条方であった。

十一月七日には武田勝頼が佐竹義重に、北条氏直とは断交したが上野国の毛利高広とは友好的でありたいので、義重と高広とが同盟してほしいと懇願した。十二月十五日には勝頼が下総国結城城（茨城県結城市）の結城晴朝に、古河・栗橋方面に侵攻した事に賛意を送った。

天正八年（一五八〇）二月十九日に北条氏照の家臣で下野国小山城（栃木県小山市）の城主の大石照基が、大橋氏に下総国生井郷（小山市）を知行として与えた。三月には氏照が下総国牛久城（茨城県牛久市）の岡見氏、土岐氏等と共に佐竹方の同国下妻城（茨城県下妻市）の多賀谷重経を攻めた。九月に入ると佐竹義重と佐野宗綱が同盟し、宗綱は北条氏を離反した。六日には佐竹義久が富岡将監に、北条勢が来襲したが、義重が出馬すると退却したと伝えた。十一月末には北条方であった壬生義雄が離反して義重に従属した。十二月十五日に佐竹方の佐野宗綱が佐竹義斯に、利根川を越えて北条勢を多く討ち取った功績を褒め称えた。

天正九年に入ると武田勝頼の勢力圏が縮小し、もはや下野国には及ばなくなり、同国の抗争は北条氏直と佐竹義重との抗争が主力となっていった。六月二十五日には松田憲秀が常陸国江戸崎城（茨城県稲敷市）の土岐治綱に、土岐胤倫が味方して着陣した事を氏直も感謝していると伝えた。憲秀が治綱の取次役を務めている。翌十年正月には憲秀が下総国の相馬胤永に、新年の祝儀としての贈答品に感謝している。この様に北条氏直の下野国方面への侵攻は難問が多く、特に武田勝頼と佐竹義重との抗争が複雑に展開しており、順調には進まなかった。

第二節　武田攻めと甲斐・信濃への侵攻

房総支配と里見義頼との関係

天正五年末には房総の里見義弘が、ついに北条氏政に抗しきれずに屈伏し、北条氏と和睦した。天正七年（一五七九）五月四日には北条方の下総国本佐倉城（千葉県酒々井町）の千葉胤富が死去し、嫡男の邦胤が跡を継いだ。妻は氏政の娘の芳桂院殿。二十一日には氏政が土気城（千葉県千葉市緑区）の酒井康治に、佐竹勢が退去したので下野国榎本城（栃木県栃木市）の在番から帰国させた。六月二十四日に武田勝頼が里見義頼（義弘の嫡男）と同盟し、北条氏との抗争が再開された。二十八日には越後国の上杉景勝も義頼と同盟し、ここに武田・上杉・里見同盟が成立した。七月五日に北条氏政が下総国沼森（茨城県八千代町）での佐竹勢との合戦で萩野主膳の忠節を認めて感状を与えた。氏政は佐竹方の下妻城（茨城県下妻市）の多賀谷重経を攻めていた。

九月三日に北条氏政は古河公方足利義氏と千葉邦胤に、武田勝頼が駿豆国境に三枚橋城（静岡県沼津市）を構築したため危険を感じて出馬し、参陣を求めた。この出馬は徳川家康との共同作戦であり、北条氏は駿河と房総との二方面作戦に対処せざるをえなくなった。房総方面では佐竹義重との抗争が激化し、五日には氏政が土気城の酒井康治に、北条氏照と協力して佐竹勢を防いでほしいと依頼した。十月末には足利義氏が関宿城（千葉県野田市）の簗田晴助に、義重が古河城（茨城県古河市）城下に侵攻したが撃退したと氏政に報告している。十一月に入ると北条氏の情勢はかなり悪化し、上野国の毛利高広・那波顕宗が武田方に離反し、由良国繁・長尾顕長・皆川広照も佐竹方に離反して沼田城（群馬県沼田市）も風前の燈となった。

天正八年三月十三日に北条氏政が関宿城下の町人に、古河・栗橋の間に佐竹勢が侵攻したなら、悉く栗橋川向かいに出陣して栗橋城（茨城県五霞町）の布施景尊と相談して防戦せよと命じた。この時には古河城は普請の最中であった。六月には里見氏に家督を巡って騒動が起こり里見義頼が兄弟の里見梅王丸を佐貫城（千葉県富津市）に攻めて降伏させ、義頼の岡本城（千葉県南房総市）に幽閉した。七月五日には義頼が氏政の重臣の松田憲秀に、小田喜城（千葉県大多喜町）の正木憲時の不穏な反乱計画を知らせ、里見家中の事であるから手出しは無用と伝えた。武田・佐竹・里見同盟の最中であるが、義頼は北条氏とも通じていたと判明する。北条・里見同盟は天正五年冬には成立していた。憲時は五日に義頼に反乱を起こし、義頼は憲時を興津城（千葉県勝浦市）に攻めた。十八日には義頼は佐竹義重に憲時の反乱は、間もなく鎮圧されると伝えた。

天正九年（一五八一）三月に武田勝頼が佐竹義重に、里見義頼との同盟は上手くいっており、北条氏政と抗争していると伝えたが、この頃から勝頼の房総方面への文書は確認されなくなる。四月二十七日には北条氏直が上総国東金城（千葉県東金市）の酒井政辰に、相模国府津《こうづ》（小田原市）まで着陣せよと命じ、武田攻めに協力させた。八月十七日に義頼が金谷城（千葉県富津市）・百首《ひゃくしゅ》城（富津市）の城主の正木頼時・時盛と、北条方の北条氏光に中島（千葉県君津市）で軍勢揃いを行わせ、共に小田喜城（千葉県大多喜町）の正木憲時を攻めて降伏させた。すでに里見・武田同盟は崩壊し、北条・里見同盟が機能している。九月に憲時は家臣に殺害され、憲時の反乱は完全に鎮静した。

天正十年正月に古河公方足利義氏に千葉邦胤と下総国小金城（千葉県松戸市）の高城胤辰が新年の挨拶に祝儀品を贈呈し、北条氏直に従属していたとわかる。

伊豆方面での武田勢との激闘

天正七年（一五七九）三月に武田勝頼が伊勢神宮に、北条氏政が血判起請文に違反して甲相同盟を破棄した事に怒っていると通達した。御館の乱で上杉景勝と同盟した勝頼に怒った氏政が甲相同盟を破棄したためである。九月始めには勝頼・氏政は完全に断交した。のみならず氏政は織田信長と同盟して、翌八年三月九日には氏政の家臣の笠原康明と北条氏照の家臣の間宮綱信を使者として、近江国安土城（滋賀県近江八幡市）の信長の許に派遣して、信長と共に勝頼を攻める作戦を協議させた。その時の約束として関東の事は信長に任せる事、信長の娘を北条氏直の正室に迎えるとの約束を交わした。ここに北条氏政父子は織田政権の一大名となり、信長の平定範囲は関東の北条氏領に及ぶこととなった。

天正七年九月には武田勝頼が駿豆国境の沼津（静岡県沼津市）に三枚橋城を構築し、対して北条氏直は向かいに泉《いずみ》頭《がしら》城（静岡県清水町）を築いて武田勢の侵攻を阻止した。十七日には氏直が徳川家臣の榊原康政の仲介で徳川家康と同盟し勝頼を包囲していった。十九日に家康と勝頼が断交し、家康は遠江国懸河城（静岡県掛川市）に進出し、北条氏政も同調して伊豆国三島（静岡県三島市）に着陣した。十月二日に氏政は星屋氏に泉頭城の築城用に材木を徴発させ完成させた。八日には勝頼が佐竹義重と太田資正との同盟に成功し、駿河国江尻城（静岡県静岡市清水区）に進出してきた。二十日には勝頼が上杉景勝の妹菊姫を娶り越甲同盟を強化した。武田勢の駿河国東部への進出に対し、氏政は伊豆西海岸の防備として長浜城（静岡県沼津市）に水軍用の船懸場を構築した。十二月には武田勢は伊豆北部に侵攻して郷村を荒らし回り、勝頼は九日に甲府に帰国した。

天正八年に入ると武田勝頼の伊豆国北部への侵攻は激しくなり、北条氏政が対応に追われる事となった。北条領の郷村の百姓が戦乱を逃れて欠落《かけおち》する者が頻発しはじめた。三月二十四日には勝頼が下野国烏山城（栃木県那須烏山市）の那須資晴に北条氏政の伊豆表進出に対して決戦を挑むので、加勢を依頼した。閏三月十八日には氏政が武田方の駿河国深沢城（静岡県御殿場市）方面に侵攻して郷村に放火して荒し回り相模国足柄城（南足柄市）に帰国した。四月九日に勝頼が上野国の上杉方の毛利高広に、氏政が駿河国御厨《みくりや》方面に出馬したと述べ、協力を依頼した。この時に勝頼は上野国伊勢崎（群馬県伊勢崎市）方面に侵攻していた。二十五日には伊豆国西海岸で武田方の水軍の向井兵庫助・小浜景隆と北条方の水軍の梶原景宗が海戦を演じ、武田水軍が勝利した。この時に氏政は武蔵・房総各国の全軍を率いて伊豆国北部方面に出陣し、六月十二日には撤退した。八月十六日に徳川家康が北条方の戸倉城（静岡県清水町）の笠原政堯に、武田方の遠江国高天神城（静岡県掛川市）攻めの来援に感謝して太刀を贈呈した。高天神城は天正九年三月に陥落した。この高天神城の失陥は武田勝頼に大打撃を与え、武田勢は遠江国から全面的に撤退した。

天正九年（一五八一）四月七日には武田勝頼の水軍が伊豆国久料津（静岡県沼津市）で北条氏の水軍と海上で合戦し、武田方の小浜伊勢守・向井兵庫助・伊丹氏に感状を与えた。十九日には北条氏直が津久井衆の小崎彦六に、十七日の甲斐国都留郡譲原《ゆずりはら》（山梨県上野原市）の武田勢との合戦での忠節に感状を与え、北条方の平山氏重が武蔵国小郷内《おごうち》（東京都奥多摩町）での合戦の忠節に感状を与えた。甲斐・武蔵国境でも北条勢と武田勢との合戦が頻発していた。五月十五日に北条方の清水康英が水軍の山本正次に、伊豆国田子（静岡県西伊豆町）の山本屋敷に武田勢が来襲したのを撃退した功績を、小田原城に申告すると述べた。

七月二十四日には近江国安土城の織田信長の許で、織田信忠・北畠信雄・神戸《かんべ》信孝が武田攻めの作戦を協議した。八月十五日には北条氏直が木村某に、箱根山の諸軍勢の通行路の普請を命じた。二十三日には氏直が大藤政信に駿河国天神ヶ尾砦（静岡県沼津市）での武田勢との戦いでの忠節に感状を与えた。九月三日には北条方の梶原政景が里見方の岡本元悦に、氏直が勝頼の伊豆方面への侵攻に対し、分国中の軍勢と国衆を全て相模国内に集めていると伝えた。里見義頼は勝頼とも同盟していた。十三日には氏直が金沢与五郎・小野沢五郎兵衛に、先月の沼津での武田勢との戦いでの忠節に感状を与えた。十月二十九日には氏直を仰天させる事件が勃発した。こともあろうに伊豆国戸倉城（静岡県清水町）の城主の笠原政堯が氏直を離反し、勝頼に従属したのである。政堯は北条氏の宿老の松田憲秀の嫡男で、伊豆郡代を務める重臣である。その謀叛により、伊豆国は武田氏の領国となってしまった。北条方の泉頭城や沼津の獅子浜城も武田勢に攻略される運命となった。

しかし、武田勝頼の勢力は周囲から圧迫を受けて、甲府（山梨県甲府市）の武田館では敵の襲来を防ぐ事は不可能となり、勝頼は新府《しんぷ》城（山梨県韮崎市）を築城して居城とし最期の決戦体制を敷く事となった。天正九年十一月の事である。翌十年正月末に勝頼の一族の木曽義昌が織田信長に内応して勝頼から離反、二月末には上野国廐橋城（群馬県前橋市）の毛利高広が勝頼から離反、伊豆国戸倉城・三枚橋城も北条氏直が攻略した。二月十四日には織田信忠が信濃国に侵攻し、三月二日には高遠城が陥落し、三日には抗戦を断念した勝頼は新府城を焼き払うと、都留郡の小山田信茂を頼って逃避したが、信茂も裏切ると知った勝頼は三月十一日に田野（山梨県甲州市）で織田方の滝川一益に攻囲されて、正室の桂林院殿（北条氏政の妹）と共に自刃し、鎌倉時代以来の名族の武田氏はここに滅亡した。

信濃国から甲斐国への侵攻

天正十年（一五八二）三月十一日に武田勝頼が滅亡した時には、北条氏政父子は織田信長の武田攻めに同調して駿河国東部に侵攻したが、甲斐国には侵攻しなかった。二月二十九日に北条方の山角康定が織田方の滝川一益に、昨日は武田方の駿河国戸倉城（静岡県清水町）を攻略し、今夜中には沼津の三枚橋城を攻略する予定と知らせた。三月三日には氏政が北条氏秀に、二日に駿河国駿東郡吉原（静岡県富士市）に着陣したと知らせた。六日には北条氏直が北条氏規に、駿河国富士郡の金山衆と富士大宮城（静岡県富士宮市）の富士大宮司が降伏したと知らせた。十六日に信長は京都の松井友閑に、氏政は駿河国に侵攻しており、武田領は全て織田家の支配国になったと報告した。武田攻めの最終段階の北条氏の行動をみても、氏政父子は武田氏本国の甲斐国には侵攻しなかったとわかる。この事が、信長の機嫌を損ねる結果となった。三月中は諏訪に在陣して、参陣諸将の論功行賞を行った信長に、北条氏は様々な物品や米・馬等を戦勝の祝儀として贈呈したが、益々信長の反感を買うだけの結果となった。一番の痛手は、北条氏直が自認した関東管領職は、織田方の滝川一益に与えられ、上野国東部の北条領を没収されて一益が上野国全土の支配者となった事である。二十一日に氏政は信長に黄金一〇〇〇両、二十三日には米二〇〇〇俵を贈呈したが無駄であった。妹の桂林院殿（武田勝頼の正室）を見殺しにしてまで、信長に味方した氏政は無念の涙を呑んだ事であろう。信長の娘を氏直の正室に迎える約束も反故となった。

三月十八日には武田方の真田昌幸が織田信長に従属した。二十九日には滝川一益が上野国箕輪城（群馬県高崎市）に入り、関東管領の職務として関東の国衆に従属を呼び掛け始めた。対して北条氏政父子は黙認する態度を示していた。下野国小山城（栃木県小山市）の小山秀綱、上野国の由良・那波・毛利、武蔵国深谷の長尾、房総の里見の各氏は一益に従属し、古河公方の足利義氏すらも一益に従属した。四月八日には佐竹方の太田資正が織田氏の直参となった。一益はのちに廐橋城（群馬県前橋市）に移っている。

この様な関東の織田政権への編入過程への最中の六月二日に、京都の本能寺で織田信長が明智光秀に襲撃されて敗死する大事件が勃発した。この報は一早く徳川家康から北条氏にも知らされ、十一日に北条氏政が滝川一益に、信長の横死を知り無念であろうが、何でも相談してほしいと伝えたが、この日に氏政は下野国小山城を攻略し、すでに織田政権への反旗を表していた。十五日には北条氏直が甲斐国の渡辺庄左衛門尉に、都留郡内の旧被官や国衆を集めて北条氏に

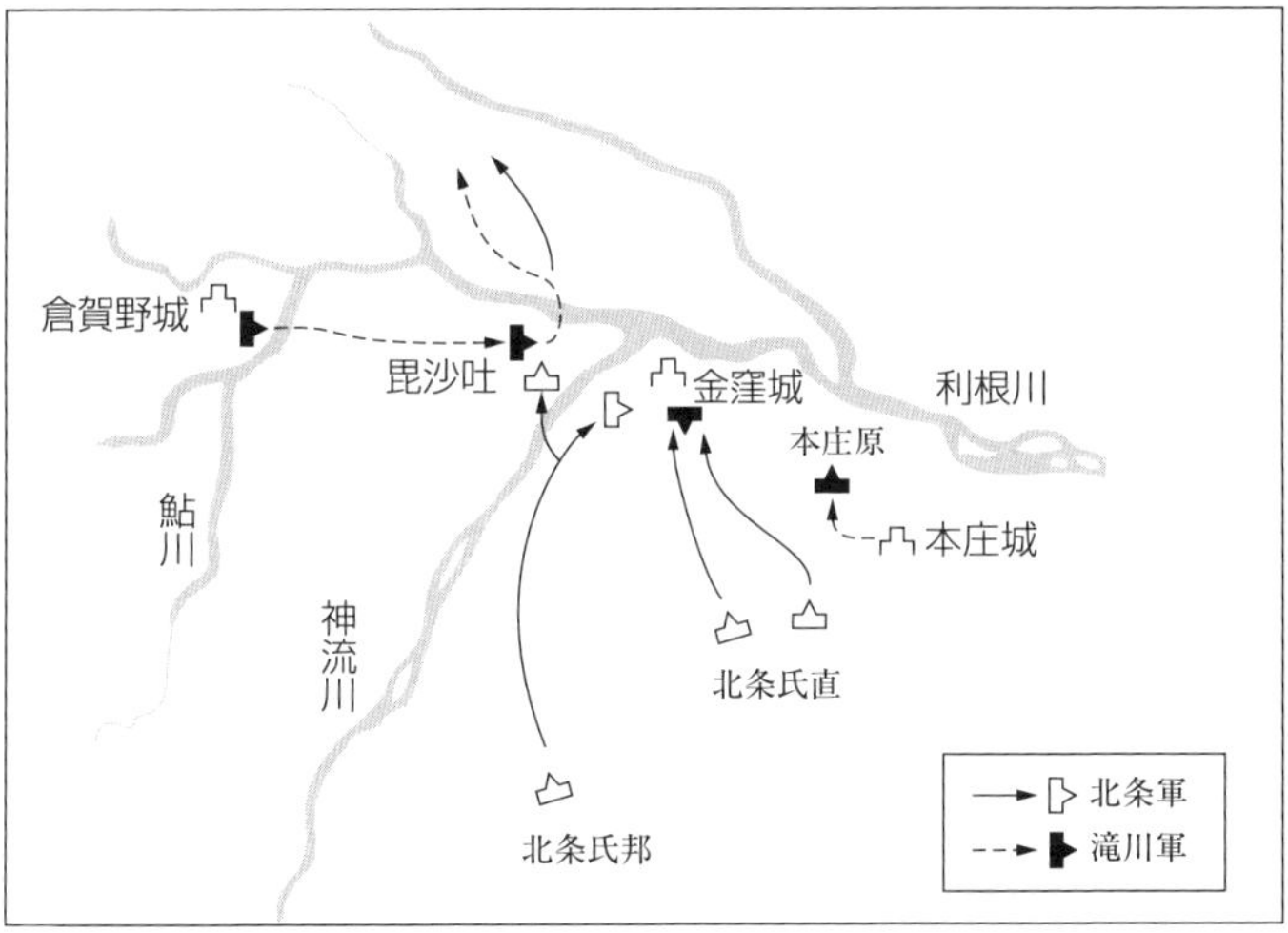

天正10年6月、神流川の合戦関係図
『戦国合戦大事典〈二〉』より。（一部修正）

従属させる様に指示を与えた。北条氏の甲斐・信濃国への侵攻作戦の開始であった。織田政権の崩壊で、この両国は大混乱をきたしており、全くの空き部屋と化していた。この日には里見義頼が佐竹方の太田資正に、氏直から出馬するから参陣を命じられたと述べ、佐竹義重も出陣命令を受けたとある。翌十六日に氏直と北条氏邦が上野国倉賀野城（群馬県高崎市）に出馬し、一益と武上国境の神流《かんな》川《がわ》で対陣した。十八日には金窪・本庄原で激突して滝川勢が勝利したが、十九日には神流川原で再び激突し、北条勢が勝利して一益は敗走した。一益は松井田（群馬県安中市）から二十一日に信濃国小諸城（長野県小諸市）、二十六日には本拠の伊勢国方面に退去する。上野国和田城（群馬県高崎市）の和田信業が北条氏に従属した。二十二日に北条氏照と氏邦が碓氷峠を越えて信濃国佐久郡に侵攻し、佐久郡野沢（長野県佐久市）の地侍の伴野信蕃を味方とした。北条氏直が侵攻目的としたのは信濃国諏訪高島城（長野県諏訪市）の諏訪頼忠との共同作戦で、二十五日に北条方の斎藤定盛が諏訪氏の重臣の千野昌房に、信濃国侵攻に協力を依頼した。この年の六月末から十月末までの氏直の甲斐・信濃両国の国衆等に発給した虎朱印状の奉者には北条氏照と氏邦が二二通と多くを務めており、北条氏の総代官をこの両人が務めていたとわかる。

七月に入ると北条氏の動きを見て織田方に従属していた真田昌幸が、芦田・香坂・小笠原氏等の一三人の信濃国衆を率いて北条氏直に従属してきた。十二日に氏直は海野（長野県東御市）に着陣し、ついで梶ヶ原に進軍した。同じく信濃国に侵攻した徳川家康の家臣の酒井忠次は諏訪高島城の攻囲を解き、諏訪郡乙骨原（長野県富士見町）で北条勢と対陣した。八月六日に氏直が甲斐国甲府（山梨県甲府市）の南の若神子《わかみこ》に着陣し、甲府の徳川家康と対陣した。この頃には織田方の木曽義昌や小笠原貞慶が氏直に従属してきた。若神子では氏直と家康との対陣は、さしたる伸展のないまま続いた。長い対陣に不安を感じた小田原城の北条氏政は、氏直の救出作戦として相模国新城（山北町）の城主の北条氏忠を甲斐国に派遣した。しかし、八月十二日に黒駒（山梨県笛吹市）で徳川方の鳥居元忠・水野勝成に補足されて合戦となり、北条勢は大敗して敗走し、氏直の救出作戦は頓挫した。十七日には諏訪頼忠が徳川家康の戦勝祈願を受けており、この頃には諏訪氏も氏直を離反して徳川方に従属していた。氏直への包囲が伸展し、いよいよ危険な状況となっていった。北条氏に従属した甲斐・信濃の国衆達は、この頃には殆どが徳川方に離反していた。八月二十一日には房総の里見義頼が家臣の上野筑後守に、甲斐国御坂峠《みさかとうげ》城（山梨県笛吹市・富士河口湖町）の籠城での苦労を賞しており、北条氏忠の築城した御坂峠城には里見勢も参加していたと知れる。

甲相国境に降雪が近づいた十月二十二日には真田昌幸が北条氏を離反し、そのために佐久郡の仕置きとして相模国玉縄城（鎌倉市）の北条綱成が五〇〇〇人を引率して派遣された。二十四日には徳川家康が北条氏規と和睦し、二十七日には尾張国で豊臣秀吉と織田家が抗争し始めたため、家康から北条氏直に和睦の交渉を開始し、甲斐・信濃両国は徳川領、上野国は北条領、上野国沼田領は真田昌幸の領と定め、代替地を家康から出す事、家康の次女の督姫《とくひめ》を氏直の正室に差し出す事と決めて妥結した。この和睦の成立で、甲斐・信濃における北条氏の侵攻作戦は終息し、北条氏直は全軍に撤退を命じて帰国していった。

上野国での佐竹氏との抗争

天正十年（一五八二）十一月に甲斐・信濃両国から撤収した北条氏直には、引き続いて上野国の国衆と常陸国の佐竹義重との抗争が待っていた。その抗争は同十二年七月の沼尻（栃木県栃木市）の合戦の終息まで激烈に続いた。氏直は信濃・甲斐両国から撤収の際に上野国松井田城（群馬県安中市）城代の大道寺政繁を信濃国小諸城（長野県小諸市）の在番頭に任命し、上信国境の警護を命じた。同十年十二月七日に佐竹方の梶原政景が房総の里見義頼に、北条・徳川和睦の成立を徳川家康から義重に知らせたと伝えた。家康と義重は友好的であった。

天正十一年二月には北条氏直は小諸城を開城させ、徳川方の曾根昌綱が入城した。北条勢は完全に信濃国を放棄した事になる。二月十九日に上野国廐橋城（群馬県前橋市）の毛利高広が上杉方の上条《じょうじょう》宣順に、去年十一月には北条氏政父子が上野国に侵攻して白井表（群馬県渋川市）に在陣し、今年正月には毛利方の石倉城（群馬県前橋市）を攻略した。二月八日には氏政父子は利根川を越えて善養寺表に侵攻してきたが、佐竹・結城・宇都宮の諸氏が後詰めしてくれたので北条勢は退去したと伝えた。北条氏直が信濃から撤収した直後には、上野国奪還の出馬に臨んだとわかる。高広は上杉景勝との同盟を望んでおり、北条氏とは敵対していた。二月末には氏直は上野国の後閑《ごかん》刑部少輔兄弟・和田左衛門尉の軍役を定め、女淵《おなぶち》城（前橋市）には北条氏邦の軍勢を籠め、毛利氏への攻勢を強めた。

三月二十八日には毛利高広が上杉景勝の重臣直江《なおえ》兼続《かねつぐ》に、景勝の関東越山を懇願し、真田昌幸と北条氏直は完全に断交している事、五月には氏直が廐橋方面に侵攻してくる事は必定と伝えた。同月末には氏直が赤見山城守に、上野国中山城（群馬県高山村）を与えて同国吾妻郡の守りとした。四月三日に氏直は国衆の木部宮内助・宇津木氏久に十日には出馬するので参陣を依頼した。この頃には信濃国小諸城が、再び氏直の持城に復活しており、大道寺政繁に兵糧米を搬入させている。徳川家康との合意の事と思われる。五日には廐橋城の毛利高広が佐竹義重に、北条勢が来襲してきており、支援を依頼した。五月七日には政繁が上野国大戸城（群馬県東吾妻町）の浦野民部少輔に、下野国佐野領（栃木県佐野市）方面に侵攻させて郷村を荒し回らせた。佐竹義重と北条氏直の抗争の再開である。二十七日には真田昌幸が湯本三郎右衛門尉に、北条勢が沼田（群馬県沼田市）方面に侵攻してきたので吾妻郡に移らせている。六月二日には家康が沼田城を北条氏に明渡し、その事を昌幸が猛烈に反対していた。

八月十二日には北条氏直が後閑刑部少輔兄弟に、二十日には廐橋方面に出馬するので参陣を依頼し、佐竹義重が東口に侵攻するから急ぎ用意をして利根川端に着陣してほしいと告げた。九月十八日に廐橋城の毛利高広が北条氏直に降伏し、大胡城（前橋市）に退去し隠居した。氏直は直後に同城の普請を開始し、直轄領として廐橋領と群馬郡を支配した。十月十四日には結城晴朝が会津の芦名氏に、氏直が下野国佐野（栃木県佐野市）や結城城（茨城県結城市）に侵攻するが、佐竹氏や宇都宮氏が味方しているから安心と伝えた。十月には北条方の上野国金山城（群馬県太田市）の由良国繁・長尾顕長兄弟が佐野宗綱の調略で佐竹義重に従属した。そのため十一月八日に氏直は由良国繁兄弟の新田・館林・足利の各領を没収した。小泉城（群馬県大泉町）の富岡六郎四郎に惣社領と新田領内を知行として与え、北条氏邦と相談して支配させた。十二月六日に氏直は宇津木氏久に、佐竹勢が侵攻してきたので急ぎ今村城（群馬県伊勢崎市）に移らせ、那波顕宗と共に迎撃させ佐竹勢を撃退した。これにより再び由良国繁・長尾顕長兄弟が北条氏に従属した。

天正十二年（一五八四）二月十一日には佐野宗綱が佐竹義重に、金山城（群馬県太田市）・館林城（群馬県館林市）は厳重に仕置きしているから安心と伝えた。この事から金山城と館林城は佐野氏の支配下であったとわかる。佐野宗綱は北条方の小泉城（群馬県大泉町）を攻めていた。翌十二日には北条氏直が北条綱成・遠山政景と木部・小幡・和田・高山等の上野国衆に、五六四人の在番衆で廐橋城（群馬県前橋市）を守らせた。二十四日には佐野勢が小泉城に来襲したが、富岡氏等が撃退した。三月二十八日に下野国足利表（栃木県足利市）で北条勢と佐竹勢が合戦し、氏直が三山又六に感状を与えた。四月十二日には佐竹義久が宇都宮方の多功《たこう》綱継に、氏直が下野方面に侵攻したので義重も宇都宮城（栃木県宇都宮市）に着陣したと知らせ参陣を要請した。十七日には氏直が下野国沼尻（栃木県栃木市）に着陣し、佐竹義重・宇都宮国綱と足利長尾氏・佐野宗綱との一一〇日間の対陣に入った。二十一日には氏直が佐枝与兵衛に、足利宿城での合戦の先鋒の功績での感状を与えた。二十七日には氏直が北条氏照家臣の天野左衛門尉他八人に、二十二日の小山表での佐竹勢との合戦の戦功に対して感状を与えた。この日に佐竹方の太田資正が保土原行綱に沼尻合戦の事を知らせ、氏直は分国中の全軍が参陣して対陣していると述べた。六月十四日には氏直が小泉城（群馬県大泉町）の富岡秀高に、館林領で一〇か所、新田領で一一か所の知行を宛行った。十八日には太田資正が房総の里見義頼に、氏政父子と義重との対陣はすでに五〇日に及び、その間に七か所で合戦したと報告した。二十日には佐竹義久が豊臣秀吉に北条氏との対陣で上洛も出来ないと侘びている。

七月十一日には北条氏直が前原藤左衛門他四人に、三日の上野国五覧田砦（群馬県みどり市）での合戦の忠節を認めて感状を与えた。二十三日に氏直が大藤政信に、佐竹義重が困り果てて和睦を申してきたから、了承して赦免したと述べた。長期の対陣に両軍共に疲弊していたとわかり、北条氏も軍を引いて帰国した。一時的に北条氏と佐竹氏は和睦が成立した。

うち続く佐竹・真田氏との抗争

天正十二年（一五八四）七月末に一時的に北条氏直と佐竹義重は和睦し、沼尻の合戦は終息して両軍は陣を撤収し帰国した。しかし、決して佐竹義重は降伏した訳ではなかった。この後も北条氏と佐竹氏との抗争は続いたのである。九月二十五日に氏直が豊島継信に、常陸国小田口に佐竹勢が侵攻してきたので下野国に出馬するから参陣せよと命じた。十月五日に義重が越後国の上杉景勝に、関東越山には協力すると伝えた。十九日には氏直は下野国から退却して上野国新田（群馬県太田市）に向かった。十二月七日には氏直が金山城（群馬県太田市）と館林城（群馬県館林市）の由良国繁・長尾顕長兄弟を攻めて攻略し、翌年正月初旬に従属させ、両城を接収した。館林城は長尾顕長に返却され、金山城は没収されて氏直の直轄支配として在番衆が置かれた。由良国繁は上野国桐生城（群馬県桐生市）に退去した。四月十四日に氏直が金山城の在番を務めた小泉城（群馬県大泉町）の富岡秀高に、隠居分として新田・館林領の内で二万疋（二〇〇貫文）の知行を与えた。四月には徳川家康が上野国沼田領を氏直に引き渡すため、真田昌幸に沼田・吾妻領を氏直に渡すよう求めたが、昌幸が拒否したため家康と断交する事態に発展し、氏直と昌幸との抗争もますます激化していった。

五月一日に佐竹義久が篠崎又左衛門に、去二十八日の下野国鹿沼（栃木県鹿沼市）での北条勢との合戦の忠節を認め感状を与えた。北条氏直は下野国佐野（栃木県佐野市）方面に侵攻し、那須資晴を攻めていた。六月二十日には氏直は依田康信父子に、七夕前後には常陸国に出馬するから急ぎ参陣の用意を命じた。この月に氏直は下野国の宇都宮国綱の宇都宮城（栃木県宇都宮市）を攻めたが敗走した。

七月十五日に上杉景勝が真田昌幸と同盟し、北条氏直が真田領の沼田・吾妻領に進入した時には後詰めすると約束した。しかし、上杉・真田両者の敵は氏直と徳川家康であった。八月二十日頃から家康による信濃国上田城（長野県上田市）の昌幸攻めが始まった。氏直の方は下野国にあって宇都宮国綱を攻め、宇都宮城から多気城（栃木県宇都宮市）に退去させていた。国綱は佐竹方であった。閏八月十三日に昌幸攻めの家康が上田城下の合戦で大敗を喫し、敗走した。二十四日には上野国津久田表（群馬県渋川市）で北条勢と真田勢が合戦し、真田勢を三〇〇人討ち取った。この合戦の功績で北条氏政が吉里備前守に感状と甲冑を与えた。九月四日に結城晴朝が上杉景勝に、初秋に氏直が下野国皆川領に侵攻したため佐竹義重が出馬し、北条勢は佐野表に退却して帰国したと述べた。八日に氏直が房総の原胤長に家康からの沼田表への出馬要請が強いため出馬し、真田方の上野国森下城（群馬県昭和村）を攻略した後、沼田城に進撃して城周辺を荒し回ったと伝えた。十八日には上杉景勝が沼田城の真田家臣の矢沢綱頼に、北条勢相手によく戦ったと褒め、信濃国上田城から真田勢が加勢として来るまで頑張る様に伝えた。二十九日には氏直が矢沢綱頼の守る沼田城を攻めたが攻略できず退去した。十一月三日に上杉景勝が綱頼に、豊臣秀吉から関東国衆の取次役に任命されたため、知行注文を与えた。すでに真田昌幸が豊臣秀吉の配下に属しているとわかる。沼田領の抗争は激化していったが、北条氏の上野国支配は進展し、十一月九日に氏直は新田金山城の在番衆の宇津木氏久・大井豊前守・高山遠江守に知行・扶持給・同心給を均等割りで支給した。新田領内で氏直が宮下太郎左衛門・富岡秀長に知行を宛行った。新田領の掌握で、北条氏の国衆把握が相当に進んでいったとわかる。

天正十四年（一五八六）正月になると、北条氏直の下野国宇都宮城（栃木県宇都宮市）攻めへの報復として宇都宮・佐竹連合軍が、北条方の壬生義雄の下野国鹿沼城（栃木県鹿沼市）を攻め、北条方の日光山（栃木県日光市）も攻めたてた。ここにおいて、氏直の下野国への侵攻が激化していった。三月二十七日には佐野宗綱を討ち捕らえ、下野国佐野城には北条氏忠が入って、佐野家の家督を相続して佐野氏忠と名乗った。四月末には氏直は小田氏治の小田領に侵攻し、ついで筑波に乱入して放火した。五月中旬には皆川広照を降伏させ従属させた。二十五日には氏直は、北条氏照・氏邦・氏規等を大将として真田方の矢沢綱頼の守る沼田城を攻めたが大敗し撃退されている。

七月十五日には北条氏直が廐橋城の在番衆の宇津木氏久・木部貞朝・和田昌繁・高山彦四郎に出馬の用意をさせ、出陣中の在番は依田父子に任せると命じた。下野国の壬生・鹿沼方面での佐竹勢への対応であった。二十八日に氏直が壬生氏救援のために、下野国鹿沼方面に出陣した。七月下旬には那須資晴が知行問題で佐竹義重と断絶し、氏直に従属してきた。八月十三日には出羽国米沢城（山形県米沢市）の伊達政宗が北条氏と共に佐竹義重を攻める予定と伝えた。二十二日に氏直が計略をもって佐野領を接収し、徳川家康も賞賛し満足したと氏直に伝えた。しかし、十一月二日には氏直が家康に対して、家康が豊臣秀吉に出仕した事に危機感を感じ、上野国衆の由良国繁・富岡秀高・桜井武兵衛に、大坂城（大阪府大阪市）での秀吉と家康との面会での相談の結果、秀吉の関東平定戦が起こる事もあり得ると伝え、全軍での参陣を命じた。真田昌幸は、この頃には豊臣方に属して大坂城に詰めており、十一月には秀吉の命令で徳川氏の与力大名となっていた。四日には氏直は北条氏邦に、大坂表で北条攻めが決定すれば、武蔵国鉢形城（埼玉県寄居町）に籠もって豊臣勢の行動を報告し、上野国の城々に兵を籠めて指揮してほしいと伝えた。これが豊臣軍に対する北条氏の最初の防衛命令となった。

北条氏と豊臣秀吉との関わり

北条氏直と豊臣秀吉との関わりは、文書では天正十一年（一五八三）二月七日に豊臣方の増田長盛《ました》が、上杉景勝と徳川家康の和睦には秀吉が仲介するが、もし景勝が望むなら北条氏政との和睦には応じないと伝えたのが初見であるらしい。氏政が秀吉に和睦を申し入れていたとわかる。五月十五日に秀吉が小早川隆景に全国平定の様子を述べ、東国は北条氏政、北国は上杉景勝まで豊臣配下となったと伝えた。六月頃には太田資正父子・佐竹義重・結城晴朝の反北条氏連合が秀吉に同盟を求め、秀吉は北条氏直と家康が同盟している事の対抗上から、反北条氏連合との同盟を希望していた。この頃は秀吉は家康と断絶していた。ところが秀吉と家康が同盟すると、秀吉は関東国衆の取次役を家康と定め、十一月十五日には家康に関東総無事令を発して、発令書を朝比奈泰勝に持たせて氏直に届けさせた。関東総無事令とは関東国衆の領土獲得を巡る戦闘を停止させ、もしも戦闘を継続させるなら、秀吉が武力介入して停止させるというものであった。北条氏政はこれを北条氏に対する豊臣方の武力介入とみて、無視する事にした。

天正十二年正月に豊臣秀吉が上杉景勝に、先衆を上杉勢から出して相模国に侵攻させ、秀吉は二月十日頃に関東に出馬すると告げた。しかし、三月には秀吉と家康の間で小牧・長久手の合戦が起こり、関東出馬は沙汰止みとなった。北条氏直は正室の督姫の実父の家康に加担して徳川方に加勢を送り、豊臣方と敵対した。小牧・長久手の合戦は十一月に家康の勝利で終息したが、北条氏は徳川方に何時でも加勢を送る用意を持続しておいた。八月には再び秀吉が北条攻めの行動を起こし、佐竹義重に関東仕置について策を巡らしてほしいと告げた。十一月十七日には秀吉と家康が和睦し、家康は豊臣配下の大名となった。この事は北条氏政も了解していた。十二月末に秀吉は佐野宗綱に、家康との和睦で、家康と氏直から人質を取ると伝え、違反すれば年明けに北条攻めに向かうと述べた。

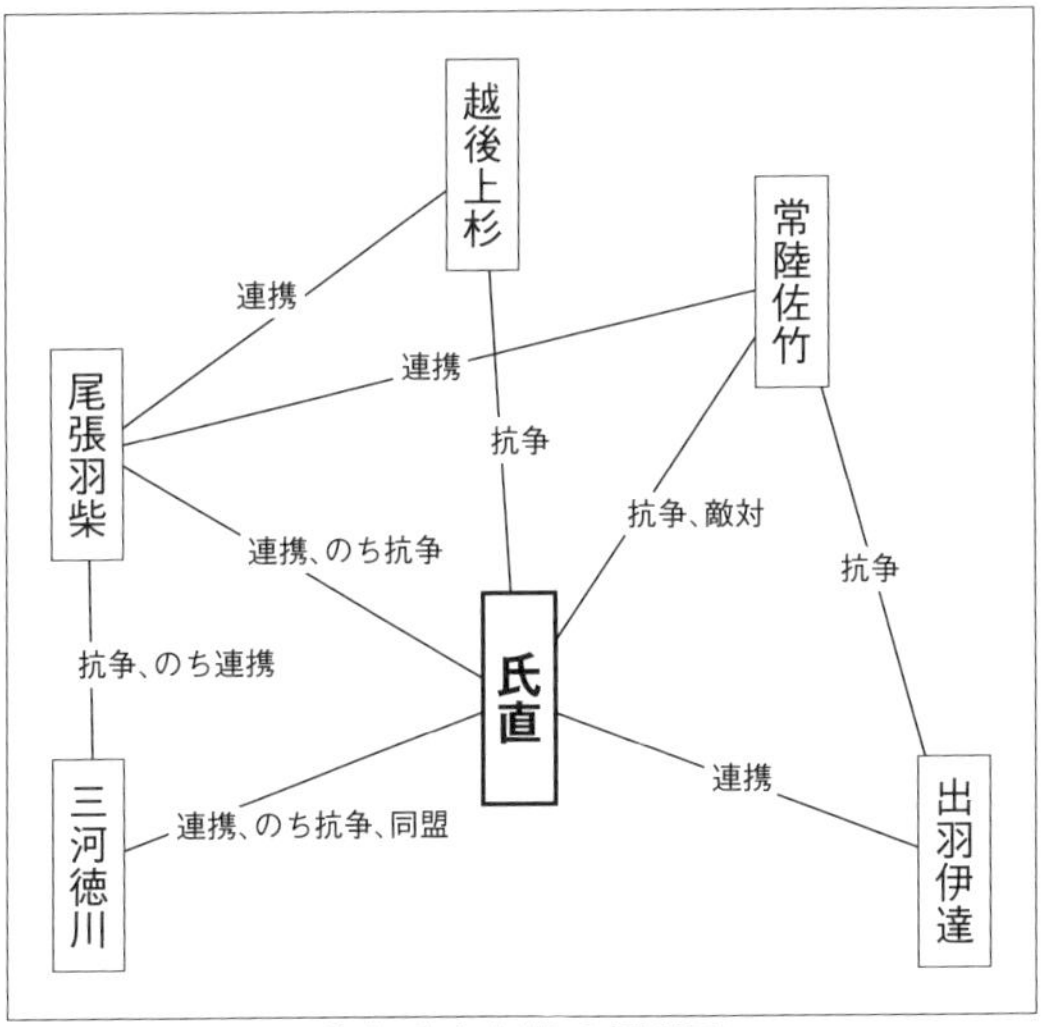

北条氏直を巡る相関図

天正十三年（一五八五）三月十七日に豊臣秀吉は正月の年賀状を佐竹義重・佐野昌綱・同宝衍・宇都宮国綱に出し、義重と北条氏直が対陣しているので家康を通して和解させる事を助言すると伝えた。すでに関東総無事令を執行しようとしていた。六月中旬には秀吉は宇都宮国綱に、富士山を一見したいから、その時には面会したいと伝えた。二十五日には秀吉は上杉景勝に、北陸の佐々成政の成敗が終了し次第、北条攻めを行う軍議を行うから前田利家と相談してほしいと伝えた。これらの秀吉の行動に対して危機感を抱いた氏直は、より家康との同盟を強化する必要を痛感して、十月二十八日には北条氏の家老衆二〇人の連署起請文を家康に発し、家康も各国衆と頭人衆《とうにんしゅう》の連署起請文を氏直に渡した。十一月二十二日に秀吉は房総の里見義頼に太刀・黄金三〇両等を贈呈された礼状を出し、来春には関東に向かうので面会しようと伝えた。

天正十四年正月十八日に豊臣方の増田長盛等が上杉景勝に、関東攻めの豊臣秀吉の直書を渡した。この頃には京都では秀吉の関東攻めの噂がしきりに流れていたという。二月上旬に徳川家康と秀吉が正式に同盟した。対して北条氏直は出羽国米沢城（山形県米沢市）の伊達政宗との同盟を強固にさせるべく書状を出し、北条氏照を取次役とした。家康は秀吉との同盟を北条氏に後ろめたく感じたのか、北条氏政と駿豆国境の沼津（静岡県沼津市）で三月八日に面会して釈明し、莫大な贈答品を北条氏に贈呈している。その時には北条氏とは敵対しないとの証明として沼津の三枚橋城を破却し、同城の兵糧米一万俵を北条氏規に贈っている。この後は家康と氏直との取次役は氏規が務める事になった。七月には上杉景勝が太田資正に、上洛して秀吉に面会した事、氏直が家康と秀吉の同盟を了承した事、何かあれば景勝が関東に越山して事に当たる事を伝えた。九月には景勝が秀吉から関東・陸奥・会津の国衆の取次役を命じられた。しかし、十月二十七日に大坂城に出仕した家康は秀吉から関東国衆の取次役を命じられた。景勝から家康に取次役が移されたのである。この事は北条氏直に再び危機感を抱かせるのに充分であった。家康と氏直との実際の取次役は徳川方は榊原康政、北条方は山角定勝が務める事になった。十二月三日には関東・奥総無事令が伊達政宗にも発令された。この頃には秀吉は太政大臣に任命されていた。つまり、秀吉の命令は天皇の命令と同義になったのである。翌十五年五月に秀吉は九州の島津義久を降伏させて九州仕置を完了すると、いよいよ本格的に関東平定の作戦を練り始めていった。

第三節　小田原合戦

小田原合戦への道程

天正十五年（一五八七）正月五日に北条氏照が武蔵国多摩郡の杉田清兵衛に、大途御弓矢立により小河内（東京都奥多摩町）衆から人質を出させた。大途御弓矢立《だいとおゆみやたて》（豊臣秀吉との決戦）の初見。二月二十四日に豊臣秀吉が上杉景勝に、関八州の取次役を徳川家康に替えた事を通告し、北条氏直が下知に背いたら、氏直は佐竹・宇都宮・結城の各氏に攻撃を仕掛けるから、その時には後詰めを頼むと命じた。七月晦日には氏直が相模・武蔵両国の郷村から百姓を農兵として徴用し、一五〜七〇歳の男子の名前と所持する武器を記した帳面を提出させた。八月六日には清水太郎左衛門尉が上野国金山城（群馬県太田市）の、九月には猪俣邦憲が上野国箕輪城（群馬県高崎市）の城主になる。この頃から豊臣勢の侵攻に備え、北条氏の分国内では城主の配置転換が行われ始めた。また、各国国衆の妻子を人質として小田原城に差し出させ始めた。小田原城を始め伊豆国韮山城（静岡県伊豆の国市）・武蔵国岩付城（埼玉県さいたま市岩槻区）等の城々の普請も頻繁に行われた。十二月末には郷村から兵糧米を徴発し、近くの城に搬入させた。二十四日には氏照が来《き》住野《しの》大炊助に、小田原城への参陣を命じた。この頃に北条氏政も房総の大須賀尾張守・井田因幡守に正月十五日に小田原城への参陣を命じた。北条氏一族の中では氏照と氏政が一番に鋭く豊臣勢との決戦をうたって対応しており、氏直や北条氏規・氏邦等は徳川家康を通した和平を望む者と対立していった。鷹派と鳩派の対立である。

天正十六年正月には北条氏直も豊臣勢の来襲を必定と感じたらしく、二日には伊豆国の江川英吉に、郷内の主な者の人質を十五日までに小田原城に差し出させ、豊臣勢が侵攻したら郷民を隠す所を用意させている。四日には上野国の後閑宮内大輔に廐橋城（群馬県前橋市）の在番として本堂曲輪に二五人で入り守らせた。五日には北条氏照が武蔵国多摩郡の愛染院（東京都青梅市）・玉泉寺（青梅市）、高麗郡の茂呂大明神（埼玉県毛呂山町）等の寺社の梵鐘を鉄砲の実弾として鋳潰すために供出させた。この日、武蔵国岩付城（埼玉県さいたま市岩槻区）の北条氏房が岩付領から兵糧米を集め、晦日までに岩付城に搬入させた。七日には小田原城の普請が大規模に始まった。監督官は北条氏照である。十四日には箱根峠を守備する山中城（静岡県三島市）の普請も行われた。十二日には氏直が相模国大磯（大磯町）の砂を鉄砲の鋳型用として小田原城の職人奉行の須藤盛良に搬入させた。この様に北条氏直は戦の準備を整えると共に、二月中旬には笠原康明を徳川家康を仲介として京都の豊臣秀吉の許に派遣し、和睦の交渉を行っていた。三月十三日の遠藤高康宛の伊達政宗書状では、北条氏と豊臣氏との合戦は回避されたと知らせており、この康明の交渉で、秀吉の気持ちが和み北条攻めは、一時は中止されたものと思われる。

回避された秀吉との決戦

豊臣氏との決戦が回避されると、氏直は三月末に常陸国の佐竹義重を攻めに出馬した。この関東の止むことなき騒乱に対して、四月六日には豊臣家臣の富田知信が陸奥の白川氏に、関東奥惣無事令に関東・奥両国の諸大名の意見があれば、知信が秀吉に取次ぐと伝えた。この十四日に京都では秀吉が聚楽第に後陽成天皇を招き、天下統一を誇示しており、家康を通して氏直の出仕を催促しはじめた。五月二十一日に家康が北条氏政父子に起請文を出し、秀吉の前では決して氏政父子の悪口は言わない事、今月中には氏政父子の兄弟衆が秀吉に面会して臣下の礼をつくす事、もしも違約すれば娘で氏直の正室の督姫を離縁して帰国させる事と誓わせた。閏五月には佐竹義重・小田氏治が秀吉に、早く関東に攻め来たってほしいと催促した。それに対して氏直は、何事も秀吉の上意のままと答え、秀吉に恭順の意を示していた。六月二十三日には氏直は上野国衆に秀吉からの催促に答えて、十二月には氏政を秀吉の許に派遣すると伝え、上洛の費用の募金を要求した。それでも氏直は秀吉の関東奥惣無事令に違反する下野・常陸方面への侵攻は続けており、七月二日には下野国宇都宮（栃木県宇都宮市）に侵攻した。この頃には氏政父子の兄弟衆の上洛は北条氏規と決められており、七月十四日には家康が朝比奈泰勝に、氏規の上洛を急がせている。二十二日には氏政が相模国の郷村に一五歳から七〇歳の男子を農兵に徴用する命令を出しており、氏政は豊臣勢との決戦を放棄した訳ではなく和戦両用の策を巡らしていたとわかる。その証拠には二十三日には佐竹勢と牛久城（茨城県牛久市）で戦っている。八月中旬には氏規が上洛し、秀吉と面会して赦免され北条氏は豊臣方の大名となった。九月二日には秀吉が佐竹義重・太田資正等に、氏規の上洛で関八州の国割にかかると知らせた。十一月には伊達政宗や里見義康にも秀吉への上洛催促が行われた。後は氏政の上洛を待つだけで、北条氏は完全に豊臣政権の一員に編入される筈であった。

名胡桃城の奪取事件

天正十七年（一五八九）正月十日に北条氏直が下野国足利城（栃木県足利市）の長尾顕長を攻め、十九日には佐野宝衍が上杉景勝に、北条氏照が足利城を攻めていると石田三成・増田長盛を通して豊臣秀吉に報告してほしいと告げた。二月末には豊臣方の施薬院《せやくいん》全宗が北条氏規に、北条氏政の上洛を待っていると告げた。この月には北条氏の使節として板部岡江雪が上洛して秀吉に面会し、上野国沼田領の領有について弁明し、細川幽斎邸で歌会を開催した。秀吉は弁明する江雪の話術と人柄を大変気に入ったという。対して氏政は、氏規の上洛時の秀吉の対応を知って、人質として京都に残置されるか、所領没収の罪に問われるかとの恐怖心にとりつかれ、政治には一切関わらないと、部屋に籠もってしまった。それでも氏直の説得で六月五日に、豊臣方の富田一白・津田盛月に氏政は十二月上旬には小田原城を発って上洛すると決まったと秀吉に伝えよと報じた。二十二日に松田憲秀が常陸国の土岐義成に、国衆から氏政の上洛費用を徴発すると協力を依頼した。

七月十日に豊臣秀吉が真田昌幸に、検使として富田一白・津田盛月を北条氏の許に派遣し沼田城を北条氏直に渡す交渉をさせ、徳川家康の家臣の榊原康政も派遣させると述べた。対して北条側の受取役は北条氏忠と決められ、北条氏邦も同道させる事にした。二十一日に康政が沼田城に入り、昌幸が北条氏に城を明け渡した。この沼田領の北条氏への引渡しには真田領と北条領との境界線が不明確であったため、後には沼田城とは利根川の対岸に位置した真田方の名胡桃城（群馬県みなかみ町）と猿ヶ京城（みなかみ町）の存在が問題となった。八月下旬には氏邦の重臣の猪俣邦憲が城主として沼田城に入った。十一月三日に、その邦憲が名胡桃城を奪取したのである。十一月十日には北条氏政が小河池左京亮・塚本仁兵衛に名胡桃城攻めの忠節を認めて感状を出しており、この名胡桃城攻めは、もしくは氏政が邦憲に命じたものかもわからない。というのは当時は家臣への感状は、当主の北条氏直が発給するのが本来であり、隠居身分の氏政が発給するには、それなりの理由が存在すると思われるからである。十日に徳川家康が真田信幸に、秀吉へ使者を出して名胡桃城の件を報告した方が得策と告げた。この件は早速に秀吉に報告され、関東・奥惣無事令に違反すると激怒した秀吉は、今月中に氏政が出仕しなければ、十二月二十日には北条攻めの陣触状を発すると四日に佐野宝衍に伝えた。危機感を感じた氏直は十一月十六日には小田原城の大普請工事を郷村の普請人足に告げ、分国中の人足に二十三日から工事を施工させた。同時に上野国方面の諸城の軍勢配置を、籠城戦に向けて配置し直した。

十一月二十三日に豊臣秀吉が公家の菊亭《きくてい》晴季等に北条氏への宣戦布告状の案文を作成させ、二十四日には徳川家康に北条攻めの軍議を開催するため、急ぎ上洛させた。この日に秀吉は北条氏直と東国諸大名に北条氏への宣戦布告状を回覧させ、北条攻めを宣言した。

第四節　小田原合戦と北条氏の動員

豊臣勢と北条勢の軍勢配置

天正十七年（一五八九）十一月二十四日に北条氏直に宣戦布告状を発した豊臣秀吉は、早速に配下諸大名に参陣を依頼した。同時に、引率する軍勢の員数を石高から賦課した陣立書を発した。伊達家に残る同年十一月下旬の陣立書によると、先鋒は徳川家康で三万騎、畿内の豊臣氏直轄の大名が織田信勝以下の約五〇家で一三万五〇〇〇騎、北陸の前田利家・上杉景勝等の四家で北条領を北から攻める北国勢が三万五〇〇〇騎、水軍として九鬼嘉隆等の八家で一万四〇〇〇騎の、合計二一万五二六五騎が出陣を命じられた。その他に秀吉の馬廻衆が四万騎、関東の反北条連合の佐竹氏他に小田・大掾・真壁・那須・宇都宮・結城の各氏が豊臣方として一万五五〇〇騎、里見氏が三〇〇〇騎の合計一万八五〇〇騎が加わるから、豊臣勢の総計は二七万騎を越える大軍となった。この他に西国の諸大名が多く留守居や後詰めを命じられた。

この豊臣秀吉の大軍に対して、北条氏の軍勢は「北条家人数覚書」によれば、北条氏直の七〇〇騎、北条氏房一五〇〇騎、北条氏照四五〇〇騎、北条氏邦五〇〇〇騎を中心に、寄親四〇人で総計三万四二五〇騎、これに多くの農兵が従軍した。確実な北条勢の数は不明であるが、多分、六〜七万人程の軍勢であったと推測される。

天正十七年十一月二十八日には石田三成が相馬義胤、佐竹義斯、太田資正・梶原政景父子に豊臣勢は来年正月上旬には出陣すると知らせた。対して十二月七日には北条氏直が富田一白・津田盛月に、北条氏政の上洛の遅れを弁明し、名胡桃城の件も氏直の一切知らない事であると弁明したが、もはや後の祭りであった。それでも、氏直は徳川家康を通して秀吉への弁明と和解を依頼した。しかし、十三日には秀吉から家康に北条攻めの陣触状が届くと、家康も秀吉への弁明を断念せざるをえなくなった。北条氏政父子も断念して、上野・房総方面の国衆の参陣と城々の防備を固める指示を発し始めた。北条氏は来年正月五日を小田原城への参陣の期日と定め、決戦体制を敷いた。十二月十九日には氏直は大藤与七に、韮山城（静岡県伊豆の国市）に二十七日に入り、北条氏規の下知に従う事、長浜城（静岡県沼津市）に大藤勢三二〇人の内八〇人を入れ、二〇〇人は韮山城、二〇人は在所、二〇人は小田原城に入る事と、細かい軍勢の配分を指示している。各城の籠城に不可欠な兵糧米の確保も厳命された。例えば二十七日には氏直が上野国白井城（群馬県渋川市）の長尾輝景に、郷村の兵糧米は正月晦日までに城に搬入せよと命じた。同国小泉城（群馬県大泉町）の富岡氏には兵糧米は正月晦日までに城に搬入させ、百姓の食べる分だけは郷村に残す事と命じた。十二月晦日には小田原城下の鋳物職人の山田二郎左衛門に、大鉄砲の製作を命じ、合計二〇挺を納入させた。北条氏は豊臣勢に比べて圧倒的に銃器類が不足していたための対応であった。

秀吉との決戦体制に入る

天正十八年（一五九〇）正月に入ると、北条氏の決戦準備は大童に進められた。正月六日には氏直は武蔵・上野両国の国衆は全て小田原城に参陣し、籠城させると阿久沢能登守に伝えた。豊臣勢との第一の防衛線は小田原城と西方の箱根山に置かれたのである。北条氏の頼みの綱は奥州の伊達政宗の来援であったが、二十日には豊臣方の浅野幸長が政宗に、早く豊臣方に味方して小田原表に参陣してほしいと懇願した。伊達家中では北条方か豊臣方かに分かれての議論が始まっていた。二十二日には斯波義近が政宗に、秀吉は三月一日に京都を出陣すると知らせた。先鋒の徳川家康は二月十日に駿府城（静岡県静岡市葵区）を発って二十四日には長久保城（静岡県清水町）に着陣した。この頃には二陣を務める織田信勝も沼津（静岡県沼津市）に着陣した。沼津が豊臣勢の集合地点であった。三月一日には豊臣秀吉が天皇に見送られて京都を出陣し、関東に向かった。

北条方は豊臣勢の主力を箱根峠で防衛する作戦であったから、伊豆の韮山城から箱根山山麓の山中城（静岡県三島市）、箱根山中の城塞群の鷹の巣城・宮城野城、足柄峠の足柄城（南足柄市）の守りを厳しく固め、駿相国境の要塞地帯を構築した。小田原城は城下をも含む長大な大土居で囲み、要所要所に櫓を設けて厳重な警護を施していた。一〇〇か城に余る支城には普請を命じて守りを固めさせ、その中の玉縄城・江戸城・岩付城・八王子城・河越城・鉢形城・松井田城等の重要支城には、充分な兵力を籠めて集中的に防備させる作戦で臨んだ。

三月二十七日に沼津の三枚橋城に着陣した豊臣秀吉は、付近を視察すると箱根山麓の山中城への攻撃を決め、羽柴秀次等に攻撃を命じた。二十九日に城主の松田康長と玉縄城からの加勢として北条氏勝が籠もる同城は、玉縄衆の間宮康俊の善戦も空しく、午後には本丸の松田康長も討ち死にして落城し、箱根峠の要衝は開戦一日目であっけなく突破されてしまった。北条氏勝は玉縄城に逃げ帰り、攻撃した豊臣勢は韮山城の攻略に向かった。

箱根峠を突破した豊臣勢の本隊は箱根山中の鷹の巣城や宮城野城を攻略しつつ、四月五日には箱根湯本（箱根町）の早雲寺に本陣を据えた。この寺は北条氏歴代の墓所であった。先鋒隊の徳川家康の別動隊は箱根山の南を迂回して、根府川城（小田原市）を攻略しつつ小田原城外に着陣した。四月二日には箱根峠の北になる足柄城（南足柄市）も徳川勢の別動隊に開城してしまい、完全に箱根山は豊臣方に占領されたのである。豊臣軍の本隊と徳川軍は小田原城の包囲に向かった。一方の韮山城に向かった豊臣軍の内の織田信勝が小田原城に向かい、代わりに福島正則を大将に蜂須賀家政等の五万人が攻撃に向かった。城将の北条氏規に指揮された韮山衆との間に激戦を展開し、容易に城に近づけず、撃退される始末で六月末まで攻略できずにいた。

小田原城の開城と北条氏の滅亡

小田原城を包囲した豊臣軍の配置は、城の東に徳川家康、その北に蒲生《がもう》氏郷・黒田長政、城の北には織田信勝、城の西に宇喜多秀家・織田信包・細川忠興等が陣取り、早川河口には水軍の九鬼嘉隆等が布陣した。この包囲網により、北条氏は小田原城に封じ籠められてしまい、各地の支城への援軍を派遣する事が不可能になってしまった。四月九日には早くも小田原城内の早川口を守備していた北条方の皆川広照が家臣と共に豊臣方に離反し、投降している。広照は家康と以前から懇意であった。

小田原城を包囲した豊臣軍は、北条方の重要支城の各個撃破を開始した。伊豆方面では韮山城と下田城（静岡県下田市）が攻撃目標となり、清水康英の守る下田城は豊臣方の水軍に攻められ四月二十三日頃に陥落した。相模国では玉縄城（鎌倉市）と津久井城（相模原市緑区）が攻撃され、北条氏勝の玉縄城は四月末には徳川勢に降伏し、氏勝は家康の家臣となった。津久井城の開城は六月二十四日で、城主の内藤直行は徳川勢に降伏した。

武蔵国では小机城・江戸城・岩付城・河越城・忍城・八王子城・鉢形城が主な攻撃目標となった。小机城（横浜市港北区）は北条氏光が城主であるが、いつ開城したかは不明である。江戸城（東京都千代田区）の遠山直景は四月二十二日に徳川勢に降伏した。この様に、北条氏の本国領と言われた相模国から武蔵国南部の支城の多くは、四月中には徳川勢に攻略されていた。この事は豊臣秀吉も驚くほどの早さで、平定は早期に進展したのである。秀吉の当初の予想では、北条氏の抵抗は凄まじく、北条氏の領国平定は二～三年は必要と踏んでいたのである。そのために軍勢の兵糧米は莫大な量が用意されていた。

豊臣秀吉は北条攻めには、南と北からの二方面の挾撃作戦を行った。北方から侵攻したのは北陸の大名である前田利

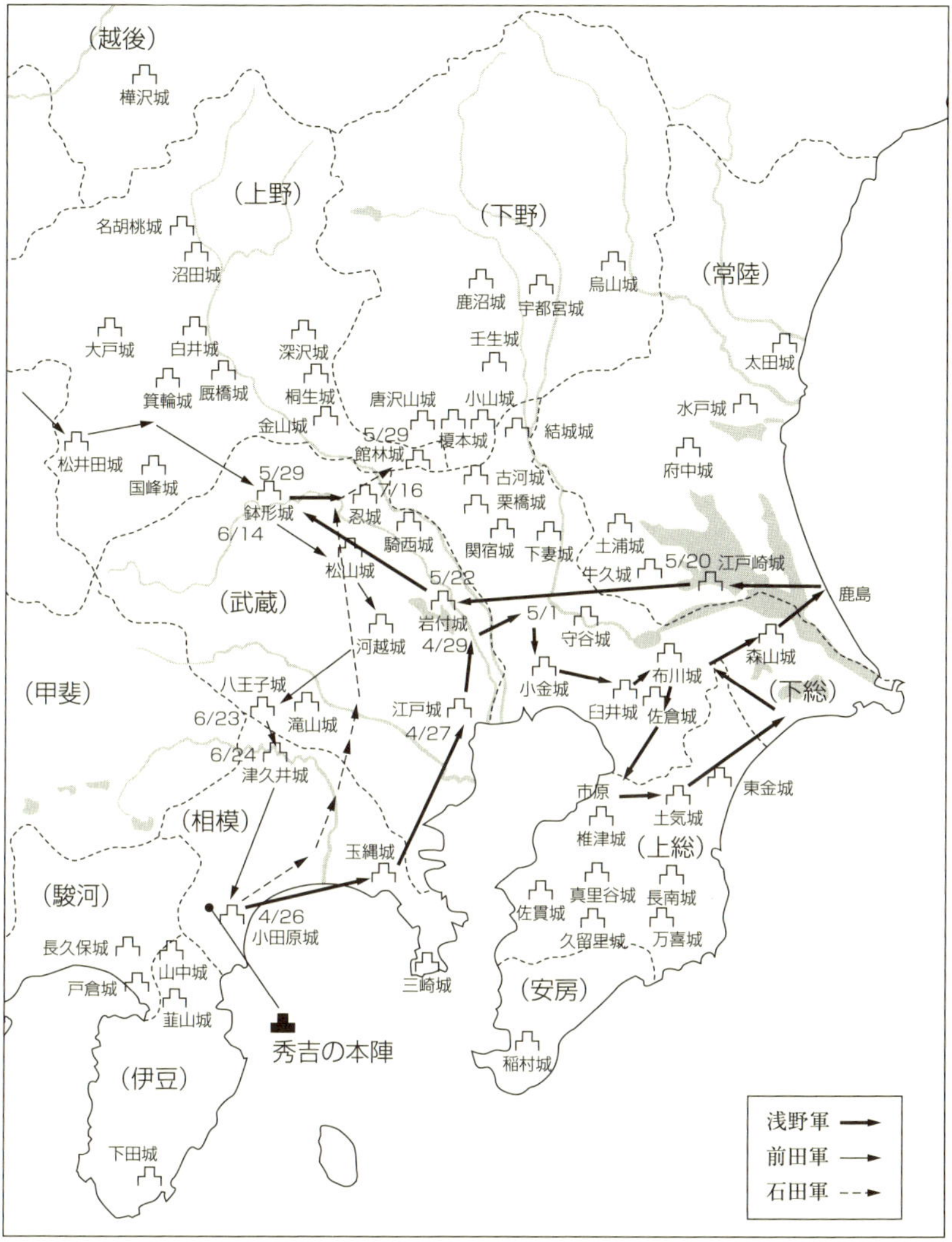

天正18年4月〜7月、小田原合戦における豊臣方の侵攻図
『小田原市史』(資料編・中世Ⅲ)の「本巻関係の関東の主な城郭」を原図として作成。

家を総大将に、上杉景勝・真田昌幸・依田康国が参陣し総勢三万五〇〇〇騎であった。北国街道を進撃して信濃国から北条領の上野国に侵攻したから北国勢と呼称された。三月中旬には上信国境の碓氷峠に着陣した。第一の攻撃目標は、碓氷峠の口を守備する上野国松井田城（群馬県安中市）であった。宿老の大道寺政繁が城主で、強固な守りを固めていた。北国勢は四月七日から松井田城を攻囲し、二十日には攻略した。政繁・直昌父子は利家に降伏し、以後は豊臣方の道案内を務める事になった。直昌は利家の家臣となる。この松井田城の陥落は上野国の国衆に大きな影響を与え、四月末までには政繁の本拠の武蔵国河越城（埼玉県川越市）はじめ、上野国箕輪城（群馬県高崎市）・厩橋城（群馬県前橋市）・石倉城（前橋市）・西牧《さいもく》城（群馬県下仁田町）他、安中・大戸・惣社・白井・沼田等の諸城も風を呑んで開城し、北条氏忠の下野国佐野城（栃木県佐野市）すらも陥落した。箕輪城と厩橋城・沼田城（群馬県沼田市）は北条氏の上野国支配の重要支城であった。ここに五月初旬には上野・下野両国は豊臣勢に平定された事になる。下野国の諸城は豊臣方の佐竹義宣が多くを攻略した。

房総方面では北条方であった里見義康が、天正十八年四月には豊臣方に離反して房総の北条方の支城を攻略していった。それとは別に二十六日には豊臣秀吉が直臣の木村一・浅野長吉等と徳川勢の本多・鳥居・平岩の諸隊二万人を別動隊として房総方面に侵攻させた。二十九日に武蔵国葛西城（東京都葛飾区）を攻略した別動隊は、五月五日に高城氏の下総国小金城（千葉県松戸市）、酒井氏の上総国土気城（千葉県千葉市緑区）、東金城（千葉県東金市）、十日には原氏の下総国臼井城（千葉県佐倉市）、十八日に千葉氏の佐倉城（千葉県佐倉市）と次々と攻略していった。利根川下流域の古河・関宿・栗橋等の諸城も五月中には攻略されていた。

この様に北条方の城々は、次々と攻略されていった。残るは北条氏房の武蔵国岩付城（埼玉県さいたま市岩槻区）、北条氏邦の鉢形城（埼玉県寄居町）、成田氏長の忍城（埼玉県行田市）、上田氏の松山城（埼玉県吉見町）、北条氏照の八王子城（東京都八王子市）等になっていた。しかもこれらの城の城主は北条氏邦の鉢形城を除いては、全て小田原城に籠城しており、留守部隊が守っているという状況になった。北条氏房の岩付城は城将の伊達房実が守っていたが、五月二十日に浅野長吉の攻撃を受け二十二日に陥落した。北条氏邦の鉢形城は、城主の氏邦の激烈な抗戦により激戦となったが、六月十三日に氏邦が降伏して前田利家に従属した。氏邦は利家の家臣となり、後には加賀国金沢城下に移転した。北条氏照の八王子城には氏照の留守を守って横地吉信・狩野宗円等が北国勢の来襲を待ち構えていた。六月二十三日に北国勢が八王子城に総攻撃をかけ、城衆の必死の抵抗で激戦を展開したが、午後には本丸も落ち、二〇〇〇人の犠牲者を出して陥落した。この八王子城の失陥は、北条氏に、もはや抵抗しても無駄との意識を起こさせた。その頃に韮山城を開城した北条氏規の説得もあって、豊臣秀吉に降伏する事を決意した北条氏直は、七月五日に羽柴雄利の陣所に行くと黒田孝高等に降伏した。ここに三か月の小田原合戦は終了し、全国的な戦国騒乱も終わりを告げた。氏直は助命され、代わりに北条氏政・北条氏照・松田憲秀・大道寺政繁が責任を採らされて切腹し、氏直は紀伊国高野山に追放された。ここに北条氏は滅亡したのである。

おわりに

私が関東の戦国期に興味を持ったのは、高校時代のことであったと記憶する。世田谷区に生まれた私の実家の近くに、戦国武士であった大平出羽守という土豪の城址が残っていた。その人が北条氏の客将であった吉良頼康の重臣であったと知ったのは、大学院に入って『世田谷区史』で読んだからであった。

この『世田谷区史』は、大学院の指導教官であった私の恩師の荻野三七彦教授が責任者として刊行されたもので、昭和四十年頃の発刊の自治体史としては、古文書を悉皆調査して全文を掲載した、当時としてはめずらしい史料集であった。吉良氏に関する古文書や記録類は、関係する北条氏文書もふくめて入っており、北条氏研究者の入門書として研究者の貴重本となったのである。

私はその荻野教授から東京大学史料編纂所の杉山博先生を紹介され、関東各地の北条氏関係文書の採訪を始めたのである。その成果を『後北条氏文書目録稿』（私家版）としてまとめ、当時、進行していた『神奈川県史』資料編での編集作業に提供し、参考資料として使っていただいたのである。昭和五十四年のことである。

未だに北条氏文書の採訪は続けているが、さすがに新発見の北条文書は、めっきり近年は発見されなくなっている。私の採訪した北条氏文書約五〇〇〇通は『戦国遺文・後北条氏編』一～六巻・補遺編として東京堂出版から刊行されている。

『神奈川県史』発刊後は、静岡県・千葉県・埼玉県・群馬県・栃木県と関東六県の県史が出そろい、戦国期の研究も飛躍的に進捗した。もちろん戦国大名北条氏の研究も多大の成果を上げており、かなり詳細に解明されている。『小田原市史』の成果も相当のものである。

本書は、これらの県自治体史を参考に執筆した。また、最近の研究成果で、通説が違っているものの史実は、なるべく修正したつもりである。執筆にあたって一番に苦慮したのは、北条氏関係文書のうちで書状の類の扱いであった。戦国大名の書状には原則として年号を入れないので、その大部分は年代未詳の文書である。その年代比定に苦慮したのであった。

今回、北条氏の一〇〇年間の通史を書くことになったが、すでに黒田基樹氏の『戦国北条氏五代』(戎光祥出版)や市村高男氏の『東国の戦国合戦』(吉川弘文館)が刊行されているため、通史の主眼点をどこに捉るかを考え、北条氏の城と主要人物に焦点を当てて記述した。もちろん、全国有数の戦国大名である北条氏の全てを記述できたわけでは決してない。今後も新しい事実が発表されるであろうが、そのための入門書として本書をご活用下さればと念願する次第である。

最後になりましたが、本書をまとめるにあたっては東京堂出版編集部の菅原洋一氏・廣木理人氏にお世話になり、心より感謝し、御礼を申し上げます。

平成二十五年十二月

横浜の杉田にて　下山　治久

参考文献〔発刊年代順〕

〔史料集〕

『神奈川県史・資料編3』古代・中世3下、（神奈川県・一九七九年）
『戦国遺文・後北条氏編』全七巻、杉山博・下山治久・黒田基樹編（東京堂出版・一九八九～二〇〇〇年）
『戦国遺文・武田氏編』全六巻、柴辻俊六・黒田基樹・丸島和洋編（東京堂出版・二〇〇二～二〇〇六年）
『戦国遺文・今川氏編』全四巻、久保田昌希・大石泰史編（東京堂出版・二〇一〇～二〇一二年）
『戦国遺文・古河公方編』全一巻、佐藤博信編（東京堂出版・二〇〇六年）
『戦国遺文・房総編』全三巻、佐藤博信・黒田基樹・滝川恒昭・盛本昌広編（東京堂出版・二〇一〇～二〇一二年）

〔辞典〕

『日本城郭大系』関東各県編（新人物往来社・一九八〇～一九八二年）
『戦国人名辞典』戦国人名辞典編集委員会（吉川弘文館・二〇〇六年）
『後北条氏家臣団人名辞典』下山治久編（東京堂出版・二〇〇六年）

〔年表〕

『日本史年表　増補版』歴史学研究会（岩波書店・一九九三年）
『増補改定版　上杉氏年表』池亨・矢田俊文著（高志書院・二〇〇七年）
『戦国時代年表　後北条氏編』下山治久編（東京堂出版・二〇一〇年）
『武田氏年表』武田氏研究会（高志書院・二〇一〇年）

『北条氏年表』黒田基樹編（高志書院・二〇一三年）

〔単行本〕

『足利義昭』奥野高広著（吉川弘文館・一九六〇年）
『前田利家』岩沢愿彦著（吉川弘文館・一九六六年）
『武田信玄』磯貝正義著（新人物往来社・一九七〇年）
『吉良氏の研究』荻野三七彦編著（名著出版・一九七五年）
『武田信玄のすべて』磯貝正義編（新人物往来社・一九七八年）
『戦国の群像』池上裕子著（集英社・一九九二年）
『八王子城主・北条氏照』下山治久著（たましん地域文化財団・一九九四年）
『真田昌幸』柴辻俊六著（吉川弘文館・一九九四年）
『小田原合戦』下山治久著（角川書店・一九九六年）
『北条早雲と家臣団』下山治久著（有隣堂・一九九九年）
『定本　上杉謙信』池亨・矢田俊文編（高志書院・二〇〇〇年）
『すべてわかる戦国大名里見氏の歴史』川名登編（国書刊行会・二〇〇〇年）
『房総と江戸湾』川名登編（吉川弘文館・二〇〇三年）
『戦国の地域国家』有光友学編（吉川弘文館・二〇〇三年）
『戦国北条一族』黒田基樹著（新人物往来社・二〇〇五年）
『東国の戦国合戦』市村高男著（吉川弘文館・二〇〇八年）

『武蔵大石氏』黒田基樹編（岩田書院・二〇一〇年）
『戦国期下野の地域権力』栃木県立文書館編（岩田書院・二〇一〇年）
『武蔵三田氏』黒田基樹編（岩田書院・二〇一〇年）
『玉縄北条氏』浅倉直美編（岩田書院・二〇一二年）
『古河公方と北条氏』黒田基樹著（岩田書院・二〇一二年）
『東国の戦国争乱と織豊権力』池亨著（吉川弘文館・二〇一二年）
『織田信長』池上裕子著（吉川弘文館・二〇一二年）
『小田原合戦と北条氏』黒田基樹著（吉川弘文館・二〇一三年）
『古河公方と伊勢宗瑞』則竹雄一著（吉川弘文館・二〇一三年）

〔論文集〕

『後北条氏の基礎研究』佐脇栄智著（吉川弘文館・一九七六年）
『関東戦国史の研究』後北条氏研究会編（名著出版・一九七六年）
『中世房総の政治と文化』小笠原長和著（吉川弘文館・一九八五年）
『古河公方足利氏の研究』佐藤博信著（校倉書房・一九八九年）
『中世東国の支配構造』佐藤博信著（思文閣出版・一九八九年）
『戦国期東国社会論』東国史研究会編（吉川弘文館・一九九〇年）
『戦国大名北条氏の領国支配』黒田基樹著（岩田書院・一九九五年）
『後北条氏と領国経営』佐脇栄智著（吉川弘文館・一九九七年）

『後北条氏領国の地域的展開』浅倉直美著（岩田書院・一九九七年）
『戦国期北関東の地域権力』荒川善夫著（岩田書院・一九九七年）
『戦国時代社会構造の研究』池上裕子著（校倉書房・一九九九年）
『戦国期武田氏領の展開』柴辻俊六著（岩田書院・二〇〇一年）
『定本　北条氏康』藤木久志・黒田基樹編（高志書院・二〇〇四年）
『戦国大名今川氏と領国支配』久保田昌希著（吉川弘文館・二〇〇五年）
『戦国大名領国の権力構造』則竹雄一著（吉川弘文館・二〇〇五年）
『中世東国政治史論』佐藤博信著（塙書房・二〇〇六年）
『室町・戦国期　上野の地域社会』久保田順一著（岩田書院・二〇〇六年）
『戦国期　山内上杉氏の研究』黒田基樹著（岩田書院・二〇〇六年）
『戦国の房総と北条氏』黒田基樹著（岩田書院・二〇〇八年）
『日本中近世移行期論』池上裕子著（校倉書房・二〇一二年）
『戦国期武田氏領の地域支配』柴辻俊六著（岩田書院・二〇一三年）
『伊勢宗瑞』黒田基樹編著（戎光祥出版・二〇一三年）

〔市区町村史〕

神奈川県・静岡県・東京都・千葉県・埼玉県・群馬県の県史史料編・通史編。

自治体史では小田原市史・東京都北区史他。

地名の現在地比定は『角川日本地名大辞典』の関東各県版と『平成二十二年度版郵便番号簿』を使用した。

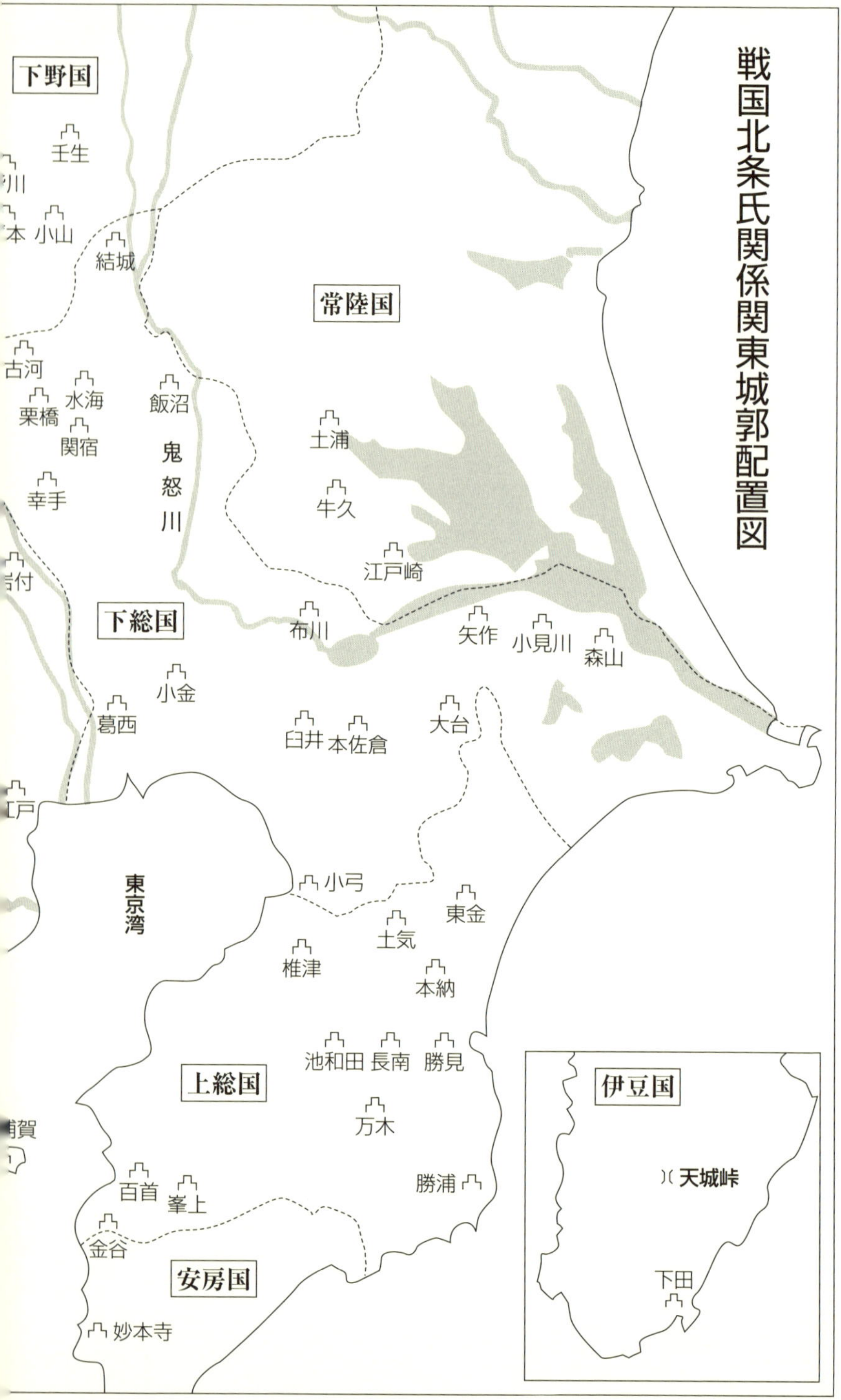

戦国北条氏関東城郭配置図

上野国
信濃国
武蔵国
甲斐国
相模国
駿河国
伊豆国
岩下
猿ヶ京
名胡桃
沼田
権現山
深沢
大戸
榛名峠
白井
山口
箕輪
惣社
厩橋
善
桐生
佐野
小諸
碓氷峠
松井田
安中
倉賀野
今村
赤坂
利根川
金山
足利
小泉
館林
国峰
深谷
鉢形
忍
羽生
西牧
天神山
高松
日尾
荒川
松山
騎西
菖蒲
甲武信岳
河越
勝沼
多摩川
滝山
小仏峠
八王子
世田
若神子
甲府
由井
津久井
御坂峠
相模川
小机
権現
富士山
河村
新城
浜居場
深沢
足柄
玉縄
鎌倉
小田原
宮城野
箱根山
蒲原
興国寺
吉原
山中
戸倉
泉頭
韮山
長浜

伊勢氏（北条氏）略系図

- 伊勢盛定 ＝ 伊勢貞国娘
  - 北河殿
  - 盛時（宗瑞） ＝ 小笠原政清娘
    - 氏綱（北条姓） ＝ 養珠院殿 のち近衛尚通娘
      - 氏康 ＝ 今川氏親娘
        - 新九郎（早世）
        - 氏政 ＝ 武田晴信娘
          - 某（早世）
          - 娘
          - 氏直
          - 源五郎
          - 氏房
          - 直重
          - 直定
          - 源蔵
          - 勝千代
          - 以下娘五人略
        - 氏照
        - 氏邦
        - 氏規
        - 景虎（上杉謙信の養子）
        - 氏忠
        - 氏光
        - 以下娘十人略
      - 某（早世）
      - 為昌
      - 氏尭
      - 以下娘六人略 ＝ 福島綱成
        - 氏繁
          - 氏舜
          - 氏勝
        - 氏秀
    - 氏時
    - 氏広
    - 娘
    - 宗哲（幻庵）
      - 三郎
      - 氏信
      - 景虎（養子）
    - 娘
    - 娘
  - 弥次郎

＊黒田基樹氏『戦国北条一族』所収「集成北条氏系図」を参照し、一部を修正した。

人名索引

あ　行

か　行

さ　行

た　行

な　行

は　行

ま　行

や　行

ら　行

わ　行

著者略歴

下山治久（しもやま　はるひさ）
昭和十七年東京都世田谷区生まれ。
昭和四十三年早稲田大学大学院文学研究科修士課程修了。専門は日本中世史（関東戦国時代史）。出版社勤務の傍ら法政大学・聖心女子大学の非常勤講師を務める。のち東京都中央区文化財調査指導員を務め平成十六年に退職。
主な編著書は『北条氏照文書集』『快元僧都記』『北条氏所領役帳』『八王子城主北条氏照』『小田原合戦』『北条早雲と家臣団』『記録御用所本古文書』『戦国遺文後北条氏編』『後北条氏家臣団人名辞典』『戦国時代年表後北条氏編』等。

戦国北条氏五代の盛衰

二〇一四年二月一〇日　初版印刷
二〇一四年二月二〇日　初版発行

著　者　下　山　治　久
発行者　小　林　悠　一
印刷所　図書印刷株式会社
製本所　図書印刷株式会社

発行所　株式会社　**東京堂出版**
東京都千代田区神田神保町一―一七（〒一〇一―〇〇五一）
電話　〇三―三二三三―三七四一　振替〇〇一三〇―七―二七〇

ISBN978-4-490-20859-7 C3021